Teatro Moderno

Coleção Debates
Dirigida por J. Guinsburg

Equipe de realização – Organização: Nancy Fernandes e J. Guinsburg; Revisão: Angélica Dogo Pretel e Vera Lúcia Belluzzo Bolognani; Produção: Ricardo W. Neves e Sergio Kon.

anatol rosenfeld
TEATRO MODERNO

PERSPECTIVA

Dados Internacionais de Catalogação na Publicação (CIP)
(Câmara Brasileira do Livro, SP, Brasil)

Rosenfeld, Anatol, 1912-1973.
Teatro moderno / Anatol Rosenfeld ;
[organização Nancy Fernandes e J. Guinsburg]. —
São Paulo : Perspectiva, 2013. — (Debates ; 153 /
dirigida por J. Guinsburg)

4ª reimpr. da 2. ed. de 1997.
Bibliografia.
ISBN 978-85-273-0131-2

1. Teatro alemão - História e crítica
I. Fernandes, Nancy. II. Guinsburg, J..
III. Título. IV. Série.

05-0108   CDD-832.09

Índices para catálogo sistemático:
1. Teatro : Literatura alemã : História e crítica
832.09

2ª edição – 4ª reimpressão
[PPD]

Direitos reservados à
EDITORA PERSPECTIVA LTDA.

Av. Brigadeiro Luís Antônio, 3025
01401-000 – São Paulo – SP – Brasil
Telefax: (0--11) 3885-8388
www.editoraperspectiva.com.br

2021

SUMÁRIO

Apresentação 9

1. GOETHE 11
    1. "Ifigênia em Táuride" 11

2. SCHILLER 19
    1. Introdução 19
    2. O Pensador 23
    3. O Teatro 29
    4. O Adversário do Romantismo 35

3. KLEIST 43
    1. A Filosofia das Marionetes 43

4. HEBBEL 51
    1. "Maria Madalena" 51

5. BUECHNER 59
   1. *A Atualidade de Buechner* 59
   2. *A Comédia do Niilismo* 67

6. SHAKESPEARE 77
   1. *Shakespeare e o Romantismo* 77
   2. *Crítica Shakespeariana* 84

7. HAUPTMANN 93
   1. *Ausência de Gerhart Hauptmann* 93
   2. *As Indecisões de Hauptmann* 100

8. WEDEKIND 109
   1. *Wedekind e o Expressionismo* 109

9. IVAN GOLL 117
   1. *Um predecessor do Teatro do Absurdo* 117

10. ZUCKMAYER 125
   1. *Realismo e Expressionismo* 125

11. BRECHT 133
   1. *Razões do Teatro Épico* 133
   2. *Inícios do Teatro Épico* 138
   3. *O Teatro de Piscator* 143
   4. *A Teoria de Brecht* 149
   5. *Teoria e Prática* 154
   6. *"A Ópera de Três Vinténs"* 160
   7. *A Cordialidade Puntiliana* 167

12. FRISCH E DUERRENMATT 177
   1. *Dois Parodistas* 177
   2. *"A Visita da Velha Senhora"* 182
   3. *"Os Físicos"* 188
   4. *Do Perigo de Usar Brecht* 195
   5. *Uma peça didática sem lição* 200
   6. *"Andorra"* 203

13. HOCHHUTH 211
   1. *"O Vigário"* 211

14. KIPPHARDT 219
   1. *"O Caso Oppenheimer"* 219

15. PETER WEISS 233
   1. *Sade apresenta Marat* 233

16. DIVERSOS 241
   1. *Balanço do Teatro Alemão* 241

APRESENTAÇÃO

Teatro Moderno foi editado com base num projeto organizado por Anatol Rosenfeld e reúne diversos ensaios feitos pelo autor ao longo dos anos, tendo como tema as origens do teatro desde a fase pré-romântica até a fase contemporânea do teatro épico.

Parece-nos desnecessário mencionar o gabarito intelectual de Anatol Rosenfeld, já que foi ele um dos poucos críticos, em língua portuguesa, a estudar a fundo a vertente mais moderna do teatro épico. Cremos ser suficiente dizer, apenas, que nos sentimos orgulhosos em poder trazer a público uma obra que, pela sua importância e alcance, temos a certeza irá contribuir primordialmente para um melhor entendimento das raízes e das tendências do teatro contemporâneo.

Nancy Fernandes
J. Guinsburg

1. GOETHE

1. *"Ifigênia em Táuride"*

O interesse por Johann Wolfgang von Goethe no Brasil nunca parece ter ultrapassado os limites de pequenos círculos de estudiosos da literatura alemã ou de intelectuais e críticos especializados. Mesmo nestes círculos Goethe é conhecido quase exclusivamente como o autor romântico de *Os Padecimentos do Jovem Werther* e, sobretudo, do *Fausto,* certamente aquela obra do poeta de Weimar de que existe maior número de versões portuguesas e brasileiras. A *Ifigênia,* apesar de naturalmente traduzida, parece tão pouco conhecida como as peças *Götz von Berlichingen,*

Torquato Tasso e *Egmont* (esta talvez mais afamada mercê da música de Beethoven), para não falar de obras dramáticas como por exemplo *Clavigo, Stella, A Filha Natural.*

A obra de Goethe evidentemente não se contém nos limites do gênero dramático, nem de um movimento literário. Grande dramaturgo, grande romancista e poeta épico, é sobretudo um dos maiores poetas líricos da literatura alemã; isso para não falar da sua atividade de crítico, pensador e cientista. Figura principal do pré-romantismo alemão, torna-se depois o maior expoente do classicismo germânico; classicismo cujo rigor, em fases posteriores, foi suavizado por variados pendores e influências. O *Fausto,* mistério religioso e vasto poema dramático, concebido em 1770 e concluído em 1831, poucos meses antes de sua morte, abrange todos os desenvolvimentos desta grande existência e é a súmula de suas experiências e da sua cosmovisão. As dificuldades com que lutou para concluir a obra decorrem não só da imensa temática: o anseio de redenção do homem que, impelido por titânica *hybris,* pactua com forças demoníacas para satisfazer esta soberba prometéica — tema hoje mais atual do que nunca. Acresce que as severas idéias classicistas do poeta maduro se opunham às tendências de uma obra concebida na fase juvenil de um romantismo veemente e indisciplinado. Goethe de fato quase renunciava à conclusão da obra por não lhe poder impor a unidade que, na sua fase clássica, se lhe afigurava fundamental. Neste período não estaria muito longe de subscrever a palavra de Frederico II, rei da Prússia, que, amante da tradição clássica francesa, se dirigira com violência contra o *Götz von Berlichingen* do jovem Goethe, peça característica do pré-romantismo, cujo cunho medievalista, estrutura épica e assimilação tosca do teatro shakespeariano tanta influência iriam exercer sobre a dramaturgia européia posterior. *Voilà,* escrevera então o crítico real, que sempre preferiu o idioma do seu amigo Voltaire,

voilà un Götz von Berlichingen que paraît sur la scène, imitation détestable de ces mauvaises pièces anglaises, et le par terre applaudit et demande avec enthousiasme la répétition de ces dégoûtantes platitudes.

12

Em *Ifigênia em Táuride* o rei já não teria encontrado nada dessas "platitudes enjoativas". Neste poema dramático nada mais há dos arroubos da juventude, da expressão rude, do medievalismo "gótico", nem da "shakespearomania" e da forma "esfarrapada" e "aberta". A *Ifigênia*, na sua última versão, é resultado de um processo de amadurecimento e disciplinação longo e tormentoso (a expulsão das fúrias de Orestes) que se inicia com a chamada à corte de Weimar, continua com a "educação sentimental" ministrada pela baronesa von Stein (a sacerdotisa que expulsa as fúrias) e é rematado pela viagem à Itália. A primeira versão, de 1779, é redigida em prosa. Na sua apresentação em Weimar, o próprio autor desempenhou o "seu" papel, o de Orestes. A segunda versão, de 1780, é uma transcrição em versos livres. Mas a seguinte, de 1781, é mais uma vez em prosa, aliás bem mais nobre. A versão definitiva, de 1786, concluída na Itália, é em versos brancos, já não livres, porém, e sim em iambos de cinco pés — forma que Lessing usara antes, em 1779, na sua peça *Natã o Sábio,* lição humanista de tolerância religiosa, uma das mais belas obras da Ilustração Alemã. Com isso, o verso shakespeariano tornou-se, curiosamente, o do classicismo germânico. Neste ponto, a língua alemã — cujo verso se constrói, como o inglês, pela alternação de acentos e não pela contagem de sílabas — parece ter proibido a Goethe maior aproximação ao classicismo francês para o qual, como Schiller muito bem viu, o alexandrino não é mera forma exterior, mas se liga à própria essência:

> O caráter do alexandrino, de se dividir em duas partes iguais, e a natureza da rima, no sentido de fazer de dois alexandrinos um par, determinam não só toda a língua, mas também todo o espírito interior destas peças, os caracteres, as mentalidades, o comportamento das personagens. Tudo se coloca, em conseqüência, sob a regra da contradição, e como o violino do músico dirige os movimentos do dançarino, assim também a natureza bipartida do alexandrino guia os movimentos da alma e os pensamentos. O intelecto é constantemente suscitado e cada emoção, cada pensamento são coagidos a entrar nesta forma como no leito de Procrustes.

O que Schiller não vê é que o alexandrino, expressão adequada do sentimento de vida antitético do

13

Barroco, se tornou na literatura francesa um instrumento extremamente flexível e nuançado, de modo algum monótono, embora talvez inadequado à língua alemã.

Apesar das profundas diferenças — desde logo evidenciadas pelo que se costuma considerar "apenas" como elemento formal do verso — a *Ifigênia* de Goethe, com seu decoro, sua *bienséance,* a estilização requintada e a rigorosa observação das unidades clássicas de ação, tempo e lugar, a interiorização radical da ação confiada quase totalmente à palavra, talvez seja, entre as peças alemãs de importância, a que mais se aproxima da arte de Racine. Naquela fase, no momento do seu maior afastamento de Shakespeare, Goethe se referia a ele como a um "ídolo". Ambos, Racine e Goethe, amavam entre os gregos sobretudo Eurípedes. A *Ifigênia* (em Áulide) do dramaturgo francês é certamente uma das suas peças mais perfeitas. "Só de joelhos", disse Goethe, se poderia criticar erros de um poeta como Eurípedes. Ainda assim a protagonista de Goethe é totalmente diversa da euripidiana, pelo menos da de Táuride. A anterior, a de Áulide (que Eurípedes, por sinal, escreveu mais tarde), é uma personagem mais correspondente à imagem da heroína sublime, de alto nível ético. Escolhida para o holocausto a Ártemis (Diana), a fim de que o exército grego pudesse seguir com bons ventos a Tróia, queda-se de início aterrorizada, numa reação natural; logo, porém, concorda com a decisão do pai Agamemnon. Superando a fraqueza, aceita a morte pela honra nacional (também por amor ao pai) e exalta a deusa. Esta, ao fim, salva Ifigênia, arrebatando-a do altar e substituindo-a por um animal, à semelhança do mito bíblico da imolação de Isaac.

Reencontramo-la em Táuride, como sacerdotisa da deusa que a enlevou. Nesta segunda peça, escrita antes, Ifigênia é vista por Eurípedes com um realismo psicológico bem maior. Seu coração, "outrora brando", tornou-se vingativo. Embora não chegue propriamente a imolar os náufragos patrícios encontrados nas costas, não deixa de consagrá-los para o sacrifício, seguindo a lei de Táuride. Uma vez convencida da morte do irmão Orestes, exprime certa satisfação cruel

14

pelo seu mister. Astuta, desenvolve depois o plano da fuga; mente ao rei Toante e rouba a estátua de Ártemis, condição um tanto mecânica (para o nosso gosto) de que depende a redenção do matricida Orestes, segundo a ordem de Apolo. Há traços bem arcaicos nesta Ifigênia, conquanto Eurípedes destinara as duas peças à humanização das crenças religiosas; traços que foram ainda acentuados na tetralogia átrida de Gerhart Hauptmann, escrita na década de 1940. Inspirado por pesquisas modernas (e pelos horrores da guerra), Hauptmann identifica Ifigênia com Hecate, divindade "ínfera" que, por sua vez, é outro aspecto de Ártemis (deusa em que acaba prevalecendo o caráter olímpico). No sacerdócio sangrento de Ifigênia ainda se conservou muito do fundo bárbaro da sua ligação às divindades noturnas, bem própria para quem descende da estirpe amaldiçoada dos titãs. A Ifigênia de Hauptmann — a mais moderna de todas — é sem dúvida muito mais arcaica que a de Eurípedes, o que não deixa de ser característico. Como é característico o fato de que a de Goethe é bem mais "clássica" do que a de Eurípedes.

Com efeito, Goethe decantou a sua protagonista em ampla medida do fundo telúrico-demoníaco. Ela vive em Táuride, banhada em luz apolínea, "com a alma a terra dos gregos procurando"[1]. O exílio, longe do céu olímpico, significa-lhe outra morte, a segunda após o sacrifício desfeito. A sua personagem parece uma encarnação (não muito carnal) do sonho clássico de Winckelmann que via os gregos através de uma aura de "nobre simplicidade e serena grandeza". Foi com "doce persuasão" que esta Ifigênia, tão distante da euripidiana, aboliu "o antigo e cruel uso de nas aras / de Diana dar morte aos estrangeiros". O próprio rei Toante e seu povo bárbaro tornaram-se mais brandos sob a influência balsâmica da "santa virgem". Embora Goethe se julgasse a si mesmo "pagão" e certamente não possa ser considerado cristão modelar, a fé de Ifigênia é filtrada através dos padrões de um humanismo de acentos protestantes. No fundo ela não se dirige aos deuses gregos, mas ao "divino" num sentido bem mais abstrato que, em última análise,

---

1. As citações seguem a tradução de Carlos Alberto Nunes.

coincide com o imperativo da sua consciência ou, melhor, do seu "coração"; "é só pelo nosso coração que os deuses falam". Nela se manifesta o ideal do espírito "eternamente feminino que nos eleva", segundo a expressão do último *Fausto*. Ambas as obras exaltam a mulher, cuja condição humana e esfera moral peculiares — evidentemente concebidas segundo padrões da época — são destacadas com grande arte em *Ifigênia,* face ao mundo "político" e atuante do homem, particularmente de Pílades que na peça de Goethe adquire um relevo muito maior que na de Eurípedes.

Poder-se-ia imaginar que Schiller tenha pensado na "bela alma" de Ifigênia ao escrever o seu magistral ensaio *Sobre a Graça e Dignidade* em que, inspirado pela *moral grace* de Shaftesbury, formulou o ideal clássico do humanismo alemão. A bela alma tem o mérito de que a

> sensibilidade moral passou a impregnar todos os sentimentos... de tal modo que pode deixar ao afeto, sem temor, a direção da vontade... Por isso, no caso da bela alma, são de ordem ética não tanto as várias ações mas o caráter todo... Nela entram em harmonia os sentidos e a razão; dever e inclinação põem-se de acordo e graça será a expressão sensível.

A graça é, portanto, a manifestação externa, através da leveza sem tensão dos movimentos, do equilíbrio interno que se estabelece quando o dever se torna instinto. Só em casos extremos a vontade moral terá de impor-se aos impulsos, já que na bela alma estes costumam estar concordes com aquela. A manifestação externa do domínio exercido pela vontade racional sobre os impulsos irracionais em revolta será, então, em vez da graça, a dignidade, expressão já não da "bela alma" e sim da "alma sublime".

É simplesmente pela harmonia e pureza sem jaça da sua "bela alma", transparente até o íntimo, que Ifigênia liberta Orestes das fúrias. A "graça serenadora", no caso, se aproxima, na expressão de Schiller, da dignidade que se externa pela "moderação dos movimentos turbulentos".

> É a ela que se dirige o homem tenso, e a selvagem tempestade do ânimo (estado de Orestes) distende-se no seio que respira paz.

16

A redenção de Orestes, segundo o mito grego dependente do roubo da estátua de Ártemis e da sua transferência para Delfos, é agora atribuída a um ato de "graça" divina que emana do equilíbrio íntimo de Ifigênia, agraciada pelo espírito apolíneo com quem se identifica. De acordo com isso, o roubo se torna supérfluo. É esta a solução que prevalecerá no fim da peça.

Se a alienação furiosa e a cura de Orestes representam o primeiro clímax, situado no 3.º ato, eixo da peça simétrica, o 4.º e 5.º desenvolvem nova tensão dramática pela luta íntima de Ifigênia; pois, apesar da cura de Orestes, o plano do roubo e da fuga deve ser executado — plano que nesta peça é de Pílades e não da protagonista. Mas ela não é capaz de atraiçoar Toante. Falta-lhe totalmente a "astúcia feminina" que lhe atribui Eurípedes. Repugna-lhe recorrer à mentira que não liberta a alma "como o faz a palavra verdadeira". Ela terá de dizer a verdade, mesmo se desta forma põe em jogo a própria vida e as de Orestes e Pílades, desobedece a ordem de Apolo e se afasta do mundo olímpico. No seu desespero, a personagem assume terrível majestade. O ódio profundo dos titãs aos deuses olímpicos, a revolta dos "velhos deuses" despertam na descendente de Tântalo. Percebe-se que Ifigênia não é o símbolo pálido de um humanismo diluído, segundo a interpretação que se tornou lugar-comum. O equilíbrio da graça permanece, na realidade humana, tarefa eterna; necessita do socorro da dignidade em momentos em que os demônios ressurgem. Como em torno do bosque sagrado da sacerdotisa andam soltas as fúrias de Orestes, ela mesma, no íntimo, ainda abriga os espíritos ínferos.

Salvai-me, grita aos olímpicos, salvai-me juntamente com a imagem que de vós eu formo!

É como para libertar-se da maldição da estirpe átrida que canta a grandiosa *Canção das Parcas* que estas entoaram "quando do áureo assento / Tântalo veio abaixo",

O fim é uma única exaltação do amor e da verdade; é o "renascimento" e a elevação à esfera da luz. Toante não pode resistir à confiança que Ifigênia depo-

17

sita na sua nobreza. Os gregos partirão, mas a imagem de Diana, já totalmente purificada das trevas, permanecerá na ilha. Ainda assim, Apolo não será desobedecido: ao ordenar a Orestes que trouxesse de volta a irmã, não se referira a Diana, irmã de Apolo, e sim a Ifigênia, irmã de Orestes. O "adeus" com que Toante, ao fim, acompanha a partida dos gregos consagra a vitória do amor e da pureza, graças aos quais Ifigênia se identifica de novo com os deuses olímpicos, restabelecendo a imagem que deles formou.

De uma forma singular confluem neste poema clássico antigüidade grega e cristianismo secularizado. A nobreza da língua luminosa parece conter mesmo a fúria de Orestes e o desespero de Ifigênia num alvo círculo de colunas de alabastro. Sem dúvida, em tais momentos Goethe rompe a estrutura harmônica dos iambos, crispando o compasso e tornando a respiração ofegante pela diminuição dos pés ou pela inserção de dáctilos e troqueus. Mas logo a ordem do verso se restabelece. É como se a temática do drama e o drama que o próprio autor vivera, ao disciplinar no mundo mediterrâneo as fúrias romântico-nórdicas da sua juventude, se refletissem no equilíbrio refeito dos versos.

Talvez seja pedante insistir neste classicismo, fruto de um esforço imenso que no fim se traduz na leveza e graça serena da obra final. Todavia, é preciso romper os clichês da "Alemanha Romântica" e do romantismo de Goethe e Schiller. A perspectiva histórica acrescentou aos termos novas dimensões. Surgiram, infelizmente, implicações trágicas que ultrapassam o terreno da literatura. De um modo que antes não se imaginara o esforço de Goethe se afigura hoje exemplar — este imenso esforço de superar os poderes noturnos que, por si só, se tornou clássico.

18

2. SCHILLER

1. Introdução

Ligado desde a sua juventude — desde o imenso êxito de seus *Bandoleiros* (1782) — à vida teatral da Alemanha, Friedrich Schiller não podia deixar de interessar-se vivamente pela teoria do drama. As suas especulações estéticas, inspiradas principalmente por Kant, forçosamente haveriam de ligar-se a problemas do teatro, da arte poética e da teoria da literatura, uma vez que era, antes de tudo, um dramaturgo e poeta. De certo modo, é a partir de suas preocupações de homem de teatro e escritor criativo que se lançou às cogitações mais gerais da estética filosófica.

No centro de suas indagações de esteticista encontra-se, desde logo, o problema de determinar o lugar e a função exatos da arte — e em especial da arte teatral — dentro do contexto da sociedade e dentro das virtualidades humanas. Nas suas respostas abarca todas as soluções possíveis, desde a do *engagement* radical — desejando fazer do teatro um instituto moral — até teorias que se abeiram da posição de *l'art pour l'art*, para ao fim chegar a concepções que, garantindo a plena autonomia da arte, ainda assim lhe reservam importante função educativa na sociedade, embora já agora indireta e mediada.

É a partir de 1790 que Schiller começa a analisar mais de perto os problemas fundamentais da tragédia, tais como se lhe afiguram. É verdade que na sua obra *Sobre a Poesia Ingênua e Sentimental* atribui à comédia — de um modo um pouco casual — um lugar mais alto do que à tragédia, dizendo que o objetivo daquela se identifica com a meta mais elevada pela qual deve lutar o homem: estar livre de paixões, olhar em torno e dentro de si de maneira sempre clara, sempre tranqüila, encontrar em toda a parte mais acaso do que destino e rir-se mais do absurdo do que encolerizar-se ou chorar da maldade. Mas esta opinião — que parece ter influído no pensamento dos românticos e de Hegel — não teve maiores conseqüências. Nos seus ensaios — da mesma forma como na sua obra dramatúrgica — Schiller ocupa-se quase exclusivamente com a tragédia, cuja análise, bem de acordo com a tradição, preferiu à da comédia.

Entretanto, contrariando a tradição, Schiller não se atém aos conceitos aristotélicos. Seu pensamento se liga em demasia ao de Kant para que enveredasse, como tantos outros e, particularmente, como Lessing, seu predecessor mais imediato, pela estrada já um tanto gasta do comentário da *Arte Poética* do filósofo grego. Schiller conhecia evidentemente a obra de Lessing e as concepções de Aristóteles, mas o fato é que só em 1797 leu a *Arte Poética* que, sem dúvida, exerceu forte influência sobre ele. Mas "o filósofo" já não é para ele autoridade absoluta, como o foi para os franceses e para Lessing, que combateu Corneille e Racine recorrendo justamente a Aristóteles, a quem deu uma nova interpretação. A relativa independência da tradição aristotélica contribuiu para que Schiller se emancipasse em certa medida do exame exclusivo da tragédia, abordando também o problema do próprio trágico, ainda que relacionasse esta situação humana estritamente com a tragédia, como forma estética peculiar em que esta situação humana encontra a sua expressão mais poderosa. É, com efeito, na época de Schiller — particularmente com Schelling e Hegel — que se inicia a indagação acerca da essência do trágico, como um fenômeno não necessariamente ligado a determinada forma estética.

Nos escritos schillerianos sobre a tragédia torna-se central um problema que não é aristotélico e sim tipicamente kantiano: a tentativa de determinar a relação entre as esferas moral, estética e a do mero prazer sensível, garantindo à arte plena autonomia e mostrando ao mesmo tempo o acordo mais fundamental, particularmente entre as esferas estética e moral. Profundamente convencido da destinação moral do homem, ligada à liberdade e dignidade de sua essência espiritual, Schiller envida esforços sempre renovados para definir, de um modo cada vez mais exato, o sentido e o efeito da arte, do belo, do sublime e do trágico para um ser cuja missão mais elevada é ser testemunha da liberdade moral num mundo determinado por leis da natureza. Tal como na *Crítica do Juízo* de Kant, o conceito da *Zweckmaessigkeit* (adequação a fins, funcionalidade, organização final, *purposiveness*) desempenha grande papel na teoria de Schiller, já que este conceito parece permitir que se encare a própria natureza como uma configuração capaz de ser concebida como subordinada ao mundo da liberdade.

A função mais elevada da tragédia é, segundo o pensamento maduro de Schiller, a de representar sensivelmente o supra-sensível ou visivelmente o invisível; representar, portanto, em termos cênicos, a liberdade do mundo moral. Todavia, como se pode apresentar visivelmente o invisível? Há só uma possibilidade: mostrando a vontade humana em choque com o despotismo dos instintos. Vislumbramos, através da força de vontade, em meio das imposições férreas dos impulsos e paixões, em meio da trama labiríntica da história e da intriga política, a presença de um reino espiritual transcendente, assim como a possibilidade da reconciliação de ambas as esferas. Neste embate terrível entre a livre vontade e a determinação natural não se recomendam muito os heróis muito virtuosos. Se forem demasiado nobres, a virtude será apenas deles, será meramente pessoal, não participaremos dela. Por isso, longe de provar qualquer coisa, chega até a humilhar-nos, a nós que somos apenas fracos mortais. Contudo, como seres humanos participamos virtualmente da *capacidade* do comportamento heróico. Percebendo na potência do herói a nossa própria, sentimos acrescida e estimulada a nossa força espiritual. É, portanto, pela imaginada possibilidade de uma vontade absolutamente livre — não pelo exercício necessariamente virtuoso dela — que a ação dessa vontade agrada nosso gosto estético. O interesse moral e estético coincide apenas no postulado da liberdade. Quando vemos o herói negando todos os interesses vitais de autoconservação, por qualquer motivo que seja, "vemos" afirmar-se um princípio mais alto do que a natureza, vislumbramos a instauração de uma liberdade que anula a determinação natural. Assim, pelo menos em termos estéticos, a força de vontade de um criminoso pode ser mais fascinante do que a de um herói bafejado pela virtude. Há em Schiller uma verdadeira justificação *estética* do *grande* criminoso. "A desonra decresce com o crescimento do pecado". Um grande criminoso, graças à força ainda que terrível de sua vontade, é esteticamente mais relevante do que um personagem virtuoso, mas apenas medíocre. Bastaria uma única inversão das máximas para que tal criminoso dirigisse para o bem toda a força de vontade que agora gasta no mal. Entrevemos nele, na sua liberdade terrível, a virtual capacidade para o bem, ao passo que a virtuosidade medíocre é esteticamente inexpressiva.

A tragédia, portanto, longe de moralizar e dar lições de virtude, proporciona ao espectador a possibilidade de experimentar livremente, ludicamente, o cerne da sua existência moral em todos os seus conflitos, em todas as suas virtualidades negativas e positivas. A tragédia apresenta a vontade humana no seu desafio às forças do universo e da história, mostra o homem sofrendo, mas resistindo ao sofrimento graças à sua dignidade sublime e indestrutível. Assim, leva o espectador a entrever a possibilidade, por remota que seja, de um último sentido, de uma ordem universal transcendente e de uma harmonia absoluta em que é superado o abismo entre os mundos da necessidade natural e da liberdade moral, entre o dever e as inclinações dos impulsos. O Belo nos mostra o ideal absoluto dessa harmonia, em que instinto e dever, natureza e espírito, desde já parecem coincidir (na bela aparência); já o Sublime, que se manifesta antes de tudo na tragédia, mostra o homem no mundo empírico das tensões e antagonismos, lutando para afirmar a liberdade, fazendo apenas entrever a harmonia absoluta. Mas precisamente ao apresentar o homem como lugar antológico da decisão de um drama universal e metafísico a tragédia acaba constituindo-se numa espécie de teodicéia estética, numa justificação da divindade, expressão, em última análise, de uma profunda fé na ordem universal, além e acima de todos os conflitos e antinomias. O trágico apresenta o homem naquela situação-limite em que, ser natural que é, comprova contudo a sua destinação espiritual. Mesmo sucumbindo, testemunha a unidade suprema do universo.

Nos ensaios, Schiller condensou de certa forma o pensamento clássico alemão sobre o trágico e, concomitantemente, sobre a posição do homem no universo. O homem vive num mundo fragmentado por antinomias. Estas, porém, por mais irreconciliáveis que pareçam, são superadas numa unidade superior. O universo é uma totalidade significativa em que as nossas ações têm sentido e valor. Foi Schopenhauer quem, em termos filosóficos, abalou até o fundo esta fé. Na sua obra encontramos, talvez pela primeira vez, a formulação sistemática de um mundo absurdo.

2. *O Pensador*

Por ocasião do 200º aniversário natalício de Friedrich Schiller, em 1959, as duas Alemanhas se uniram, por assim dizer, para render homenagens extraordinárias ao escritor que, junto com seu amigo Goethe, levou as letras alemãs ao seu ápice clássico. Houve manifestações monumentais, na esperança de a atual geração não ceder passo àquela que, há um século, celebrou uma das maiores festas nacionais jamais dedicadas a um poeta. Apesar dos altos e baixos que possa ter havido e haver nas relações do povo alemão para com seu dramaturgo mais popular, apesar da ação muitas vezes mortífera das escolas, apesar dos sorrisos irônicos dos "requintados" que, desde os românticos, nunca faltaram ante a retórica declamatória e a eloqüência versificada das suas peças — no "espírito objetivo" da Alemanha o tempo pouco ou nada conseguiu contra esta obra. Talvez o tempo tenha até acrescentado, para a consciência do leitor e espectador sensível, certa página que abranda e enobrece o esplendor veemente desta linguagem ao mesmo tempo emotiva e cerebral, trabalhada por um mestre-artesão de modo algum romântico, pelo menos segundo a conceituação germânica do termo.

Em ambas as partes da Alemanha se exaltou nestes dias a importância da sua mensagem político-nacional. Não se deixou de fazer jus ao cosmopolita que considerava ser um "ideal pobre e mesquinho" escrever para uma nação, "limite insuportável para um espírito filosófico", já que a nação é apenas uma "forma casual e arbitrária da humanidade" (eis um pensamento profundamente anti-romântico).

Naturalmente, apesar do acordo fundamental, as duas Alemanhas pensam num Schiller um pouco diverso: a ocidental no poeta liberal da burguesia ascendente, a oriental no rebelde contra a "situação" e "no arauto das idéias que a burguesia não realizou". De um lado se destaca o dramaturgo que, em plena época absolutista, exige liberdade de pensamento, de outro se cita o dístico sarcástico *Dignidade do Homem:*

Mais não dizei, eu vos peço; de comer lhe dai, de morar; que se a nudez lhe tiverdes coberto, a dignidade vem por si só.

Evidentemente, encarando a obra schilleriana mais de perto, os críticos orientais vêem-se forçados a reconhecer que a visão de Schiller, longe de ser radical, é "limitada" porque, como burguês, "não viu a limitação do progresso burguês". Por isso é preciso interpretá-lo nos palcos com sapacidade, fazendo o público ver claramente que a "burguesia traiu o sonho de Schiller".

No entanto, qual é a classe que não acabaria fracassando em face do sonho de Schiller? Mesmo entre os democratas, no sentido ocidental, não é pequeno o número daqueles que, embora identificados com o conteúdo das concepções schillerianas, não podem deixar de criticar a forma utópica e idealista — a forma de sonho — de que se reveste este conteúdo, pelo menos na sua fase de maturidade.

Nobre amigo — lemos num poema importante — onde se abre à paz, onde à liberdade um abrigo? Ela tem de fugir das agitações da vida aos sagrados e silentes espaços do coração! Liberdade há somente no reino dos sonhos e o belo floresce apenas na poesia.

Foi *este* Schiller, é verdade, que teve, pelo menos no passado, influência tremenda. De certa forma, os alemães são uma invenção e criação *deste* Schiller — pelo menos aquele povo dos *Dichter und Denker,* dos poetas e pensadores de que tanto se falou. De início ardente adepto da Revolução Francesa — não foi por engano que a Convenção Nacional conferiu em 1792 a *le sieur Giller, publiciste allemand,* unanimemente, o título de *citoyen français* — acaba profundamente desiludido com o curso e as conseqüências da Revolução, à semelhança de muitos autores socialistas contemporâneos com a Revolução Russa. No seu famoso "Canto do Sino" — poema de extensão enorme que, até tempos recentes, costumava ser aprendido de cor nas escolas alemãs — o desenganado poeta exclama:

Quando os povos de própria mão se libertam, não pode o bem-estar prosperar...

Quem então irá libertá-los? perguntou Thomas Mann na sua grande alocução comemorativa de 1955 (por ocasião do 150º aniversário da morte do poeta).

Com efeito, o que Schiller desejava era realizar o conteúdo ideológico do Século das Luzes e da Revolução Francesa sem que se recorresse à forma revolucionária da sua imposição. E certamente se comete uma grande injustiça ao censurar, hoje, Schiller por causa desta atitude. Na Alemanha de então, ainda esfacelada em conseqüência da Guerra dos Trinta Anos, não existia uma burguesia suficientemente forte para se ter podido sequer pensar em concretizar, de uma ou outra forma, as idéias revolucionárias. Era inevitável aquela reação que Engels definiu como a fuga da miséria rasteira para a miséria arrebatada: a interiorização dos ideais para os sagrados e silentes espaços do coração ou a sua projeção para regiões metafísicas, típica da burguesia alemã, mesmo quando já se tornara pujante. Schiller, pelo menos na sua maturidade, depois de passados os arroubos da sua fase juvenil de *Sturm und Drang,* representa de certo modo o próprio cerne desse idealismo aquiescente, seu maior foco irradiador, tendo exercido influência incalculavelmente maior, em camadas amplas, do que Kant, Fichte, Schelling e Hegel. Se ao povo alemão, devido à pressão férrea dos poderes estatais, "estava aberta somente a pista de corridas das belas-artes", é sem dúvida Schiller que se lançou com mais fervor e esperança nesta direção, tanto na sua obra poética como filosófica.

Schiller foi de fato um "poeta e pensador", e pensador de dotes extraordinários. Seu amigo Wilhelm von Humboldt salientou que seu "gênio poético se apoiava... no fundamento de uma intelectualidade que, inquirindo, tudo deseja dissociar e, entrelaçando, tudo procura unir num Todo". O pensamento era "o próprio elemento da sua vida..." Isso ressalta na sua *Gedankenlyrik* — lírica de reflexão — em poemas como "Os Artistas", "O Passeio", "O Ideal e a Vida", "A Dança", nos quais expõe toda uma filosofia estética e da história, antecipando muitas idéias de Hegel, numa linguagem de intensa vibração emocional. Só agora, apesar das objeções de Groce, se reconhece plenamente o tesouro encerrado em ensaios como *Sobre a Educação Estética do Homem, Sobre o Patético, Sobre a Poesia Ingênua e Sentimental, Sobre Graça e Dignidade,* etc., quase vinte escritos, em parte de extensão considerável, que são, além de profundos estudos filosóficos, verdadeiras obras de arte. O *élan* dramático, a precisão, a lucidez e elegância desta prosa, que parece reverberar ao calor da paixão intelectual, nunca foram superados nas letras alemãs.

Talvez mais que sua obra dramática, esta prosa atinge aquela "forma vitoriosa" idealizada por Schiller, forma na qual se unem graça e dignidade, o máximo de encanto lúdico e o máximo de seriedade.

Nestes ensaios elaborou, de modo original, o pensamento estético de ingleses como Hume e Burke e, naturalmente, o do seu grande mestre Kant. Face aos estetas-ingleses, expoentes do empirismo "saturado" de uma burguesia que já conquistara posições essenciais, e os quais se satisfazem com analisar a própria realidade, Schiller tira precisamente da "miséria" e insatisfação de uma burguesia impotente o esplêndido impulso e a audácia especulativa da sua visão. Face a Kant, além de sua maior familiaridade com as artes, supera com mais decisão a doutrina tradicional da arte como uma espécie de conhecimento sensível e por isso confuso e inferior. Esforça-se por resguardar-lhe o seu território autônomo, onde ela possa instaurar seu reino lúdico (precisamente por isso de extrema importância moral e social); reino no qual se unem, como num ponto de indiferença, todas as forças humanas: racionais, emocionais, imaginativas e sensíveis. Schiller viu como ninguém o perigo de "se isolarem as várias faculdades humanas". Embora reconhecendo plenamente, com os economistas ingleses, a necessidade da divisão do trabalho — para Adam Smith a causa "daquela opulência universal que se estende até os degraus mais baixos do povo" — Schiller sente-se angustiado, já então, pelo lado negativo do processo:

Dissociaram-se (neste processo de dilaceramento)... as leis dos costumes; separaram-se do trabalho o prazer, dos meios os fins, do esforço a compensação. Ligado eternamente apenas a um pequeno fragmento do Todo, o homem se transforma ao fim em pequeno fragmento; ouvindo eternamente só o ruído monótono da roda que gira, nunca desenvolve a harmonia da sua natureza e, em vez de representar no seu ser a humanidade, torna-se apenas em reprodução da sua especialidade... Assim, pouco a pouco, a vida individual concreta é devorada a fim de poder alimentar a miserável existência da abstrata vida geral...

Isto foi escrito em 1793, antes de se ter iniciada a revolução industrial na Alemanha, antes das análises da alienação, de Hegel e Marx, bem antes da ambígua "engenharia humana" dos americanos.

Segundo Schiller cabe às artes neutralizar os efeitos nocivos deste processo. Daí conceder-lhes — principalmente ao teatro — um lugar central na sua visão de uma humanidade perfeita e íntegra que, superando no estado lúdico todas as especializações, fragmentações e alienações, se reconstitui na sua totalidade dentro de um universo em que se vislumbra, através da "bela aparência estética", a possibilidade da reconciliação metafísica entre o mundo moral do espírito e da liberdade e o mundo da natureza e história, no qual domina a lei dos instintos e da necessidade. Reconciliação, pois, em que a arte desempenha a função de intercessora e mediadora alada, à semelhança do Eros platônico. Trata-se de uma verdadeira teodicéia estética; de uma antropologia filosófica que influenciou ainda o pensamento de Schopenhauer e Max Scheler; e, antes de tudo, de uma utopia pedagógica, social e política.

Com efeito, mesmo falando de arte, Schiller nunca se esquece das suas preocupações político-sociais. Chega a pedir desculpas pelo fato de parecer revelar "indiferença censurável face ao bem da sociedade, por não participar do diálogo geral sobre questões políticas". Contudo, espera convencer o leitor de que, a fim de solucionar o problema político, "é indispensável tomar o rumo pelo problema estético, visto que é através da beleza que se avança para a liberdade", e mediante a qual o súdito é educado para a cidadania e a futura constituição democrática. Quem não se comoveria ante as preocupações político-sociais deste poeta já marcado pela morte, que se envolve em especulações complexas enquanto anseia por voltar ao "reino lúdico" das artes, reino que, no entanto, lhe impõe uma disciplina ascética ainda mais rígida? Se ainda se pode usar o qualificativo gasto de "generoso", certamente não há escritor que o mereça mais que Schiller.

Pode-se discordar de muitas concepções de Schiller e da sua atitude de aquiescência. Deve-se reconhecer, porém, que evitou uma das dissociações mais evidentes hoje em dia. Conseguiu ser inteiramente *engagé* e inteiramente artista — união que talvez possa servir de exemplo, particularmente no diálogo mudo entre as duas Alemanhas. Este coração profundo, esta sublime alma (no dizer de Hegel), não concebeu uma arte que não servisse ao mais importante de todos os bens — o bem do Estado". Entretanto, tal tarefa integradora, ela poderá realizar somente através da sua auto-realização e liberdade completas. Ele mesmo deu o exemplo. Conseguiu ser ao mesmo tempo um grande escritor e um escritor popular. Não admitiria, nunca, a separação entre arte e povo, entre uma arte para especialistas e uma "arte" para as "massas".

Não haveria ironia trágica maior, para Schiller, que a de ter de verificar que a arte, em vez de superar as especializações e restabelecer a totalidade, corre o perigo de, por sua vez, se tornar apenas um "pequeno fragmento do Todo".

3. O Teatro

Hoje, passados mais de duzentos anos desde o seu nascimento, Schiller continua, como antes, o autor mais citado da Alemanha. "Liberdade, Sire, concedei ao pensar" *(Don Carlos,* 3.º ato, 10.ª cena) — qual é o alemão que não gosta de citar, ao lado de inúmeros outros ditos seus, também este? E não poucos, fazendo alarde de sua cultura, indicam logo o ato e a cena em que o Marquês de Posa se lança aos pés do rei da Espanha absolutista e exclama com a bela ênfase dos versos iâmbicos, em pleno século XVI, aquelas palavras revolucionárias do século XVIII; dirigindo-se, mais que ao rei, às gerações dos séculos XIX e XX. Ainda hoje há quem concorde plenamente com a resposta de Filipe II ao nobre marquês: "Estranho entusiasta!"

A citação não é propriamente exata. O tratamento francês "Sire" não consta deste e sim de outros versos de Posa. Entretanto, Schiller é tão popular que o "inconsciente coletivo" concedeu liberdade ao pensar do povo para que transferisse aquele fino "Sire" de outros trechos a este. Para o povo paira algo de sagrado em torno dessas sentenças sábias que, segundo uma expressão iconoclasta, pendem das peças de Schiller como de uma árvore de Natal os enfeites. Certo é que elas são a tortura dos atores. De que modo

29

inaudito, com que inflexões arquioriginais pronunciá--las ante um público que desde a escola as sabe de cor e que aguarda com angústia festiva o ritual da sua repetição? Certa autoridade norte-americana chegou à heresia de cortá-las, numa edição mastigada em que houve por bem condensar a "inflação versificada" de Schiller. E muitos alemães "sofisticados" talvez estejam de acordo com tal procedimento.

"Desde sempre a poucos coube a lucidez", como já dizia Schiller (mas em versos iâmbicos). É precisamente por causa da liberdade — tão cara aos americanos — que Schiller introduziu tais ditos sentenciosos. Servem eles para interromper o fogoso diálogo e elevar a razão "a horizontes serenos..., acima da turva e brumosa atmosfera das emoções". É nisso que reside o

> encanto que tais máximas morais costumam ter... Após um estado prolongado de mera emoção passiva, não há nada mais satisfatório para o ânimo moral que ver-se (este) livre da servidão dos sentidos, levado à atividade e reinstaurado na plenitude da sua liberdade.

Para este "estranho entusiasta" da liberdade, a mensagem da liberdade deveria comunicar-se a um público suficientemente livre para elevar-se acima da tirania dos afetos. O teatro nem sequer havia de servir a fins morais, já que estes poderiam limitar o "prazer livre" do espectador, aquele estado lúdico em que todas as forças humanas concorrem para a festa da imaginação.

Mas este grave moralista nem por isso renunciou ao propósito pedagógico de, através da arte, enobrecer os impulsos e instintos para que com mais facilidade e como que por hábito coincidissem com o imperativo do dever. Recorre a meios por assim dizer maquiavélicos, a uma espécie de propaganda "subliminal", para obter os resultados morais.

Certamente, os heróis muito virtuosos não se recomendam. A virtude é apenas deles, é pessoal, não participamos dela e por isso, longe de provar qualquer coisa, chega até a humilhar-nos, a nós que somos apenas fracos mortais. Todavia, como seres humanos participamos virtualmente da *capacidade* do comportamento heróico.

Ao percebermos na potência dele (herói) a nossa própria, sentimos aumentada a nossa força espiritual. É, portanto, apenas pela imaginada possibilidade de uma vontade absolutamente livre (não pelo exercício necessariamente virtuoso dela) que a ação da mesma apraz ao nosso gosto estético.

O interesse moral e estético coincide apenas no postulado da liberdade. Esteticamente, porém, a força de vontade de um criminoso pode ser mais fascinante do que a de um herói bafejado pela virtude. Há em Schiller uma verdadeira justificação estética do *grande* criminoso:

A desonra decresce com o crescimento do pecado.

Ao mostrar a vontade em choque com o despotismo dos instintos, a tragédia cumpre a tarefa de toda a arte: a de representar sensivelmente o "supra-sensível". Vislumbramos, através da força de vontade, em meio das imposições férreas dos impulsos e paixões, em meio da trama labiríntica da história e da intriga política, a presença de um reino espiritual transcendente, bem como a possibilidade da reconciliação de ambas as esferas. A "bela aparência" proporciona "espaço lúdico" à imaginação para que o espectador possa experimentar em todos os seus conflitos, em todas as suas virtualidades negativas e positivas, o cerne da sua existência moral; e para que, através dessa teodicéia estética, possa entrever a possibilidade de um último sentido, de uma ordem universal e harmonia absoluta em que é superado o abismo entre os mundos da necessidade e da liberdade, entre o dever moral e as inclinações naturais. Essa posição clássica do pensamento alemão, que tem o seu fulcro na obra de Schiller, foi logo abalada pelas concepções pessimistas de Kleist, Buechner, Grabbe e Hebbel.

Não é difícil mostrar que o pensamento teórico de Schiller se manifesta, de uma ou outra forma, em toda a sua obra dramática, mesmo naquela da juventude em que não elaborara ainda, sob a influência de Kant, semelhantes idéias, dando destaque maior à liberdade política que moral. Com efeito, já em *Os Bandoleiros* (1781; prosa), grito de revolta contra o mundo corrupto do absolutismo, Carlos, o bandido, acaba por entregar-se às autoridades desprezadas.

31

Estas, apesar de tudo são os representantes da lei superior. É só através da livre auto-entrega, testemunhando assim a ordem transcendente, que Carlos pode reafirmar a indestrutibilidade do "edifício moral do mundo". Um dos grandes criminosos na galeria das personagens schillerianas é o protagonista de *A Conspiração de Fiesco em Gênova* (prosa). O herói, ao libertar Gênova da tirania dos Dória, é levado pela ambição a apossar-se do domínio da cidade. Verrina, porém, o rígido defensor do republicanismo, acaba assassinando o usurpador. A morte sem redenção do herói envolvido na trama da política é, por assim dizer, uma ilustração negativa do antagonismo trágico entre liberdade e história, *ethos* e política. No fundo, contudo, este criminoso de poderosa força de vontade poderia ter dirigido para "o bem toda a força que até então gastara no mal", bastando para isso uma "única inversão das máximas". De fato, na adaptação teatral de 1784 Schiller não hesitou em inverter o fim da peça, apresentando um *Fiesco* que rejeita "com autodomínio divino" a coroa de Gênova e encontra "uma volúpia mais alta em ser o cidadão mais feliz como chefe (republicano) do seu povo". A idéia no caso é, como se vê, muito mais importante que a psicologia.

A "tragédia burguesa" *Intriga e Amor* (prosa) opõe, no amor do aristocrata Ferdinando e da burguesa Luísa Miller, o mundo da corte, frio, falso, desumano, ao mundo burguês, virtuoso, sincero, poético. É um libelo violento contra as cortes corruptas dos principados alemães. Mas a inflamada mensagem política dessa peça juvenil e tosca (ainda plena de *Sturm und Drang*) confunde-se com a idéia metafísica: através deste amor incondicional, que exige liberdade de todas as convenções, manifesta-se uma determinação superior. A morte dos apaixonados é a glorificação de um tribunal invisível que condena a ordem social ultrapassada.

Mais evidente ainda é o sentido moral da tragédia *Don Carlos,* peça em que Schiller inaugura o verso iâmbico da sua fase clássica. O "sonho divino" do citado Marquês de Posa — estabelecer o reino moral no mundo das trevas históricas — forçosamente tem de naufragar, mas a "idéia" é vivida e enaltecida pela auto-imolação do herói. Bem mais difícil é a interpretação da trilogia *Wallenstein,* sem dúvida a maior tragédia histórica do teatro alemão. A obra apresenta os últimos dias daquele grande "líder" militar da Guerra dos Trinta Anos, assassinado na ocasião em que pretende trair o imperador e passar-se com o exército para o lado dos suecos. Racionalizando a traição com o desejo de dar paz à Alemanha, age ao mesmo tempo sob o impulso da sua ambição desmedida. Incapaz de libertar-se da teia de intrigas por ele mesmo tecida, vítima do nexo inexorável da situação, não tem nem sequer o benefício de uma morte livre: é assassinado enquanto dorme. Essa morte inconsciente remata o quadro da fatalidade absurda que parece reinar no mundo histórico. A tragédia deste grande "criminoso", uma das personagens mais fascinantes e misteriosas da dramaturgia universal, não parece facilitar a "descoberta da potência moral absoluta livre das condições naturais. . ." No entanto, a peça não seria de Schiller, deste idealista que só "sabia escrever em maiúsculas" e em cujo "mapa do mundo o país da utopia era a província principal", se nela não houvesse ao menos um vislumbre da "idéia". Os dois apaixonados da tragédia, Max Piccolomini e Thekla, filha do protagonista, representam na sua inocência a pureza sem compromisso, a "região sagrada" onde a luz celeste irrompe na escuridão terrena. De Max, fervoroso adepto de Wallenstein, que por sua vez o ama com ternura, cai como por reflexo um clarão do mundo "inteligível" sobre o próprio protagonista.

A trágica tensão entre a transcendência e o mundo histórico — levada ao extremo em *Wallenstein* — diminui em *Maria Stuart,* peça em que a história fornece apenas um processo sensacional para dar margem à transfiguração religiosa da heroína — e em *A Donzela de Orléans,* "tragédia romântica" em que a história se transforma em lenda. A realidade histórica passa a ser mera arena onde o homem prova o seu destino superior. Aceitando a morte — a "sua morte, que nela amadurece aos poucos" — Maria morre por um crime não cometido para expiar um crime real mas há muito prescrito. Ela ganha, por assim dizer, na eternidade o que sua julgadora e vencedora, a rainha

Elizabeth, nem sequer consegue ganhar no século. É esta que acaba sendo a personagem mais comovente. Quanto a Joana, cabe-lhe a missão, trágica para o ser humano, de dar testemunho, no mundo temporal, da ordem perene. Na sua castidade reflete-se a pureza da sua missão, traída no momento em que se apaixona, não importa se por um aliado ou adversário. Quando tudo parece perdido, a prece liberta a prisioneira das algemas — isto é, das amarras terrenas da paixão e da imposição das inclinações naturais. Na sua morte vitoriosa manifesta-se o sentido metafísico-lendário do mundo histórico. Somente em *Guilherme Tell,* última peça concluída (em 1804, um ano antes da morte de Schiller), é que se verifica a reconciliação entre idéia e história. Matando Gessler, o representante despótico do imperador, Tell protege, antes de tudo, a própria causa e a da sua família; mas defende ao mesmo tempo a sagrada causa do povo suíço, espoliado de seus direitos tradicionais pela tirania de Gessler. Acima de tudo, no entanto, a causa da libertação é a do imperativo moral e da liberdade transcendente.

No que tange à beleza poética da linguagem, a *Noiva de Messina* (escrita antes de Tell) talvez seja a peça mais perfeita de Schiller. Nela pretendeu aproximar-se da tragédia grega, tentativa pouco adequada às suas concepções fundamentais, embora a técnica analítica da sua obra madura revele forte influência grega. O coro da *Noiva,* longe de corresponder a um sentido religioso, tem função puramente estética: a de libertar o diálogo dramático da reflexão (da qual se encarrega o coro) e de restituir ao espectador a liberdade perdida ao impacto dos afetos. Quanto à "fatalidade", é despojada do seu poder mítico. Serve, antes, como pano de fundo diante do qual se destaca tanto mais a morte livre de Dom César, que destarte expia o crime do fratricídio, conseqüência da maldição que pesa sobre a família. Essa redenção não é de modo algum "grega". Ao transcender, autônomo, a condição terrena e elevar-se à "zona da liberdade trágica", Dom César não cumpre seu "telos", seu caráter fundamental imposto pelo destino inexorável. Arranca-se dele, para exalçar a liberdade *noumenal.*

34

É possível, sem dúvida, interpretar as peças de Schiller de outro modo, sem procurar ajustá-las à sua teoria. Com efeito, até hoje se sucedem os comentários mais variados. Uma peça como *Wallenstein* não se conforma a nenhuma interpretação unilateral e continua inesgotável em termos conceituais. Apesar de algumas das personagens schillerianas não possuírem forte vida própria, parecendo mais representantes de idéias do que seres humanos, nunca lhes falta magnífico ímpeto teatral e extrema eficácia cênica. Schiller foi um poeta demasiado grande para que sua obra pudesse ser reduzida ao esqueleto das abstrações. Antes de tudo, foi um dramaturgo autêntico, de temperamento arrebatado e arrebatador. "Nenhum alemão é tão inteiramente movimento quanto ele", segundo a palavra de Hofmannsthal. Esse "entusiasta estranho" da liberdade não iria sujeitar-se, ele mesmo, à coação da teoria. Se Filipe II não concedeu liberdade de pensamento a Posa, Schiller certamente a concedeu aos seus intérpretes.

4. *O Adversário do Romantismo*

É comum ouvir-se caracterizar Schiller como "grande poeta romântico", amigo de Goethe, outro "grande poeta romântico". Esta opinião é diametralmente oposta à da Alemanha, onde lhes cabe a categoria de "clássicos", não só por serem considerados expressão máxima das letras germânicas, mas principalmente em virtude das suas tendências acentuadamente anti-românticas, pelo menos durante ampla fase de suas vidas. A confusão decorre em parte de um emprego equívoco do termo romântico — logo usado como designação de uma corrente histórica definida, limitada no tempo e no espaço, logo de um estilo recorrente através dos tempos, logo de um tipo caracterológico que se distingue por atitudes aventureiras, rebeldes e emocionais.

É talvez um pouco pedante insistir neste assunto. Contudo, não é propósito deste comentário definir pela milésima vez os termos clássico e romântico — tentativa já ridicularizada por Musset — embora, segundo

35

Irving Babbitt, a falta de vontade de definir talvez seja por sua vez nada senão um aspecto peculiar da suposta mania romântica de desacreditar o intelecto analítico.

Uma ligeira descrição de alguns aspectos concretos da história literária alemã da época em foco determinará, melhor do que definições, a impossibilidade de se classificar Schiller como romântico, tomando o termo no sentido de uma corrente histórica determinada. Para mostrar que Schiller, pelo menos na sua fase madura, tampouco foi romântico nas outras acepções mencionadas, bastará expor de relance algumas das suas concepções estéticas e político-sociais.

A caracterização de Schiller como romântico tem certos laivos de correção quando referida à sua breve fase juvenil de adepto tardio do *Sturm und Drang,* movimento que empolgou as letras germânicas mais ou menos de 1770 a 1785. Violentamente oposto aos cânones clássicos franceses, adotando um rousseauismo desbragado e professando o culto do gênio "titânico" (sob a influência de E. Young e R. Wood), esse movimento de emancipação que se esmerava na revolta anárquica, mais contra a sociedade em geral do que contra o absolutismo dominante em particular, é definido na Alemanha como pré-romântico. Neste sentido amplo, o primeiro *Fausto* de Goethe é romântico, mas a segunda parte está longe de sê-lo e a obra total, incomensurável como é, não se adapta a nenhuma classificação. De 1786 a 1805 (morte de Schiller), mais ou menos, se conta o período propriamente clássico: Goethe primeiro, depois Schiller, inicialmente separados e mesmo antagônicos (pois Schiller, dez anos mais jovem, ainda se rebelava enquanto Goethe já se empenhava pela ordem clássica), mais tarde unidos, superam eles os arroubos prometéicos da juventude e o culto do elementar, aliando-se na sua admiração pelo clássico modelo grego, então concebido como "nobre simplicidade e tranqüila grandeza". É um ideal humanista que, usando termos modernos e simplificando ao extremo, procura não eliminar e sim disciplinar severamente as forças dionisíacas exaltadas na juventude, integrando-as, tanto na arte como na vida, no contexto da meta apolínea.

36

No que se refere ao Romantismo propriamente dito, começa a manifestar-se apenas por volta de 1797/8, expandindo-se até 1830 em várias ondas e através de vários grupos regionais, em parte bem divergentes. Verifica-se, pois, que Schiller, morrendo em 1805, mal alcançou o início do movimento romântico. É mais ou menos vinte anos mais velho que os primeiros românticos. De outro lado, o movimento pré-romântico, a que se filiara na juventude, tem um caráter profundamente diverso do próprio Romantismo. As duas décadas que separam ambas as "escolas" constituem uma das grandes épocas da história do espírito alemão (e universal): aparecem, ao lado das obras clássicas de Goethe e Schiller, as três críticas filosóficas de Kant e as primeiras obras importantes de Fichte e Schelling. Face aos pioneiros rebeldes do *Sturm und Drang,* os primeiros românticos são herdeiros de um acervo espiritual de enorme riqueza. Na sua linguagem, inteiramente diversa da pré-romântica, absorveram a imensa contribuição de Goethe e Schiller, ainda que não adotem seus padrões clássicos. Não se trata mais de um movimento de revolta e emancipação, nem de gênios titânicos, mas de grupos jovens extremamente requintados, típicos intelectuais urbanos, cuja sofisticação irônica nascida da exacerbação da consciência reflexiva não raro chega a um artificialismo que nada tem em comum com o robusto "naturismo" dos pré-românticos, também chamados por alguns de "pré-clássicos" (veja: P. Grappin, *La Théorie du génie dans le préclassicisme allemand,* Paris, 1952).

Neste sentido, nem sequer o jovem Schiller pré-romântico pode ser considerado propriamente romântico e muito menos o maduro. Este, na medida em que ainda chegou a ver o primeiro surto romântico, vivia em constante tensão com os seus líderes intelectuais, principalmente com Friedrich Schlegel, a quem não hesitou em chamar de "cafajeste". Repugnava à mente lúcida de Schiller o que lhe parecia ser a "confusão de idéias" de Schlegel. Houve polêmicas de lado a lado e Schiller logo escreveu a Goethe que "Herr" Schlegel "está se tornando insuportável". Em 1799, ao ler *Lucinde* de Fr. Schlegel, espécie de rapsódia em prosa que é obra básica do primeiro romantismo, Schiller sente-se "atordoado" e escreve a Goethe:

> É sempre a mesma ausência de forma, a mesma mania de escrever por fragmentos, uma mistura de coisas nebulosas... Ele (Schlegel) declara francamente que a Imprudência é sua deusa...

Por sua vez, a correspondência dos românticos está repleta de observações malévolas sobre Schiller. Schlegel confessa numa carta reconhecer em Schiller apenas uma qualidade — a paciência.

> Para esculpir dragões (refere-se a uma balada extensa de Schiller) tão compridos em papel, palavras e rimas, precisa se de uma paciência impertinente.

Schiller deve ter pressentido algo, pois há dois dísticos epigramáticos dele que são quase uma resposta:

> Durante anos o mestre elabora (a obra) e nunca se dá por satisfeito; mas à *estirpe genial* tudo lhe vem no sonho.

E este:

> Os que ontem aprenderam, hoje já se metem a ensinar. Ach! Como são curtos os intestinos destes senhores!

Quanto a Carolina, cunhada de Fr. Schlegel, mais tarde esposa de Schelling, verdadeira alma do primeiro círculo romântico, declara numa carta:

> Sobre um poema de Schiller, "O Canto do Sino", caímos ontem quase das cadeiras de tanto rir.

Não se trata apenas de atritos e antipatias pessoais, nem só do choque das gerações. A raiz é o profundo antagonismo entre atitudes e concepões fundamentais relativas à vida, moral, arte e sociedade. Enquanto os românticos, exaltam, desde logo, a fantasia desenfreada, o excêntrico e monstruoso, o grotesco e "original", Schiller e Goethe exigem na poesia uma "linguagem nobre e serena" (o decoro clássico), a "idealização do objeto", a "medida harmoniosa", a tipização (não o característico dos românticos), a "serenidade circunspecta", a precisão, a "economia sábia" e "calma cautelosa". Novalis, já quase surrea-

lista, pede que se "misturem todas as imagens" e glorifica a linguagem obscura e a incoerência: "gostaria
de dizer quase que o caos deve transparecer em cada
poesia". Schiller e Goethe, ao contrário, elogiam a
"continuidade do contexto" e desprezam o fragmentá-
rio, as "raridades estranhas", o confuso e desordenado
("Schiller visa sempre ao nexo lógico às custas do nexo
poético", lê-se numa carta de Carolina, objeção realmente acertada).

Há uma famosa crítica de Schiller em que fere
com crueldade o talento um tanto selvagem de G. A.
Bürger, um dos principais poetas do *Sturm und Drang*
que, em plena fase clássica, continuava leal aos ideais
do "período dos gênios". Não há dúvida de que neste
escrito, verdadeiro tratado do Classicismo, o crítico re-
nega, conscientemente, a própria obra juvenil. "Entusiasmo não basta; exige-se o entusiasmo de um espírito culto". Não encontramos, declara, na maior parte
dos poemas de Bürger, "o espírito brando, sempre
igual, sempre luminoso...", havendo ao contrário
"desigualdade de gosto".

> Cabe ao poeta decantar a excelência do seu *sujet* de
> misturas mais grosseiras ou ao menos estranhas, reunir numa
> só faixa os raios de perfeição dispersos por vários objetos,
> sujeitar à harmonia do todo os traços individuais que pertur-
> bam o equilíbrio e elevar o individual e local ao típico.
> Um ator irado dificilmente será um representante nobre
> da ira; o poeta cuide de não cantar a dor em meio da dor...
> Que ele produza a partir da distância da suave recordação...
> mas nunca sob o domínio atual do afeto... O idealmente
> belo só se torna possível graças à liberdade do espírito, graças
> à autonomia que suspende a supremacia da paixão.

O pobre B "comete pecados contra o bom gosto",
verificando-se

> que o entusiasmo do poeta se perde não raro além dos
> limites da loucura, que seu fogo com freqüência se torna
> fúria e que por isso o estado emocional em que o leitor ter-
> mina a leitura de modo algum é a disposição anímica de
> harmonia benfazeja em que o poeta deve colocar-nos.

E com o dedo em riste:

> Só a alma serena e tranqüila produz o perfeito... Por
> mais que o peito esteja assaltado de tempestades, a fronte
> deve manter-se banhada de luminosidade solar.

39

E no fim recomenda ao criticado que espose "a elevada e tranqüila grandeza" para "conquistar destarte a coroa do classicismo."

Mesmo sem definições os trechos acima citados provam à sociedade que estamos diante de um verdadeiro manual de cânones clássicos, cujos princípios estéticos — ordem, trabalho, paciência, equilíbrio, harmonia, acabamento, clareza, etc. — representam ao mesmo tempo princípios morais (e político-sociais) perfeitamente contrários aos dos românticos.

Esses princípios, no seu aspecto moral e social, tendem a confundir-se facilmente com certa atitude *bourgeois* e mesmo filistéia que muitas vezes provocou o escárnio dos românticos. "O Canto do Sino", por exemplo, é por assim dizer um hino ao cidadão bem comportado e precavido. O poema é povoado de termos como "armazém" e "depósito" (se não bancário, ao menos de bens palpáveis). Em face do elogio à preguiça dos românticos, o bom burguês de Schiller "tem de atuar e aspirar, plantar e criar, amealhar com astúcia aumentando os lucros". Ele "nunca repousa" e "do alto da casa calcula sua fortuna crescente". É uma verdadeira exaltação da "sagrada ordem" (termo do poema) do capitalismo protestante incipiente (tão contrário às tendências catolizantes dos românticos): "O trabalho é o ornamento do cidadão e o prêmio do esforço é a compensação abençoada", possibilitada graças à ordem, pois "o olho da lei é vigilante".

O rigor das concepções clássicas de Goethe e Schiller — disciplina conquistada a duras penas e por isso defendida com extrema dureza — levou-os a atitudes por vezes unilaterais, limitando-lhes a capacidade de julgamento estético face a fenômenos que não se enquadrassem nos seus padrões "olímpicos". Jean Paul, Kleist e Hoelderlin, os três grandes "marginais" da época que, sem serem propriamente românticos, tampouco seguiam os cânones clássicos, foram impiedosamente repelidos pelos dois poetas de Weimar, fato que, no caso de Kleist e Hoelderlin, não deixou de contribuir para o desenlace trágico dessas duas vidas. Kleist chegou quase ao ponto de desafiar Goethe para um duelo e Hoelderlin, inicialmente incentivado por

40

Schiller, acabou não recebendo mais resposta às suas cartas humildes de jovem adepto em busca de estímulo. Schiller julgava as poesias do jovem "muito subjetivistas e extravagantes". Quando ainda lhe respondia as cartas, dera-lhe o conselho:

Mantenha-se mais próximo do mundo sensível; assim não correrá o perigo de, no seu entusiasmo, perder a sobriedade.

3. KLEIST

1. A Filosofia das Marionetes

Seria uma tentativa fascinante — embora unilateral — derivar o sentido mais profundo da obra de Heinrich von Kleist (1777-1811) das idéias expostas no pequeno estudo *Sobre o Teatro de Marionetes*. Neste ensaio, em forma de diálogo-narrativa, o autor de *Michael Kohlhaas* afirma que a graciosidade dos títeres e animais decorre da sua inocência não conspurcada pela intervenção da consciência; bem ao contrário de Schiller, que julgava consistir a graça, em última análise, na harmonia entre natureza e espírito: tanto

43

assim que só ao homem caberia o dom do movimento gracioso. Para o pensamento clássico alemão, a beleza dos movimentos é o símbolo de uma *humanitas* em que natureza e *éto* se equilibram; enfim, expressão da possibilidade de harmonizar o real e a idéia. Através das perturbações confusas da realidade vislumbra-se, apesar de tudo, a idéia superior. Mesmo a catástrofe trágica tem um sentido no todo universal; ainda ao sucumbir, o herói glorifica a ordem suprema. Pense-se na cruel palavra do clássico Goethe: "Prefiro cometer uma injustiça a suportar a desordem". Compare-se com essa atitude olímpica a fúria justiceira de Kohlhaas, que não hesita em abalar a "ordem cósmica" para restituir a dois cavalos maltratados o antigo bem-estar e esplendor.

No estudo mencionado manifesta-se uma radical oposição ao pensamento clássico, o sentimento de uma dissonância profunda entre realidade e idéia, natureza e espírito. No momento em que o homem se reflete no espelho enganador da "reflexão", escapa-lhe a beleza imaculada do gesto. A graça pertence somente ao ser que não possui consciência nenhuma ou "consciência infinita" — à marionete, portanto, ou ao deus. Não existe harmonização dos princípios opostos. O radicalismo incondicional de Kleist proclama a necessidade do domínio exclusivo de um dos princípios, para que possa haver graça. Sendo o homem um ser dúplice, um animal consciente, seu destino é, forçosamente, a "desgraça". O homem é um ser trágico por natureza. Terá de comer de novo da árvore do conhecimento para atingir a uma "segunda" inocência.

Há, evidentemente, uma forte dose de Rousseau neste pensamento e, ainda mais, de um Kant mal interpretado. Não ensinou Kant que entre a essência das coisas e nós se interpõem os princípios do nosso intelecto e que, portanto, nunca podemos concebê-las como elas são em si mesmas, mas apenas como nos aparecem a nós, que vivemos fechados na prisão da nossa consciência? Essa pelo menos é a interpretação de Kleist. A leitura de Kant foi para ele uma das experiências mais terríveis da sua breve vida, tão repleta de experiências terríveis. O intelecto afigura-se a Kleist

44

como foco de todos os enganos, concepção romântica que encontra hoje inúmeros adeptos. A consciência é o verme que corrói a unidade, separa os homens, transforma tudo em aparência e mentira e lança a confusão na certeza profunda dos sentimentos irrefletidos; ela emaranha as pessoas numa desconfiança mútua que cresce com cada tentativa de restabelecer a confiança, a ponto de o próprio diálogo, em vez de aproximá-las, muitas vezes aumenta a sua solidão, envolvendo-as num tecido de ambigüidades, mal entendidos e suspeitas. Deve ter sido isso que tanto atraiu Kafka na obra de Kleist — e naturalmente o estilo complexo, enovelado, cheio de orações subordinadas que retalham as proposições principais, criando tensões e dando ao ritmo da frase, estilhaçada por inúmeras vírgulas, um caráter ofegante e furioso. Ao ler esses diálogos, tem-se às vezes a impressão de se defrontarem personagens que batem com punhos machucados contra as grades da prisão que os separam. Este estilo, de resto, é único na literatura alemã pela sua energia e intensidade a que, nos dramas, se acrescenta o magnífico esplendor dos versos.

Seria fácil interpretar, segundo a concepção exposta, a primeira tragédia de Kleist, *A Família Schroffenstein,* obra ainda imatura e melodramática. Baseada na temática de *Romeu e Julieta,* contrapõe duas famílias inimigas, cujas suspeitas abalam até os sentimentos puros dos filhos apaixonados. Em *Anfitrião —* talvez o melhor *Anfitrião* entre todos, e certamente mais próximo de nós do que o de Molière, em que se baseia — o interesse se concentra, antes de tudo, no amor incondicional de Alkmene por seu esposo: mas mesmo este amor fiel, perturbado pelos disfarces e enganos de Zeus, começa a duvidar de si mesmo ou, melhor, vê-se ameaçado pelas dúvidas da reflexão. A comédia quase vira tragédia nas mãos de Kleist. Quanto à peça *Catarina de Heilbronn,* desenrola-se inteiramente na atmosfera da lenda maravilhosa. Catarina é antitrágica *par excellence,* pois é a imagem da moça "marionete". Una em si mesma, segue em estado de inconsciência sonambúlica, imperturbável, o mandamento do seu coração amoroso. É, entre todas as figuras de Kleist, a mais feliz: não tem consciência, só sentimentos. A doce graça da sua inocência infantil é a própria graça divina.

Em 1807, Kleist concluiu a peça *Penthesilea*, considerada por muitos a maior tragédia da literatura alemã. São inúmeras as interpretações da obra, cujo extremismo tanto desagradou ao gosto equilibrado de Goethe.

Penthesilea, rainha das Amazonas, aparece durante a guerra de Tróia com seu exército no campo de batalha para, segundo a lei do seu povo, prender pelas armas certo número de guerreiros e garantir, assim, a sobrevivência da sua grei. Todavia, em vez de aprisionar um herói qualquer, apaixona-se por Aquiles; insiste em submeter este, e nenhum outro guerreiro, ferindo assim a lei das Amazonas, que não admite paixões individuais.

Poder-se-ia supor que se trate simplesmente do conflito schilleriano (e kantiano) entre o impulso pessoal e o imperativo sobreindividual. Esquematizando, pode-se dizer que na dramaturgia pré-romântica do *Sturm und Drang* é ao grande indivíduo (ao gênio) que neste conflito cabe o direito, face à sociedade. Ainda que sucumba, o valor superior é do seu lado. Na dramaturgia clássica de Goethe e Schiller (no seu período maduro), é a norma que representa o valor superior: o indivíduo, para tornar-se "personalidade", tem de renunciar à plena expansão dos seus impulsos e aceitar livremente a lei e a ordem.

O problema de *Penthesilea*, no entanto, é diverso. O essencial não é o conflito de valores (embora este também esteja presente) mas a corrupção de um sentimento puro e poderoso sob o impacto das leis humanas e da "frágil ordem do mundo". A tragédia de Penthesilea consiste no fato de que a consciência da sua função de rainha das Amazonas não lhe permite entregar-se simplesmente ao seu amor e confiar no amor de Aquiles. A reflexão, através da qual se infiltram as normas enganadoras do mundo, acaba pervertendo a inocência dos seus sentimentos sagrados, que brotam da mais íntima essência do seu ser. Inteiramente rainha e inteiramente mulher apaixonada, ela confunde a "lei da guerra" e a "prescrição íntima" do amor, transgredindo ao fim tanto esta como aquela:

46

a violência da guerra torna-se volúpia amorosa, e o amor, violência selvagem. Por não ser marionete como Catarina, mas verdadeiramente humana, a inocência da sua paixão, traída pelas falsificações da consciência, se transforma em fúria ambivalente, em que amor e ódio já não podem ser distinguidos. Em plena "confusão de sentimentos", cercada de cães e elefantes, na pompa terrível das armas, vai ao encontro de Aquiles, enquanto este, amoroso, só pensa em entregar-se à amada. Vítima de um mal-entendido, mênade possessa, acerta a flecha e lança-se com a matilha sobre o moribundo, dilacerando-lhe o "alvo peito" a dentadas ("ela o devorou de amor", escreveu Kleist). Durante toda esta cena, Penthesilea encontra-se num estado de êxtase orgíaco (os desmaios e estados de inconsciência, tão freqüentes na obra de Kleist, traduzem a recuperação da inocência dos fantoches e de um mundo onírico de "graça" absoluta; espécie de antecipação da morte e da superação mística). A bem dizer, ela readquire, no ato mais selvagem da sua vida, a pureza que as traições da consciência lhe roubaram. No arrebatamento dionisíaco, em que se une a Aquiles pela morte amorosa, pressente-se já a música wagneriana de *Tristão*. Ao voltar a si e tomar conhecimento do seu hediondo ato, ela apenas completa a união da morte amorosa: da sua imensa dor ela forja um "punhal" com que se atravessa o coração. Antes de romper, porém, a prisão da consciência e submergir no mundo puro das marionetes, ela desfaz a lei das Amazonas e os enganos da duplicidade humana.

É de uma forma semelhante — embora antagônica — que talvez se possa interpretar o *Príncipe de Homburgo*. O jovem Frederico de Homburgo, general da cavalaria brandenburguense, desobedece a ordem expressa do príncipe-eleitor Guilherme e segue a "ordem do seu coração": ataca os suecos e conquista a vitória (Batalha de Fehrbellin, 1675). Embora vencedor, é condenado à morte, pois a ordem do Estado não admite a ordem do coração. Acreditando de início tratar-se de mera formalidade e confiando em que Guilherme suspenderá a sentença, o príncipe fica apavorado ao ver, já preparada, a própria sepultura. Seu desmoronamento moral é completo. O acovardamento do herói vai ao ponto de ele implorar, por intermédio da esposa de Guilherme, piedade e misericórdia. Trata-se de uma das maiores cenas da dramaturgia universal e será para sempre um fenômeno extraordinário que o descendente de 18 generais e dois marechais-de-campo prussianos tenha tido a inspiração dessa dramática derrocada. Guilherme responde com uma mensagem: está disposto a perdoar-lhe se Frederico, vencedor de Fehrbellin, considerar realmente injusta a condenação. Forçado a decidir o seu próprio destino, o príncipe recupera seu ânimo e reconhece a justiça da sentença. Aceita livremente a lei e a morte. E é neste momento que Guilherme recupera, por sua vez, a liberdade para suspender a sentença.

Trata-se aparentemente, mais uma vez, do conflito entre o impulso pessoal e a lei abstrata, desta vez com o livre reconhecimento do valor supremo da norma. Será que Kleist chegou a tal concepção sob o impacto das guerras napoleônicas que lhe despertaram um nacionalismo fervoroso, ele que viveu durante toda a sua vida em conflito com os mecanismos impessoais da administração autoritária da Prússia?

A peça é emoldurada por duas cenas em que o príncipe se encontra em estado sonambúlico — cenas que por muitos são consideradas inúteis e nocivas à estrutura da peça. Na cena inicial, Frederico, submerso no estado inconsciente das marionetes, vê-se glorificado como vencedor, a fronte coroada de louros. Na cena final, enquanto aguarda em estado sonambúlico a morte livremente aceita, realiza-se a profecia do seu sonho inicial. Dir-se-ia, aliás, que de fato passa grande parte da peça num mundo onírico: não acredita nunca na execução da sentença. Somente desperta no momento da crise, diante da sua sepultura.

O *Príncipe de Homburgo*, escreveu Friedrich Hebbel, pertence às criações mais singulares do espírito alemão e isso porque nesta peça é atingido pelo mero arrepio da morte, pela mera sombra que ela lança, o que em todas as tragédias — e a obra é uma tragédia — somente é alcançado pela própria morte: a redenção e purificação do herói.

A antecipação da morte tem nesta peça função semelhante à realidade da morte em *Penthesilea*. Com

48

a diferença de que em Homburgo as normas do mundo não são negadas, mas por assim dizer incorporadas na "consciência infinita" que se revela na cena final, quando o herói, renascido e "deificado", reconquista, em estado de arrebatamento místico, a "segunda" inocência, penetrando de novo no paraíso (segundo a expressão do estudo *Sobre as Marionetes*). Para a consciência infinita já não existe a dicotomia entre impulso e lei. Quando o herói se submete livremente à lei — que o condena à morte — ele se submete de fato à lei do seu próprio coração.

No fim — diz Benno von Wiese — vence o sonho sobre a morte[1]. Talvez se diria melhor que é a utopia que vence. Não há mais a fé dos clássicos numa coexistência hierárquica real dos princípios, mas o sonho utópico de um estado em que o espírito se transformasse totalmente em natureza ou a natureza totalmente em espírito: idealismo ou naturalismo extremos. Romântico no sentido mais profundo — embora não fazendo parte do Romantismo — Kleist não tinha a atitude lúdica dos românticos que brincavam com os princípios. O abismo abre-se no âmago do seu coração. O sonho utópico nada é senão o reverso da descrença na ordem universal, do desespero de uma possível reconciliação real, imanente à história (pois a consciência infinita é o "último capítulo da história do mundo"), e do pessimismo sombrio de quem se sente aniquilado pela dissonância. Para quem viveu com tamanho radicalismo e autenticidade o problema, que objetivamente iria refletir-se na passagem do criticismo de Kant ao idealismo de Fichte e Hegel, e ao naturalismo e positivismo posteriores do século XIX, não restou outra saída senão celebrar o ritual sangrento de Penthesilea. Ele se suicidou à beira de um lago perto de Berlim, depois de ter morto uma mulher disposta a morrer com ele. As cartas de despedida em que, arrebatado por verdadeiro êxtase dionisíaco, exalta a morte próxima, dificilmente encontram paralelo na literatura universal.

---

1. A interpretação de Kleist apresentada neste artigo, distanciada das interpretações tradicionais, segue em pontos importantes a de BENNO VON WIESE, *Die Deutsche Tragödie von Lessing bis Hebbel*, Hamburgo, 1955, embora divirja dela no que se refere a *Penthesilea*.

4. HEBBEL

1. *"Maria Madalena"*

Eric Bentley (no seu livro *The Playwright as Thinker*) destaca a importância de Friedrich Hebbel (1813-1863), referindo-se em particular à sua peça *Maria Magdalene*, tragédia burguesa que exerceu profunda influência sobre Ibsen. Entretanto, fora da Alemanha, Hebbel é pouco conhecido. Segundo Bentley, o desconhecimento deste dramaturgo, mesmo por "aficcionados do teatro, é um sinal... de nossa profunda ignorância do drama moderno".

Na própria Alemanha a presença cênica das obras de Hebbel passou por ocasos quase totais e

51

grandes surtos. Até agora o lugar de suas peças no palco alemão não se delineia com nitidez. Parece haver como que um temor dos diretores em encená-las e poucos atores sabem acertar-lhes o tom e o ritmo. O destino cênico de Hebbel naturalmente não influi na apreciação literária dos historiados alemães. Estes consideram-no em geral, apesar de G. Buechner, como o maior dramaturgo alemão do século XIX. Evidentemente, no caso de Buechner deslumbra a precocidade do jovem genial que, nascido no mesmo ano de Hebbel, morreu em 1837, tendo produzido toda a sua obra antes que aquele sequer esboçara a sua primeira peça. Filho de um pedreiro muito pobre, Hebbel gastou metade de sua vida para alcançar o nível cultural que a Buechner veio, por assim dizer, do berço.

O grande prestígio de Hebbel, no juízo dos historiadores da literatura, certamente é justificado. Contudo, sua apreciação parece ter sido determinada em demasia por fatores extradramatúrgicos. Não conseguem separar o *playwright* Hebbel do autor dos magistrais diários e muito menos dos trabalhos crítico-estéticos, mal escritos, mas de grande importância e profundeza. Estes autocomentários, largamente utilizados pelos intérpretes, sem dúvida aprofundam a compreensão de suas peças. O próprio Hebbel disse que

> um autêntico drama pode ser comparado a um daqueles edifícios que possuem quase tantos corredores e salas debaixo como acima do nível do andar térreo. Os homens comuns conhecem só estes, o construtor também aqueles.

Todavia, o fato é que as peças como tais não são tão complexas assim e a maioria das salas subterrâneas existe mais nos escritos teóricos do que no próprio teatro hebbeliano. A mania dos intérpretes de projetar dentro das peças toda a filosofia dos diários e comentários, em vez de engrandecê-las, apenas lhes dilui o vigor psicológico, sobrecarregando as poderosas personagens com um peso metafísico que lhes esmaga a face humana e o drama pessoal. Para a vida cênica das peças tal modo de encará-las certamente é prejudicial, já que os assustados homens de teatro, querendo evitar a pecha de "homens comuns", procuram muitas vezes levar todas as "salas subterrâneas" para o palco. Daí certamente a decepção de Bentley, ao assistir a *Gyges e seu Anel* no próprio "Hebbel-Theater" de Berlim, aborrecendo-se em face do estilo de representação patético que borra os "contornos nítidos" e faz perder-se em nuvens de sentimentos vagos o que está escrito com precisão e força. O tom quase religioso dos atores

> sugere que o que o autor está dizendo é importante, mas ao mesmo tempo impede que saibamos de que se trata (*In Search of Theater*).

É que os textos de Hebbel se tornaram quase ilegíveis através do halo místico em que a tradição os envolveu, não sem a culpa do próprio autor.

Se tomarmos, por exemplo, uma peça como *Maria Magdalene*, atendo-nos de início apenas ao texto, verificaremos que se trata de uma peça simples, pujante, de impacto imediato, de modo algum inflada por implicações filosóficas. Escrita em prosa forte e popular, seu tema seria hoje corriqueiro: Clara — a Maria Madalena do título — depois de seduzida e abandonada, se lança no poço, fingindo uma queda casual, a fim de poupar ao pai, carpinteiro de princípios rígidos, a vergonha de ver manchada a "honra da família" pelas conseqüências do seu passo.

A peça é a tragédia da estreiteza e limitação pequeno-burguesas, numa cidade insignificante da Alemanha. Concluída em 1843, cerca de 70 anos depois do estouro do *Sturm und Drang,* nela já não é abordado o choque entre a burguesia e a aristocracia — como em *Intriga e Amor,* de Schiller — nem tampouco a revolta do herói contra as convenções da sociedade absolutista. De. outro lado é ainda muito cedo para que se manifeste no palco o antagonismo entre a burguesia e o proletariado (isso só iria ocorrer na fase naturalista, nos fins do século). O drama de Clara decorre, portanto, dos próprios padrões burgueses. É precisamente a tragédia do conformismo total das personagens com o "espírito coletivo" da sociedade, espécie de superajustamento às convenções. Que em vez da revolta o próprio excesso de acomodação seja motivo da catástrofe trágica é certamente um traço de grande interesse.

53

O espírito coletivo encarna-se, de um lado, na extraordinária figura do patriarca Anton, o carpinteiro, e no seu conceito bronco de "honra da família"; e externa-se, de outro lado, no diz-que-diz-que dos "outros", em função do qual se constitui, se preserva e se desfaz a honra, reduzida a mero reflexo da opinião dos vizinhos. A obra é a tragédia da bisbilhotice ou, antes, do medo dela. Com lógica fria e inexorável é desmascarada a falsa moral que leva Clara ao suicídio — desmascaramento que, da mesma forma como a técnica analítica, algumas décadas depois irá constituir o nervo das peças burguesas de Ibsen. O próprio desvio da convenção — o acesso precoce que Clara franqueia ao noivo — não decorre de um impulso de paixão (ela despreza o sedutor), mas ainda da própria convenção: do desejo de precipitar o casamento e de assim silenciar a bisbilhotice que sussurra com ironia do seu amor por outro jovem, rapaz "estudado", de família "melhor", que já não parece interessado por ela. O que domina neste mundo sinistro é a "vergonha da vergonha". A presença dos outros é obsessiva, os outros são o inferno neste universo de *huis clos* (Clara, monologando, diz de si para si: "Tu terias de fechar-te no teu próprio inferno se de fora quisessem abrir as portas").

A obra é ainda a tragédia da solidão — não a dos grandes heróis do Romantismo, do Moisés de Musset, por exemplo, que vive *puissant et solitaire,* mas a solidão dos títeres que, neste mundo estreito e petrificado, executam mecanicamente os movimentos suscitados por impulsos que lhes são exteriores. Meros reflexos, sem vontade própria, cada um descreve seus círculos isolados, sem que haja o encontro das almas. Os diálogos se desfazem em monólogos paralelos, o solilóquio reveste-se de importância excepcional. Cada um vive sozinho diante do murmúrio anônimo do coletivo, incapaz de ouvir a voz do próximo. De certa forma, todas as personagens são inocentes porque fazem apenas o que se costuma fazer; mas são ao mesmo tempo culpadas, precisamente por apenas fazerem o que se costuma fazer.

No mundo trágico de Hebbel — mas neste ponto a interpretação começa a ultrapassar o texto da peça

54

— é culpado o indivíduo que, insistindo na sua particularidade, ousa "tocar no sono do mundo", isto é, na inércia do espírito coletivo; mas é culpado também o indivíduo que, renunciando à sua particularidade rebelde, se petrifica em rocha como o mestre Anton. Desta forma estorva o devir do espírito coletivo, cujo movimento é o caminho da divindade desterrada na história.

O que se tornou caroço, resultado coagulado do processo vital, isto se isolou do circuito vivo, à maneira da coisa morta; é preciso que torne a desfazer-se em putrefação se é que pretende de novo participar da vida, da atuação recíproca das forças ativas (*Diários*).

Quando Anton, o carpinteiro, pronunciando as últimas palavras da peça, diz: "Já não entendo o mundo!" (e se queda cismando), confirma-se o desmoronamento total deste seu universo que, para ele, contudo, se afigura como absoluto e eterno, como "o" mundo, enquanto na verdade é apenas uma fase do movimento histórico. A sua cisma, todavia, sugere que o "caroço" começa a decompor-se. É possível que agora seja capaz de tornar-se "parceiro da divindade". Pois o homem, parceiro e instrumento da "idéia" soterrada no mundo, ao cristalizar-se em bloco, precisa ser destruído através de um processo de fusão violento, a fim de poder libertar, revelar e salvar a divindade escravizada na história, nas suas formas de manifestação espacial e temporal. O princípio metafísico supremo, em si eterno,

expõe-se em manifestações passageiras: no fato de estas pretenderem manter-se por tempo demasiado prolongado... reside a fatalidade trágica. A agonia faz parte da vida.

Há um forte cunho revolucionário (dir-se-ia marxista) neste conceito que, no entanto, é dos escritos teóricos e não da peça. Todavia, na tragédia *Gyges e seu Anel* (em iambos de cinco pés; 1856), o rei Kandaules da Lídia tem de perecer, ao contrário do mestre Anton, precisamente porque "toca no sono do mundo". Casado com uma oriental, introduz seu amigo grego Gyges, cujo anel o torna invisível, no aposento de Rhodope, a fim de que possa ver a bela esposa "sem

55

véu" para que deste modo a felicidade do marido se confirme e multiplique pela participação do amigo. O véu representa o mundo sagrado e consagrado, o tabu de um *étos* tradicional. Kandaules toca, pois, no intocável e a esposa, que nota a presença do estranho, sente-se mortalmente ferida. Gyges, que a viu sem véu, tem de casar com ela matando Kandaules em duelo. Depois da cerimônia do casamento com ela, Rhodope se suicida. O ritual sinistro do holocausto humano restabelece "o sono do mundo".

> Sei com certeza, diz Kandaules pouco antes de morrer, que virá o tempo quando todos pensarão como eu. Que haveria nos véus... que fosse eterno?

Mas o mundo cansado, prossegue, adormeceu depois de ter conquistado na luta anterior estes valores agora já ultrapassados e guarda-os ciosamente. Por isso, quem tenta acordar este mundo, que se examine antes, para verificar se é bastante forte para prendê-lo de novo, quando, despertado, se agita e debate com violência, e se é bastante rico para oferecer-lhe novos valores...

Nesta peça, da mesma forma como na trilogia *Os Nibelungos* e em *Herodes e Marianne*, Hebbel escolhe épocas de transição em que a tragédia se origina do choque entre valores antigos e novos, encarnados nas personagens centrais; choques ainda intensificados pela luta "metafísica" entre os sexos (que representam os valores antagônicos). Com a focalização dessa luta dos sexos, Hebbel antecipa parte da problemática de Wedekind, Strindberg e Ibsen.

É evidente o cunho hegeliano do pensamento de Hebbel — a divindade "expondo-se" na história através do processo dialético, a "manha da idéia" servindo-se do instrumento humano e sacrificando-o sem piedade. No entanto, Hebbel está longe de identificar--se com o que se poderia chamar o otimismo universal de Hegel. O mal, para Hebbel, não está apenas nesta ou naquela particularidade unilateral que será superada no processo das conciliações. O mal está na raiz, na própria divindade, cujo pecado mortal é o mundo, esta "grande ferida" de Deus. Na teosofia trágica de Hebbel, que se liga a Boehme, Schelling e Schope-

56

nhauer, a divindade necessita do homem, com cujo amparo a história universal talvez se transforme no processo da redenção divina. Não é um Deus que morre para salvar o homem; é o homem que morre para salvar Deus. De outro lado, porém, o homem é culpado, simplesmente por existir, por se manifestar nesta ou naquela individuação singular. Parecemos entrar no mundo de Kafka ao lermos:

> Esta culpa é arquioriginal, não podendo ser separada do conceito do homem; ela mal aflora à consciência e se instaura com a própria vida. O próprio pecado original nada é senão conseqüência daí derivada e modificada segundo preceitos cristãos. Essa culpa não depende da direção da vontade humana, ela acompanha nosso atuar, quer busquemos o bem, quer o mal...

Todavia, esses aspectos — como já foi dito — ultrapassam as peças e nelas só poderiam ser descobertos com um microscópio eletrônico. Nos próprios textos ressalta a luta psicológico-moral entre os sexos e o antagonismo dos valores em transição; a dialética vertiginosa das concepções metafísicas e teosóficas é quase imperceptível. Por mais fascinante que seja essa dialética, para as peças é melhor que ela tenha permanecido e que permaneça nas "salas subterrâneas" e nos diários e escritos teóricos.

5. BUECHNER

1. *A Atualidade de Buechner*

Em 1888, durante uma estada em Zurique, Gerhart Hauptmann recomendou a Frank Wedekind a leitura da obra de Buechner. Mais tarde confessaria que a novela *Lenz* e o fragmento de *Woyzeck* tinham para ele "o significado de grandes descobertas". Hauptmann acrescentou que no seu grupo "o espírito de Buechner vivia... entre nós, em nós, conosco".

Contudo, só a efervescência que, no início de nosso século, anunciava a revolução cênica e das artes em geral, iria criar as condições indispensáveis à apresentação e apreciação dessas obras. Pouco a pouco iam surgindo homens de teatro dispostos a romper com a cena à italiana, criando os meios de expressão adequados à dramaturgia de Buechner.

Os dois autores mencionados contribuíram muito para esta vitória tardia. Com o êxito das próprias peças facilitaram a receptividade para as obras de quem tanto lhes significava. Se Hauptmann se ateve, antes de tudo, ao legado realista da obra buechneriana, Wedekind se sentiu mais atraído pelo que nela há de elementos expressionistas precoces, no caso a tendência à intensificação expressiva e mesmo caricata da realidade, ao uso livre de elementos reais para apresentar uma visão aprofundada do universo. Em termos de dramaturgia contemporânea, o legado explorado por Wedekind talvez tenha sido de alcance maior. Há muito de Buechner e Wedekind em todo o teatro expressionista, incluindo o do jovem Brecht. E não só no teatro. Na novela *Lenz* é descrita uma caminhada do infeliz predecessor de Buechner:

Cansaço não sentia, apenas de vez em quando lhe era desagradável não poder andar de cabeça para baixo.

Uma frase como esta — registro seco do jovem médico que apresenta o patológico e absurdo como perfeitamente normal — já antecipa os processos de Kafka.

A partir da década de 1920 a obra de Buechner passou a ter repercussão universal. Desde então, ela continua uma presença viva. Já não importa verificar, através de um trabalho miúdo, tais e tais influências sobre autores contemporâneos, mas salientar a surpreendente atualidade desta obra, de tal forma nossa, do nosso tempo, que ela parece ter nascido do âmago dos nossos problemas humanos e estéticos.

Algumas das razões mais imediatas disso talvez possam ser sugeridas. Em 1835, quando, aos 22 anos, Buechner começou a sua atividade literária — restar-lhe-iam apenas dois anos para escrever a sua obra — encerrara-se uma grande época da vida espiritual da Alemanha: três ou quatro anos antes faleceram Goethe e Hegel: já se esboçava a derrocada do idea-

60

lismo filosófico e o surto das ciências naturais, freqüentemente acompanhado de uma filosofia materialista e mecanicista assaz rudimentar, como sobressai da famosa obra *Energia e Matéria* de Ludwig Buechner, irmão de Georg. Ao mesmo tempo ia-se esgotando na Alemanha a grande fase romântica (que na França precisamente principiara). Georg Buechner parece ter vivido dramaticamente o embate entre as duas concepções contrárias. Imbuído, na escola, do idealismo tradicional (particularmente de Schiller), adotou em seguida, como estudante de Medicina, as doutrinas materialistas. Aos 17 anos, aluno do Colégio de Darmstadt, ainda glorifica, numa oração escolar, Catão de Útica, exaltando-lhe, com autêntico entusiasmo, a nobreza de herói da liberdade que "se atravessou o peito com a espada a fim de não ter de viver como escravo". Poucos anos mais tarde se ri dos heróis de Schiller e da liberdade moral proclamada nos iambos do discípulo de Kant; da paródia dessa retórica versificada é encarregado Simão, o ponto bêbado de *A Morte de Danton*:

> Eis que dos ombros te arranco as vestes para, cadáver desnudo, lançar-te ao sol...

Não importa discutir, no nível biográfico, o ateísmo ou a religiosidade de Buechner. O que importa é que na novela *Lenz* conseguiu exprimir, de um modo pungente e até então talvez inaudito, o terrível trauma que a repentina revelação de um céu vazio pode produzir na mente religiosa:

> Sim, sr. pastor, veja, o tédio, o tédio! Oh, tão tedioso! Não sei mais o que dizer; já desenhei uma série de figuras na parede.

Oberlin (o pastor) disse-lhe que deveria dirigir-se a Deus; ele (Lenz) riu-se e disse:

> Sim, se eu estivesse tão feliz como o senhor para encontrar um passatempo tão confortável, sim, então a gente bem que podia encher o tempo. Tudo por ócio. Pois a maioria reza por tédio, os outros enamoram-se por tédio, outros ainda são virtuosos, outros viciados e eu não sou nada, nada; nem sequer quero dar cabo de mim — isso é demasiado enfadonho!

E mais adiante:

O mundo... tinha uma fenda enorme; não sentia ódio, nem amor, nem esperança — um terrível vazio... Não lhe sobrava *nada* (o grifo é do original).

Em seguida é descrita a "indescritível", a "impronunciável angústia" que o acometeu diante do vazio. Este Nada é o mesmo de Danton:

O mundo é o caos. O Nada é o Deus universal que há de vir à luz.

O vazio, o mundo sem sentido, o absurdo: tal visão leva muitas vezes à redução da imagem do homem que se torna grotesca particularmente quando é oposta à imagem sublime do herói clássico. Essa situação não deixa de ser típica também do Expressionismo, embora freqüentemente num sentido inverso: agora é um novo idealismo que surge, o expressionista, que forçosamente entra em choque com o naturalismo e a filosofia decorrente das ciências naturais, erguendo um ideal humano face à caricatura do homem empírico (em geral apresentado como *bourgeois*). Contudo, vale salientar que alguns dos maiores poetas expressionistas eram, como Buechner, médicos ou pelo menos estudaram durante alguns anos Medicina: Benn, Doeblin, Becher, F. Wolf, R. Goering, Huelsenbeck (o dadaísta), E. Weiss, Johst, Brecht e outros. Um historiador definiu como típica desses médicos expressionistas a atitude de "querer saber e já não ter fé, querer ter fé e ter de saber..."

A "redução zoológica" do homem é freqüente quando "o mundo é o caos" e as esferas do ser, ao romper-se a ordem ontológica, se confundem. Na fusão e na dissonância do sublime e do inferior reside a origem do grotesco (produzindo a risada com calafrios, o pavor que explode em riso arrepiado). Há um parentesco metafísico e estilístico entre o "macaco que é soldado", o "cavalo com razão dupla", o "homem animal" — que surgem em *Woyzeck* — e a "bela besta" de Wedekind, os monstros humanos de Jarry, os papagaios humanos de Strindberg (*Sonata de Fan-*

tasmas), o "Hairy Ape" de O'Neill, os demônios e bestas humanos de Ghelderode e Audiberti e os rinocerontes de Ionesco.

Neste mesmo ponto origina-se o *topos* das marionetes e do automatismo, tradição grotesca haurida em *Callot-Hoffmann* (como revela o próprio Buechner), mas que agora se carrega de um pavor novo por exprimir "o horrendo fatalismo da história" de que se sente "aniquilado", segundo documenta uma carta em que a própria supressão do verbo — tão freqüente nos seus escritos — antecipa um típico "gesto expressionista":

> Encontro na natureza humana uma terrível igualdade... O indivíduo, só espuma na onda, a grandeza, mero acaso, o domínio do gênio, um jogo de títeres, uma luta ridícula contra a lei ênea...

O automatismo será tema fundamental de *Danton* ("Somos bonecos, puxados no fio por poderes desconhecidos"), de *Leonce e Lena,* em que se manifesta até lingüisticamente, na disparada saltitante dos trocadilhos, e sobretudo em *Woyzeck.*

O automatismo desses fantoches é determinado por um *Es,* um *it,* uma força anônima, irracional, que envolve as personagens ou atua no seu inconsciente. "Que é isso que em nós mente, assassina, rouba?", exclama Danton. Woyzeck, tornado em objeto pelo médico e cercado e perseguido por este *Es*, assassina a mulher amada sob a imposição do automatismo. Ao dançar com o tambor-mor, Maria pronuncia o fatal "mais e mais" (*immer zu*) e este estribilho torna-se idéia fixa, é repetido através das cenas por Woyzeck até hipnotizá-lo e tomar posse dele, acabando por ordenar-lhe o ato obsessivo do assassínio. Ao fim já não é ele que pronuncia este "mais e mais", é o motivo verbal coisificado que, associado à traição de Maria, fala através dele e lhe determina os movimentos. Com efeito, Woyzeck cometeu o crime antes de executá-lo: na cena do pátio da caserna fala de Maria no *pretérito,* mesmo antes de ter comprado a faca com que irá assassiná-la.

A variante de uma cena de *Woyzeck* (a da feira) mostra até que ponto o estilo grotesco se liga, na mente de Buechner, ao trauma do absurdo e do *horror vacui* de que decorre o tédio: "Sou amigo do grotesco. Sou ateísta", exclama um espectador, ao que outro responde: "Sou ateísta cristão-dogmático. Quero ver o asno" (trata-se de um "asno astrológico").

Um dos aspectos da obra de Buechner que nos toca particularmente como moderno é a solidão de suas personagens. Já não se trata da solidão romântica do gênio, mas da solidão da *lonely crowd,* concebida como fato humano fundamental num mundo que, tendo deixado de ser um todo significativo de que todos participam, se transforma em caos absurdo em que cada um é, forçosamente, isolado. Uma das expressões mais pungentes disso se manifesta na ironia tétrica do conto de carochinha narrado pela velha em *Woyzeck* — conto que já foi chamado de *Anti-Maerchen* (anti-conto-de-fadas) e que exprime a essência da peça. Precisamente a estrutura da narração infantil, tradicionalmente ligada a uma visão magicamente maravilhosa de um mundo em que tudo acaba bem, é usada para mostrar que as coisas, longe de significarem mais do que aparentam (como sugerem os contos de fadas), na realidade significam bem menos: por trás da aparência não há uma essência e sim o Nada (a lua é um pedaço de pau podre, o sol uma flor murcha, etc.). E a criança fica no fim, ao voltar à terra (que é uma panela derrubada) "totalmente só. E aí se sentou e chorou e aí ainda está sentada, completamente só".

A solidão não se revela só tematicamente em todas as obras, mas também através dos diálogos, freqüentemente dissolvidos em monólogos paralelos, típicos em toda a dramaturgia moderna: revela-se através da freqüente exclamação, como falar puramente expressivo, que já não visa ao outro, e através do canto de versos populares que encerram a personagem em sua vida monológica.

A imagem do homem apresentada por Buechner desqualifica a do herói trágico que é denunciada como falsa. Surge, talvez pela primeira vez, o herói negativo que não age, mas é coagido; o indivíduo desamparado, desenganado pela história ou pelo mundo, ao passo que a tragédia grega, na bela palavra de Schelling,

64

glorificava a liberdade humana, admitindo que os heróis *lutassem* contra a supremacia do destino..., provando esta liberdade precisamente pela perda da liberdade.

Se Danton ainda pode ser interpretado até certo ponto como herói trágico, embora já não tenha fé em nenhum valor absoluto pelo qual valesse a pena lutar, a mesma interpretação parece impossível no caso de *Woyzeck*. Não se pode conceber um herói trágico, em qualquer sentido válido, de quem é salientado que não consegue dominar o seu *constrictor vesicae*. Apesar da profunda comiseração com que o autor envolve esta criatura aniquilada que, no fundo, não mata só por ciúmes mas, sobretudo, porque vê desfazer-se o único laço humano ao perder a amada (o próprio chão debaixo dos pés se lhe revela oco), apesar da compaixão com que Buechner nos apresenta este homem perseguido por homens e demônios, a categoria que se deve aplicar a ele é a do tragicômico (fato que se manifesta também no ritmo e no estilo agitado da pantomima sugerida: as figuras principais assemelham-se a tipos da Commedia dell'Arte) e o mesmo vale aos seus opressores que não são simplesmente caricaturas cômicas, mas seres assustadores na sua excentricidade e rigidez.

A estrutura das peças de Buechner ilustra de um modo exemplar o que hoje se convencionou chamar de um drama "aberto" ou atectônico, típico de boa parte da dramaturgia contemporânea; estrutura que tende ao épico (embora não necessariamente nos termos de Brecht) e que se opõe, em essência, às fórmulas aristotélicas enquanto radicalizadas no teatro clássico que se atém à estrutura "fechada", tectônica.

Woyzeck é um caso extremo, verdadeiro "drama de farrapos": é um fragmento; mas é uma obra que só como fragmento poderia completar-se. Ela cumpre a sua lei específica de composição pela sucessão descontínua de cenas sem encadeamento causal. Cada cena, ao invés de funcionar como elo de uma ação linear, representa um momento em si substancial que encerra toda a situação dramática ou, melhor variados aspectos do mesmo tema central — o desamparo do homem num mundo absurdo (tema de que o comen-

65

tário fundamental é o conto da *criança* solitária). Tal fato desfaz a perspectiva temporal; boa parte das cenas pode ser deslocada, a primeira cena não é mais distante do fim do que a sétima ou a décima-quarta[1].

A desordem do mundo reflete-se do pontilhismo e na parataxe das cenas, repetida na parataxe das orações, na elipse, no anacoluto e, em geral, na forma alógica do discurso. Isso, porém, não quer dizer que certo tipo de drama aberto não possa exprimir um universo ordenado (o teocentrismo do teatro medieval, por exemplo). A razão mais geral da estrutura aberta parece ser uma concepção que coloca o centro gravitacional fora do indivíduo humano adulto, racional e articulado e que se opõe ao antropocentrismo.

Jean Duvignaud mostrou muito bem que a apresentação de *Woyzeck* exige qualquer tipo de palco simultâneo, talvez à maneira medieval, não podendo ser enquadrada na cena à italiana que produz uma profundeza e unidade perspectívicas correspondentes à profunda transparência psicológica do teatro clássico[2].

> Os dramaturgos da escola clássica exigem da psicologia o que Buechner exige da encenação imaginária. É que Buechner impõe a seus heróis: um movimento cuja origem não se encontra "na sua alma" mas "no mundo".

O movimento que não parte do íntimo do indivíduo não pode ser traduzido pela palavra ou pelo diálogo; exige recursos visuais para mediar o amplo movimento exterior, executado pela rápida sucessão de afrescos que apresentam recortes variados do mundo social, da natureza, do universo infra ou meta-humano (elementos quase inteiramente eliminados do drama fechado, pelo menos enquanto presença palpável). Esse movimento é intensificado pela pantomima expressiva que preenche fisicamente os vãos deixados pelo discurso falho (quando não se introduz um narrador épico). "Briser la langage pour toucher la vie" — esta palavra de Artaud aplica-se particularmente a *Woyzeck*. A rápida sucessão de afrescos, a conseqüente elimina-

---

1. Este fato, característico de boa parte da dramaturgia moderna, é destacado por VOLKER KLOTZ, *Geschlossene und offene Form im Drama*, Munich, 1960.

2. JEAN DUVIGNAUD, *Buechner*, Paris, 1954 (L'Arche).

ção da perspectiva profunda da psicologia e da cena à italiana criam uma nova concepção do espaço cênico, espécie de perspectiva com vários pontos de fuga. O que resulta é uma composição mais plana; a personagem não se ergue no espaço, livre e destacada do fundo, dialogando lucidamente em versos simétricos, mas agita-se e se contorce enredada no labirinto do mundo, sem ter a distância necessária face aos homens e às coisas — das quais o títere mal se emancipou — para superar o balbuciar tosco que se prolonga no desespero mudo da pantomima. Todavia, a qualidade de painel que, no caso, não parece romper a superfície plana para penetrar além dela, de modo algum afeta a plasticidade das personagens centrais. Estas como que saltam do contexto, rechonchudas ou angulosas, adquirindo uma vida que ultrapassa a peça, graças à variedade dos aspectos, à riqueza dos planos, à multiplicidade das situações que lhes modelam fortemente os traços. A apresentação desta obra de Buechner continua uma das tarefas mais fascinantes para o diretor teatral moderno que queira fazer uso da sua imaginação cênica.

2. *A Comédia do Niilismo*

Georg Buechner não tinha mais que 22 anos ao escrever *Leonce e Lena,* brincando com o encanto rococó desta comédia romântica. Como a graça mozartiana e a delicada melancolia desta peça parecem distantes das trevas trágicas de *A Morte de Danton* e *Woyzeck!* Não parece haver nenhuma relação entre o furioso desespero da novela *Lenz* e a fragrância coquete e afetada, a efervescente dança dos trocadilhos e o escárnio satírico desta comédia. No entanto, ao exame mais atento revelam-se as afinidades íntimas. Amarga é também a raiz desta peça, desta pequena obra-prima que traz a primavera na face e o inverno no coração, exatamente como Leonce, segundo a palavra de Lena.

Como Danton, Leonce é um *epicureu* esteticista. "Há só *epicureus,* sejam eles grosseiros ou finos", diz Danton. "Cristo foi o mais fino." E Leonce celebra

67

o "fino epicurismo de poder chorar", o "gozo que decorre de certa vileza". Ainda o suicídio seria volúpia para o príncipe; com prazer quase maior saboreia o fim do amor a Roseta que o início do amor a Lena.

> Um amor moribundo é mais belo que um amor que nasce... Adio, adio, meu amor, amarei teu cadáver.

Leonce, tão jovem, amará o amor extinto, à semelhança de certos amorosos muito experientes que, mais que a amada, amam o amor à amada.

Já Hegel analisou este gozo *epicureu,* caracterizando-o como a atitude do Eu que se isola, foge ao contato com os valores substanciais do mundo e manda tudo para o inferno. Mais certo talvez seria dizer que o Eu se isola e se fecha languidamente no círculo do seu sentimentalismo festivamente saudoso, isto é, no círculo de sentimentos motivados por sentimentos, porque nenhum valor objetivo e sobreindividual o leva a atuar e sair de si. Nesta prática do virtuosismo sentimental perde-se toda relação com as coisas e com o mundo. Como no caso do próprio Epicuro, este epicurismo é a resposta do desengano em face de valores mais substanciais que os meramente hedonísticos; a resposta à derrocada dos ideais da Revolução Francesa (Danton) ou então, como no caso de Leonce-Buechner, a reação à miséria política da Alemanha de 1830 — miséria esboçada de um modo contundente, nesta comédia, na sátira do rei Pedro que laça um nó em seu lenço para se lembrar do povo ou na risada sobre os reinos de Pipi e Popo, tão miúdos que Leonce percorre a pé mais de uma dúzia deles num só dia.

Como no caso de Epicuro, cuja filosofia do sábio cuidando das flores e do queijo é conseqüência do ocaso da Pólis ateniense, a reação é, também aqui, o isolamento do *idiotes,* do homem particular que deixa de fazer parte da cidade e do mundo. Não admira que a solidão, tão característica das outras obras, seja também um dos temas centrais da comédia. Se Lena compara a lua a uma criança adormecida, a uma pobre criança "triste, morta e tão sozinha", estas palavras antecipam, quase ao pé da letra, as do sombrio conto de carochinha narrado pela velha de *Woyzeck.*

Acrobata dos sentimentos e da reflexão sobre si mesmo, Leonce vive mergulhado no seu narcisismo letárgico. O resultado deste esteticismo voluptuoso e *blasé* é o esvaziamento do mundo e do tempo, pressuposto que este vazio não seja, ao contrário, a causa. O jovem príncipe é, de fato, um descendente mais melancólico de Júlio, herói romântico do pequeno romance *Lucinde,* de Friedrich Schlegel. Júlio já dissera: "Eu não só gozava, mas saboreava e gozava o gozo" — expressão da subjetividade esvaziada para quem o mundo e a humanidade se dissolvem em fornecedores de prazeres. A manifestação deste vazio é o tédio terrível de Leonce e Danton, de Lenz e do capitão que pede a Woyzeck que lhe raspe a barba mais devagar — "que devo fazer com os dez minutos que terminará hoje cedo demais?" "Está grassando um ócio terrível", diz Leonce.

O que não fazem tudo por tédio! Estudam por tédio, rezam por tédio, enamoram-se, casam-se e multiplicam-se por tédio e, ao fim, acabam morrendo de tédio...

Isso corresponde exatamente a Lenz dizendo em chave mais desesperada:

Veja, o tédio, o tédio! Oh, tão tedioso! Não sei mais o que dizer; já desenhei uma série de figuras na parede.

E depois:

a maioria reza por tédio, os outros enamoram-se por tédio, outros ainda são virtuosos, outros viciados e eu não sou nada, nada; nem sequer quero dar cabo de mim — isso é demasiado enfadonho!

E ainda:

O mundo... tinha (para Lenz) uma fenda enorme; não sentia ódio, nem amor, nem esperança — um terrível vazio... Não lhe sobrava *nada* (o grifo é do original).

Com grande acuidade Buechner liga o tédio ao vazio e ao nada — ao niilismo, portanto. Não é aqui o lugar para traçar a história moderna do tédio niilista. Ele se esboça tenuamente no Romantismo, aflorando de leve ao *Weltschmerz,* na "dor do mundo" ou no *mal du siècle,* do qual a figura fictícia de Leonce é repre-

69

sentante tão legítima como os Byron, Leopardi, Musset, Heine. É, contudo, surpreendente a lucidez com que Buechner, enquanto as suas personagens exprimem de um modo cortante este enfado que transforma tudo em cinza, consegue analisar-lhe ao mesmo tempo o fundo. Depois de Buechner os representantes e analistas do tédio se multiplicarão de Baudelaire a Chekhov, de Thomas Mann (*Montanha Mágica*) à náusea de Sartre e a *noia* de Morávia que a define precisamente como perda de relação com as coisas, ao ponto de o mundo desorganizar-se e se tornar absurdo. Schopenhauer, para quem o tédio é uma das conseqüências imediatas da sua filosofia niilista, anota:

> faltando objetivos e aspirações, ficamos relegados à própria nudez da existência e esta se revela no seu absoluto nada e vácuo

e também Kierkegaard deriva o tédio do "pecado capital de não se querer nada profunda e autenticamente". Leonce, ao ver Valério correr, exclama:

> Se eu soubesse algo debaixo do sol que ainda pudesse fazer-me correr.

Tanto Danton como Lenz perderam a fé nos valores que se lhes afiguravam supremos — Danton a fé revolucionária e Lenz a fé religiosa; o céu vazio lhe esvaziou o mundo. Leonce, evidentemente, é descrente; não acredita nem sequer no diabo. Este existe só "por causa do contraste para sermos forçados a compreender que há algo de verdadeiro no tocante ao céu". É, de resto, característico que a única personagem importante de Buechner, que não sofre deste fastio, é Woyzeck, o proletário, embora mostre, no seu sentimento do mundo, fortes sintomas de angústia e alienação: o chão debaixo dos pés lhe parece oco e o mundo se lhe afigura morto. Como Morávia, Buechner tende a atribuir o "enfado metafísico" somente às classes superiores. Numa carta a Gutzkow (1836) escreve:

> Para que fim deve existir entre o céu e a terra uma coisa como esta (a "minoria culta e abastada", a "sociedade moderna?"). Toda a vida da mesma só consiste em tentativas de vencer o mais hediondo tédio. Que ela definhe, isto é a única coisa nova que ainda pode experimentar.

Evidentemente, não podemos transferir, sem mais nada, a temática e os problemas de uma obra fictícia para o nível biográfico do autor, mesmo quando a sua correspondência parece confirmar a experiência real dos problemas abordados na ficção. Entre o autor e a obra medeia um complexo processo de elaboração imaginativa que assegura à obra ampla autonomia em face da experiência real do criador. Entretanto, não há dúvida de que o problema fundamental do jovem dramaturgo decorre do trauma que lhe causou a falência do idealismo, posto em xeque pelo surto fundamentalmente materialista e mecanicista das ciências naturais de então. Enquanto adolescente, Buechner ainda fora educado nos moldes da concepção idealista, manifesta na filosofia desde Kant a Hegel e na literatura clássica e romântica alemã de 1770 a 1830 (a derrocada do idealismo iniciou-se com a morte de Goethe e Hegel por volta de 1830). Em trabalhos escolares Buechner ainda exalta a liberdade e dignidade humanas, bem segundo conceitos de Kant e Schiller. De repente o jovem estudante das ciências naturais e da fisiologia acredita ter de convencer-se da precariedade das concepções idealistas. E vê-se diante do nada, diante do naufrágio de todos os valores em que acreditara. Não só como fisiologista, também como estudioso da fisiologia, Buechner se preocupou apaixonadamente com o problema do determinismo, quer biológico, quer histórico. Essa preocupação manifesta-se tanto nas suas preleções de docente universitário em Zurique como nas suas cartas e obras.

A imagem nova, extremamente pessimista, do homem, agora reduzido a ente determinado por forças exteriores à sua consciência e vontade, certamente se relaciona também com suas experiências de revolucionário fracassado. No vácuo que nele se estabelece já não acredita em qualquer possibilidade de uma ação útil por parte de minorias intelectuais. São as condições exteriores que terão de amadurecer.

A relação entre os pobres e os ricos é o único fator revolucionário no mundo,

escreve numa carta. Mas não tem mais fé na ação das massas (não poucos dos camponeses a quem se distribuíram òs folhetos combativos de Buechner entregaram os mesmos às autoridades).

Uma galinha na panela de cada camponês faz definhar o galo gaulês.

Há só duas alavancas para mover as massas:

a miséria material e o fanatismo religioso.

Se as camadas dominantes lhe inspiram nojo, o povo de modo algum lhe parece digno de exaltação, embora negue com veemência que o despreza. É sobretudo piedade que sente ante a terrível miséria do povo.

Entende-se a partir deste duplo desengano que a imagem do homem se lhe desfaz e corrompe. O homem torna-se um ser grotesco que lhe provoca apenas riso.

É verdade, escreve a seus pais (1834), eu rio com freqüência, mas não me rio *da maneira de como* alguém é homem e sim apenas *do fato de que* é homem, pelo que não tem culpa nenhuma — e nisso rio de mim mesmo, visto participar do destino dele (os grifos são do original).

Danton, pouco depois, dirá:

Não compreendo por que as pessoas na rua não param, dando risadas uma na cara da outra. Creio que deveriam soltar gargalhadas pelas janelas e pelos túmulos afora, o céu deveria arrebentar-se e a terra revolver-se de tanto rir.

É esse niilismo que é a raiz de *Leonce e Lena*. É bem característica a epígrafe anteposta ao primeiro ato da peça:

Oh! Se eu fosse um bobo!

O palhaço é o homem que, por assim dizer por profissão, poderia repetir a palavra de Danton:

Não queira de mim uma atitude séria.

Tal atitude encontra sua expressão irônico-trágica na interpretação da existência humana como comédia grotesca. O homem, determinado por fatores exteriores a ele, é marionete, bem segundo a exclamação de Danton:

> Somos bonecos, puxados no fio por poderes desconhecidos.

É exatamente isso que se verifica com o príncipe Leonce e a princesa Lena. Ambos abandonam os seus respectivos reinos a fim de resistir, como seres livres, à razão de Estado que os quer atrelar aos projetos matrimoniais oficiais, sem que os noivos ao menos se conheçam. Sem saberem da sua identidade, os dois se encontram e apaixonam. Leonce leva a desconhecida de volta ao palácio paterno, decidido a casar-se com ela. Só então se verifica que cada um escolheu livremente com quem deveria ter casado de qualquer modo, segundo os projetos dinásticos. A vontade livre apenas serviu para livremente escolher o destino predeterminado. O escárnio à liberdade do idealismo é retomado, de forma rude e quase indecente, na grande cena do rei vestindo as calças:

> Alto lá! Ui! A vontade aí na frente está completamente aberta!

A tal redução do homem a títere correspondem os pormenores: Leonce se chama a si mesmo boneco e a cena dos "autômatos mundialmente famosos" varia o tema fundamental. Esse teor grotesco, visando à redução do ser humano a planos inferiores do ser, ao animal ou ao mero objeto, explode ainda na linguagem metafórica: os narizes se transformam em trombas ou focinhos de porco, os dentes em presas de animais, as covinhas em fossas que canalizam o riso, a cabeça em salão de baile vazio, etc. A própria identidade da pessoa se dissolve quando Valério tira, lentamente, uma máscara após outra da sua face. O automatismo se repete na disparada saltitante dos trocadilhos, cuja manipulação desenfreada como que reflete, no absurdo da língua, o mundo absurdo, o mundo em que "as categorias estão na mais vergonhosa confusão", segundo a expressão do rei de Popo.

Algo desse niilismo já está presente na ironia ilimitada dos românticos alemães; mas a fonte dessa ironia é a liberdade infinita do espírito, mantida como valor supremo. Como últimas linhas de retirada restaram aos românticos sempre os valores da arte e da religião. Entretanto, nenhum desses valores resiste a Leonce. No 1.º ato, Valério e o príncipe passam em revista os valores da ciência, da ação heróica, da poesia, da pacata vida burguesa e todos são negados, entrando nesta queima de valores ao fim também a religião. No que se refere à marionete, sem dúvida já foi grande tema dos românticos, sobretudo de E. T. A. Hoffmann. Mas na sua obra ela surge como criação de forças demoníacas em luta com forças de bem, no âmbito de um mundo mítico que afirma valores. O títere não é ainda, como na obra de Buechner, expressão do "horrendo fatalismo da história" ou de outras determinações que transformam o homem em joguete.

Contudo, dirão, Leonce se salva pelo amor. Mas este *happy end* é uma paródia aos românticos contos de amor e de fadas. Com efeito, esta comédia é uma única paródia ao "romantismo dos tenentes". Todo o encanto poético das falas dos namorados, neutralizado e distanciado pelo rude realismo do tradicional criado Valério, se revela intimamente suspeito. Buechner usa algo do processo com que Heine venceu em si mesmo os últimos resquícios do Romantismo. A maravilha dessa comédia é a arte com que Buechner consegue mobilizar, principalmente através de Lena, princesa de puro estofo romântico, ainda não tocada pela corrupção do niilismo, todo o lirismo melodioso, toda a sedução melancólica, toda a graça lúdica do Romantismo enquanto ao mesmo tempo o desmascara e, destruindo-o, lhe acrescenta uma nova dimensão além dele mesmo. Com raro equilíbrio consegue conduzir os seus bonecos, fazendo com que executem, na corda bamba dos trocadilhos e dos arabescos do diálogo, por sobre o vazio de um mundo oco, a sua coreografia elegante e crepuscular.

Brincando com o niilismo, Buechner parece negar a própria negação — como se não quisesse levar a sério o seu Danton que pretende não levar nada a sério. Não há sátira — e a peça é entre outras coisas uma grande sátira ao estado político da Alemanha de então — que não parta de afirmações positivas. Certo ou errado, ao dirigir-se, nesta comédia insólita, contra o idealismo filosófico — veja-se o rei Pedro debatendo-se comicamente com os conceitos em revolta —

Buechner afirma uma posição; a posição de um realismo que está além do nada no momento mesmo em que parece exaltar, na cena final, a gostosa indolência dos "relógios quebrados". Se não bastasse a ironia do Deus que distribui macarrão, melões e figos, viria como reforço à epígrafe da peça em que ao idealismo da glória póstuma se opõe o realismo da fome atual, colocando entre aspas toda a peça com seu jogo requintado e seu ar cansado e decadente de um *fin du siècle* antecipado.

6. SHAKESPEARE

1. Shakespeare e o Romantismo

A descoberta e a lenta assimilação da obra de Shakespeare no continente europeu é um capítulo fascinante da história da literatura e do teatro. Já pelos fins do século XVI os famosos comediantes ingleses surgiam principalmente nos países da Europa Central, convidados por príncipes ou perambulando pelos países. Ao lado de Marlowe, Kyd, Massinger, etc., apresentavam também peças de Shakespeare. No entanto, não vinham como intérpretes de um grande poeta dramático. A própria língua inglesa teria impedido, no início, tal empenho literário. E as traduções que pouco a pouco iam surgindo deformavam os originais de um modo atroz. Pelo menos a documentação alemã mostra que a própria língua, naquela fase, era totalmente incapaz de reproduzir, em prosa ou verso, a riqueza da obra shakespeariana.

Antes de tudo, porém, os comediantes ingleses vinham com contratos que os empregavam como músicos e acrobatas, expoentes de espetáculos mais ou menos circenses de que o teatro declamado era somente apêndice. Mesmo esse apêndice tinha de ser adaptado ao gosto rude da época da Guerra dos Trinta Anos. Prevalecia o espetáculo bruto e sensual; a palavra era substituída, em larga medida pela pantomima. Em muitos casos o texto servia apenas de esquema para a improvisação de cenas sangrentas e cruéis, contrabalançadas pelas obscenidades quase inconcebíveis da figura cômica.

É somente no século XVIII que se inicia um esforço mais sério para apreender o universo shakespeariano. Mas ainda David Garrick, o grande ator que tanto se empenhou pela difusão da obra de Shakespeare, apresentou nas suas viagens à França textos mutilados. As diversas adaptações da época apresentam *Hamlet* e *Otelo* com *happy end*. De grande importância iriam ser, na França dos meados do século, as traduções de De la Place; cerca de vinte anos mais tarde (1762-1766) seguem-se as primeiras versões razoáveis em alemão, feitas por Wieland, homem típico do Rococó que, evidentemente, conseguiu só aprender uma faceta diminuta de Shakespeare, fracassando em todos os aspectos que exigem grandeza, *pathos,* paixão violenta ou em que se acentuam o tétrico, o terrível e o monstruoso.

Em França, a grande tradição clássica reinava com demasiado poder conservador para que os esforços dos adeptos e adaptadores de Shakespeare pudessem ter vingado. Mesmo um homem como Voltaire, até certo ponto aberto à grandeza de sua obra, não podia admitir as *bassesses, bouffonneries, indécences, inconvenances, extravagances, grossières atrocités* de Shakespeare e muito menos as *irrégularités, inégalités* — a mistura do trágico e cômico, do sublime e baixo, o desrespeito pelas famosas regras e unidades — por mais *aimable* que lhe parecesse esse *barbare* e por mais *séduisant* este *fou*.

Já na Alemanha, o classicismo cênico não tinha raízes tão profundas. Foi antes, um produto de importação francesa, imposto quase à força pelo Professor Gottsched, que debalde procurou naturalizar os alexandrinos. Na luta contra o domínio da *tragédie classique* (para a burguesia alemã ascendente expressão do absolutismo odiado), tomando o lado dos ingleses, desde logo mais aparentados pela língua, anteciparam-se aos românticos alguns esteticistas suíços e sobretudo Lessing, ainda representante da Ilustração racionalista. Como padrão desta luta foi proclamado Shakespeare, o grande abolicionista que libertou gerações sucessivas de poetas das cadeias clássicas. Lessing foi o primeiro a atribuir a Shakespeare a grandeza de maior poeta trágico desde os gregos e a exaltá-lo como um "gênio" superior a Corneille e Racine. Foi com ele que se iniciou na Alemanha o esforço titânico de conquistar o universo shakespeariano. Esforço tão bem sucedido que, na lenta assimilação de todos os aspectos e nuanças da obra, primeiro em prosa, depois em verso, a própria língua alemã se renovou, plasmou e educou.

Lessing tinha ainda que justificar Shakespeare e suas "irregularidades" perante o tribunal da razão. Fê-lo tentando mostrar que a sua obra corresponde em grau maior à Poética de Aristóteles e à própria "natureza" do que a dos clássicos franceses. Para o crítico racionalista, o que sobretudo importa é a *finalidade* da obra de arte — não as necessidades expressivas do autor, ressaltadas pelos românticos. Sendo a finalidade da tragédia a catarse aristotélica, o que se impõe é produzir a *ilusão mágica* que leva à identificação emocional do público com o mundo cênico. Segundo Lessing, Shakespeare conseguiu isso muito melhor sem as regras do que Voltaire com elas. O que empolga Lessing é a verdade e a força de convicção das personagens shakespearianas; estas não servem mais para sustentar a ação mas é a ação que é meio para apresentá-las. A partir daí, a unidade da peça se baseia

79

no herói e as regras, junto com as unidades, tornam-se secundárias.

Se para Lessing o gênio ainda é um espírito que, orientado por finalidades absolutas (a catarse), sabe escolher em cada caso os meios adequados para alcançá-las, sem ater-se a cânomes exteriormente impostos, os primeiros românticos não admitem mais outra finalidade que a própria expressão do gênio. O culto do "gênio original" é o traço mais marcante da primeira onda romântica maciça, chamada *Sturm und Drang* (Tempestade e Ímpeto, 1770-1784), entre cujos expoentes se destacam Herder, o jovem Goethe, o jovem Schiller e Lenz. O conceito do gênio reúne todas as idéias e aspirações do movimento — e todas elas se encarnam no gênio supremo — Shakespeare. A sua obra desencadeia nesta geração enormes forças vitais e uma verdadeira revolução poética. Transformado em mito, é o criador supostamente "inconsciente" e "primitivo", o bardo e vidente elementar, como Ossian porta-voz da "verdade" enquanto expressão imediata, espontânea e não raciocinada da alma; é mensageiro de esferas mais altas, mediador do infinito no *medium* da finitude. Já não imita a natureza; é, ele mesmo, uma força natural. Não cria imitando, mas exprimindo a natureza que nele se manifesta. Ligado às fontes do povo, despreza os cânones eruditos que são muletas para os inválidos.

Foi particularmente Herder que aplicou a crítica histórica ao Classicismo e a Shakespeare. Influenciado por Vico, acentua a singularidade vegetativa de cada povo. Não se poderia por isso admitir a imposição de regras eternas e universais. Num ensaio sobre Shakespeare expõe que a obra de arte é fruto natural de condições histórico-sociais que lhe determinam o caráter fundamental. Assim, as unidades, longe de serem resultado de raciocínios estéticos, decorrem das condições de que o teatro grego surgiu. A estrutura diversa da obra de Shakespeare é resultado de condições inteiramente diversas. O tratamento livre de espaço e tempo faz parte da unidade orgânica da obra. Precisamente, a verdade dos eventos exige que tempo e espaço cênicos — que nada têm que ver com os da

80

platéia — acompanhem a ação como "cascas em torno do caroço". Só assim se estabelece a ilusão perfeita.

Ao pensar e revolver na cabeça os eventos do seu drama, como se revolvem concomitantemente lugares e tempo!

Ademais, defrontando-se com um caráter nacional complexo e com variegadas camadas sociais, Shakespeare não poderia adotar a simplicidade grega.

Ele tomou a história como a encontrou e compôs com espírito criador as coisas mais díspares num todo milagroso...

O que a Herder se revelou na obra de Shakespeare foi sobretudo a unidade da atmosfera que anima mesmo os elementos mais díspares de um poderoso alento vital, uno e coeso, impregnando tudo. É o espírito local e histórico — a cor local — que iria tornar-se exigência básica do Romantismo, ainda salientada por V. Hugo, da mesma forma como a totalidade criada a partir do díspar. As personagens devem ser integradas no seu ambiente natural e histórico — tese que se dirige contra a estilização extrema do Classicismo. A insistência na cor local e no característico — contra o típico dos clássicos — foi sem dúvida um dos fatores que, sob a influência de Shakespeare, contribuiu para "abrir" o drama a um mundo largo, povoado de múltiplas classes humanas, e para suscitar a produção de peças de cunho épico que não obedecem ao rigor arquitetônico do Classicismo.

Até que ponto particularmente as *histories,* os dramas da realeza, essa Ilíada do povo inglês, com seu forte teor épico de crônica, influíram no jovem Goethe, depreende-se do seu *Goetz von Berlichingen* (1773), peça histórica, cujo medievalismo, herói titânico e tom popular e rude iriam inspirar gerações de românticos. Mas enquanto Shakespeare, mesmo na crônica, mantém o vigor dramático, a obra de Goethe tornou-se uma espécie de painel épico em cuja amplitude quase se perde o próprio herói.

Um dos grandes romances do Romantismo — *Os Padecimentos do Jovem Werther* — afigurar-se-ia quase impossível se Goethe não tivesse sofrido o profundo impacto de *Hamlet,* a primeira tragédia do homem em si mesmo dissociado, cuja dor do mundo em essência não decorre de nenhum sofrimento ou motivo particular (como o da vingança de Hamlet ou do amor frustrado de Werther), mas que se sente aniquilado pelo próprio fato de existir, terrivelmente isolado, num mundo renascentista ou pós-renascentista, em que o homem individual, tornado, ele mesmo, o seu próprio sentido, já não encontra amparo numa ordem universal. Hamlet — exatamente como Werther — é destruído de dentro de si mesmo, não por alguma razão exterior.

O "shakespearizar" tornou-se moda entre os jovens "gênios", dos quais cada qual tirou o naco que mais o atraiu, numa conquista parcelada que, longe de fazer jus a Shakespeare, geralmente lhe deformou as intenções ou partiu de interpretações dúbias, mas que ainda assim resultou em enriquecimento e intenso impulso criativo. Assim, o jovem Schiller se apoderou particularmente dos grandes criminosos e intrigantes de Shakespeare — dos Macbeth, Jago, Richard, etc. — que o fascinaram sobremaneira; mas o moralista kantiano com que encarava os patifes e malfeitores por ele criados pouco tinha que ver com Shakespeare.

Já o infeliz Lenz — levando certas tendências de Shakespeare ao extremo — criou o "drama de farrapos", assim chamado por causa da seqüência descosida de cenas brevíssimas. Característico da dramaturgia de Lenz é o forte traço grotesco, tragicômico. Atendo-se a um aspecto parcial de Shakespeare e exagerando-o, exigiu — como recentemente Duerrenmatt — que "os nossos autores de comédias" escrevessem "ao mesmo tempo de modo cômico e trágico", visto que "a comédia, enquanto quadro de costumes, não pode ser apenas ridente quando a sociedade se torna um caso sério".

Foi a mistura do díspar — anticlássica *par excellence* que Victor Hugo realçou no prefácio a *Cromwell* (1827) três anos antes de o romantismo francês, no memorável escândalo provocado pela apresentação de *Hernani,* vencer a batalha contra a tradição clássica, ainda agora sob a liderança do dramaturgo inglês. Foi sem dúvida a França que então se tornou porta-voz universal de Shakespeare. Através da mediação de Madame de Staël, as tendências do romantismo alemão foram transmitidas à França, há muito preparada por desenvolvimentos próprios para receber o germe da rebelião. Essa disposição tornou possível o imenso êxito de uma companhia inglesa que, em 1827/28, apresentou Shakespeare em Paris. O entusiasmo de Hugo foi tamanho que o chamou "o maior criador depois de Deus". "Em nome da verdade, todas as regras estão abolidas...", ao que Alfred de Vigny acrescentou: "Nada de unidades, nada de distinções entre os gêneros, nada de estilo nobre".

No prefácio mencionado, Shakespeare afigura-se a Hugo (como a Herder e Lenz) o mestre que soube fundir "num só alento... o horrendo e o cômico, a tragédia e a comédia". O drama deve ser realista e a realidade surge da combinação "de dois tipos: o grotesco e o sublime que se entrelaçam no drama, da mesma forma como na própria vida..." Só Shakespeare teria conseguido unir o antagônico, particularmente o terrível e o burlesco.

Quase toda a dramaturgia romântica francesa é, de um ou outro modo, influenciada por Shakespeare. Uma das mais belas peças românticas — *Lorenzaccio* (1834), de Alfred de Musset — lembra no seu parcelamento extremo as obras quase contemporâneas de G. Buechner. Como o Werther, esta peça retoma o tema de Hamlet — do indivíduo em si mesmo dissociado, irônico, devorado pela desilusão, pelo ceticismo, pela "melancolia da alma moderna" — sobretudo o motivo da loucura histriônica de Hamlet: Lorenzaccio desempenha o papel da devassidão até se tornar realmente o que no início apenas parecia ser.

Novos grupos de românticos alemães descobriram entrementes novos tesouros na fonte inesgotável: o Shakespeare da atmosfera fantástica, maravilhosa, feérica, misteriosa, dos seres elementares, de Caliban, Ariel, Puck, e tudo isso associado a uma ironia que tudo impregna, a um humor que tudo abarca. Duzentos anos de esforços resultam, enfim, na monumental e quase se diria adequada tradução de Schlegel (o "quase" deve ser acentuado), no renascimento de Shakespeare numa estrutura lingüística diversa, numa versão que reúne e supera todas as tentativas anteriores e compõe, num todo, os aspectos pouco a pouco assimilados pelos predecessores. Mas o processo da conquista de Shakespeare não se detém com os românticos. A grande obra de arte é terra sem fim e cada época, reencontrando-se nela, explora-lhe novas regiões e novos tesouros.

2. *Crítica Shakespeariana*

É certamente exagerada a afirmação de Oskar Walzel, de que a Inglaterra aprendeu da Alemanha a honrar em Shakespeare o seu maior escritor. Parece certo, no entanto, que a admiração tributada a ele pelos românticos alemães supera de longe a que até então suscitara na própria terra. Shakespeare tornou-se para os alemães, depois de Lessing, o símbolo máximo do gênio e da força criativa no terreno da literatura — mais do que Homero, Dante e o próprio Goethe. Não só passou a exercer profunda influência sobre a maioria dos dramaturgos alemães. Inspirou também um vasto labor de análise e interpretação — labor que produziu numerosos ensaios críticos, alguns de qualidade excepcional.

As rapsódias do jovem Goethe sobre Shakespeare ainda não têm propriamente valor crítico. Exprimem o entusiasmo de um poeta em formação pelo seu ídolo:

William, astro da mais bela altura, a vós devo tudo quanto sou!

Mas este entusiasmo caracteriza não só o jovem e romântico Goethe da década de 1770, fase em que escreveu o *Werther* e concebeu o *Fausto*. Ainda o Goethe da fase madura, de tendências clássicas, apresenta-nos no romance *Os Anos de Aprendizagem de Wilhelm Meister* (1795 e ss.), uma bela análise do caráter de Hamlet ("crítica de caráter" que depois se tornou o forte de A. C. Bradley). A tragédia do herói é explicada a partir do repentino desabamento da vida física e moralmente segura da sua juventude (pois Goethe lhe pinta, por meio de inferências, toda a vida anterior ao início da peça); daí a destruição da sua confiança na ordem moral, antes simbolizada pelo matrimônio dos pais. Nesta situação de abalo tem de enfrentar a tarefa da vingança:

84

Um efeito grande imposto a uma alma que não tem o vigor necessário a este feito... Um ente belo, puro, nobre, de elevado caráter moral, mas sem a força vital que faz o herói, sucumbe sob uma carga que não pode nem suportar, nem rejeitar; cada dever é-lhe sagrado; este lhe pesa em demasia.

Esta caracterização romantizante suscitou muita admiração, tanto na Alemanha como na Inglaterra, exceptuando-se naturalmente T. S. Eliot, que nunca se deu bem com Goethe; Hegel apóia-se quase por inteiro nela, na sua interpretação de Hamlet.

Entretanto, Erich Auerbach (em *Mimesis*) critica-a de novo, sem dúvida com razão. Considera-a uma projeção do moralismo burguês sobre o mundo renascentista, bem mais elementar, de Shakespeare.

Será que Goethe não sentiu a força primitiva... do caráter de Hamlet, seu espírito cortante, que faz tremer os que o cercam, a astúcia e ousadia de suas tramas, sua dureza selvagem contra Ofélia, a violência com que enfrenta a mãe, a fria calma com que liquida os cortesãos que lhe atravessam o caminho, a audácia elástica de todos os seus pensamentos e palavras?

Essa caracterização, inteiramente contrária à de Goethe, se baseia numa tradição mais recente — a de Gundolf que, sem dúvida, provém de Nietzsche.

Já velho, Goethe ainda se preocupava com o fenômeno de Shakespeare, escrevendo um ensaio cujo título parece indicar certo aborrecimento com a mania shakespeariana dos românticos: *Shakespeare sem fim* (1813/26). Mas apesar do título e da frase inicial — "Já tanto se disse sobre Shakespeare que poderia parecer que nada mais houvesse a dizer sobre ele" —, Goethe acaba fazendo mais uma das inúmeras comparações entre a tragédia antiga e a tragédia shakespeariana. É, aliás, interessante que Goethe considera indispensáveis cortes amplos na encenação de Shakespeare; sem isso, ele logo desapareceria dos palcos alemães —

o que de resto não seria nenhuma desgraça; pois o apreciador solitário ou sociável (como leitor ou ouvinte, através da recitação) sentirá tanto mais prazer em Shakespeare.

85

De importância é a crítica de Friedrich Schlegel, porque a apreciação de Shakespeare, por parte do líder intelectual da primeira onda propriamente romântica, se combina e choca com o grande amor que devota a Calderón. Lope de Vega, de quem tem opinião desfavorável, se teria detido no primeiro degrau da arte dramática, apresentando apenas "a esplendorosa superfície da vida, a aparência passageira do rico quadro universal". O segundo degrau é aquele em que, ao lado da paixão e da aparência colorida, o mundo e a vida se apresentam no seu sentido profundo, nas suas contradições e confusões estranhas e enredadas e em que o homem e sua existência, este enigma muito envolvido, nos surgem como tal, como enigma. Se isso fosse o único fim do drama

> Shakespeare não seria apenas o primeiro entre todos nesta arte, mas nem de longe se lhe poderia comparar nenhum antigo ou moderno.

Mas a arte dramática tem um alvo ainda mais elevado. Não só deve expor o enigma da existência, deve também solucioná-lo; deve conduzir a vida, através da confusão da realidade presente, para além dela "até o último desenvolvimento e à decisão final". Retirando o véu mortal, ela nos deve apresentar o mistério do mundo invisível, refletido numa visão fantasiosa e mais profunda, para mostrar ao fim como o fundo eterno se liberta do ocaso terreno. Essa transfiguração espiritual e glorificação do "homem interno" é o que mais se coaduna com o poeta cristão e nisso Calderón é, entre todos, o primeiro e maior. Semelhante concepção, evidentemente inspirada a Schlegel pela sua conversão ao catolicismo, transforma Calderón no mais romântico, por mais cristão, dos poetas, superior mesmo a Dante, que, partindo desde logo do pensamento cristão, impõe este, alegoricamente, à vida, ao passo que Calderón, partindo da vida, eleva-a à beleza simbólica do cristianismo.

Apesar disso, Calderón falha porque precipita a solução; esta teria mais efeito se nos deixasse por mais tempo na dúvida e se caracterizasse o enigma da vida com a profundeza de Shakespeare; se, enfim, não nos colocasse desde logo no sentimento da transfiguração.

Shakespeare tem o defeito contrário; cético que é, põe-nos diante do mistério da vida, sem acrescentar a solução. E mesmo quando leva a obra à solução, o desfecho é geralmente o da tragicidade antiga do naufrágio completo ou então, no máximo, o desfecho "misto" da satisfação mediana; raramente, porém, aquela amorosa redenção transcendente que domina em Calderón. A concepção de Schlegel, fundamentalmente cristã, é em essência antitrágica. Dentro do universo cristão não há lugar para o trágico.

Ainda assim, Schlegel chega quase a idolatrar Shakespeare e a sua "pintura universal de verdade insuperável". Nela o homem é apresentado com "nitidez por vezes acre" na sua "profunda decadência", mas em toda a parte "transparece a recordação e a idéia da altivez e sublimidade originais do ser humano". Essa dissonância, porém, não é resolvida e assim

> este poeta que exteriormente se afigura temperado e sereno, lúcido e jovial, em quem domina o intelecto e que sempre procede com propósito, dir-se-ia mesmo com frieza, é no seu sentimento mais íntimo o mais profundamente doloroso e amargamente trágico entre todos os poetas, tanto dos tempos antigos como modernos.

Observe-se a profunda diferença na apreciação do gênio entre os pré-românticos e este romântico. Aqueles exaltaram, como qualidade do gênio inconsciente, o que os neoclássicos até então haviam destacado como graves defeitos de Shakespeare — as irregularidades "bárbaras e primitivas". Em essência concordam, pois, com a crítica neoclássica, somente valorizando de modo contrário. Já os românticos — pelo menos os da primeira geração — concebem o gênio (isto é, Shakespeare) como espírito sagaz e irônico, que elabora lucidamente a sua obra.

O irmão de Friedrich, Augusto Wilhelm, escreveu profusamente sobre Shakespeare. A sua tradução de 17 peças de Shakespeare é ainda hoje modelar; deve-se a ela a "encampação" de Shakespeare pelos alemães. Como crítico, analisou e diferenciou com precisão o estilo e a versificação do jovem e do "velho" Shakespeare. Na definição do drama antigo e shakespeariano salienta que naquele o caráter é mera função da ação, ao passo que neste a relação se inverte — tese cuja

87

acentuação exagerada, sensível em Hegel e radicaliza-da na apreciação de Tolstói, levou a muitos erros. Toda a concepção de V. Hugo acerca do drama "ro-mântico" de Shakespeare encontra-se prefigurada na análise do companheiro de Madame de Staël. Nas suas famosas preleções de Viena (1808) — que parecem ter influído fortemente em Coleridge — afirma:

> A arte e poesia antigas visam à severa separação do desigual, as românticas se aprazem em misturas indissolúveis; todas as contradições — natureza e arte, poesia e prosa, se-riedade e comicidade... entram em fusão íntima.

Schlegel compara a tragédia antiga a um grupo escultórico; os caracteres correspondem às figuras, a ação ao agrupamento delas. Não existe nada além disso. Já o drama de Shakespeare (o drama "român-tico") deve ser imaginado como um grande quadro em que, além das figuras e dos movimentos do grupo, agora bem mais rico, ainda é reproduzido o mundo--ambiente e uma vista panorâmica mais distante — tudo isso sob iluminação mágica que determina de modo vário a impressão perspectívica geral. O que agora se destaca, bem mais que a figura (o típico) é a fisionomia (individual), realçada pelo colorido e pela luz que modelam

> as mais sutis nuanças da expressão espiritual nas faces. Também podemos ler profundamente na alma e nos seus mo-vimentos mínimos, mercê do olhar que a escultura só pode reproduzir de modo imperfeito.

É excepcional a agudez com que Schlegel destaca a "impressão perspectívica geral", traço distintivo da arte e do teatro pós-medievais.

Uma das poucas vozes discordantes da época é a de C. D. Grabbe (1801-1836), dramaturgo contem-porâneo de Buechner, muito estimado por Alfred Jarry. No entanto, seu ensaio polêmico *Sobre a Sha-kespearomania* (1827) é mais uma diatribe contra os os "maníacos" do que contra o próprio Shakespeare. É a imitação cega que considera nefasta. De qualquer modo coloca os gregos acima do inglês e — fenômeno raro na época — recomenda a leitura dos clássicos franceses; neles, os dramaturgos alemães encontrariam o que lhes falta:

seriedade, rigor, ordem, força teatral e dramática, serenidade, ritmo rápido da ação. Encontram ali também (...) uma multidão de caracteres, como Shakespeare não os tem melhores.

Como comediógrafo prefere Molière.

Shakespeare, no cômico, nem evitou tantos erros, nem realizou tanta coisa boa como Molière.

O curioso é que a obra de Grabbe se situa entre aquelas que mais nitidamente mostram a influência de Shakespeare.

Já um pouco distante é a atitude do grande dramaturgo Friedrich Hebbel (1813-1863). Shakespeare então já se tornou um "bem cultural" clássico. Em 1858, Hebbel escreve que Shakespeare venceu por completo e

sem dúvida toda Europa comemorará em 1864 o tricentenário de seu nascimento, os povos germânicos por amor e entusiasmo, os latinos por respeito.

Da distância de um século cita Lessing:

Shakespeare deve ser estudado e não pilhado.

E prossegue:

Seus (de Lessing) contemporâneos imediatos não o ouviram e desperdiçaram suas forças. Goethe e Schiller, todavia, depois de passada a primeira embriaguez juvenil, adotaram este ponto de vista sadio e nos deram um drama nacional, no qual se mantiveram, nas coisas particulares, o mais distante possível de Shakespeare, ao passo que no seu todo nunca o perderam de vista. Este é o caminho ·moderado que deve ser seguido para que o benefício não se transforme em maldição.

Foi Friedrich Gundolf que, no seu grande livro *Shakespeare e o Espírito Alemão* (1920) apresentou uma espécie de balanço do encontro dos poetas alemães (até o Romantismo) com a obra de Shakespeare (sem referir-se de perto à crítica shakespeariana alemã, aparentemente ainda não estudada em livro especializado). Esta obra de um dos maiores discípulos de Stefan George tem o defeito de uma linguagem amaneirada, enfática, cheia de *overstatement;* muitos trechos quase se dissolvem na bruma solene que os envol-

89

ve. Dificilmente terá havido um inglês que haja escrito coisas tão "míticas" e extremas sobre Shakespeare. Ainda assim, se trata de uma obra importante, cujas qualidades superam os defeitos.

A comparação, por exemplo, que faz entre Hamlet e Fausto apresenta-nos uma visão penetrante, apesar da perspectiva um tanto telescópica. Ao destruir a imagem romântica de Hamlet — no que foi seguido por Auerbach — tornou aos alemães entendível porque Hamlet foi escrito por um inglês e não por um alemão — o que no fundo nenhum alemão jamais entendeu. Afinal, não é Hamlet o herói, cuja força para realizar as coisas próximas e primeiras é paralisada pela contemplação das coisas últimas e distantes? Há ainda hoje alemães que — apesar do milagre econômico — consideram este tema essencialmente alemão. Gundolf, no entanto, mostrou que

> a coragem incondicional de enfrentar face a face a realidade como ela é distingue o autor de *Hamlet* daquele do primeiro *Fausto,* no qual há muito romantismo, muito prazer e tortura e, por trás do mundo dado, procurar ou sentir falta de um mundo mais elevado.

A Hamlet, prossegue, falta todo impulso idealista de transfigurar a existência. Mesmo no seu mais desolado pessimismo, Hamlet afirma a realidade com um "Sim" mais incondicional do que Fausto nos seus sonhos mais exaltados. Shakespeare não coloca a questão do valor, do bem e do mal. Basta que o mundo exista, que o homem seja. Fausto está sempre além daquilo que é; Hamlet simplesmente é. Fausto sofre por não ter vida suficiente; Hamlet, por ter demais. Goethe aspira a conteúdos e formas novas de vida; Shakespeare transborda de plenitude. Neste ápice da literatura alemã (como também nos seus níveis inferiores), percebe-se, segundo Gundolf, que ela provém do púlpito, da cátedra, do gabinete de estudos, ao passo que a inglesa nasceu no campo de torneios.

Trata-se, sem dúvida, de uma visão telescópica que passa por cima de "pormenores" discordantes (dizer que Shakespeare não coloca o problema do valor é absurdo!); ainda assim, esta generalização é aplicável à fase romântica e pelos menos jovens de

90

Goethe. O próprio Gundolf e seu livro ainda se encontram na aura deste passado alemão dos "poetas e pensadores"; passado que ele mesmo parece tentar transformar em passado, pela própria imagem anti-romântica de Hamlet. Nota-se, nesta imagem, a influência de Nietzsche, cujo filosofar romântico visava, paradoxalmente, à destruição do Romantismo.

7. HAUPTMANN

1. *Ausência de Gerhart Hauptmann*

É surpreendente que Gerhart Hauptmann (1862--1946), por volta do nosso século internacionalmente considerado como um dos maiores dramaturgos da época, esteja hoje quase esquecido no mundo e no Brasil. Em 1912 recebeu o Prêmio Nobel e, alguns anos antes, ao lhe ser conferido o título de doutor *honoris causa* pela Universidade de Oxford, foi distinguido como *summus artifex* entre os dramaturgos de então. A indiferença atual talvez se ligue ao diminuto interesse pela dramaturgia naturalista a que se costu-

93

ma filiar Hauptmann. Escrevendo por volta de 1955 sobre ele, Eric Bentley, depois de salientar a sua imensa fama inicial, acrescenta que "atualmente" não passa de um nome, "exceto para os estudiosos profissionais da literatura alemã"[1]. Desde então nada ou pouco se modificou.

O conhecido crítico norte-americano de qualquer modo reconhece que obras como *Antes da Aurora, Os Solitários, Os Tecelões* etc., correspondem bem mais ao naturalismo teatral que as peças de Zola, Becque e Ibsen — o que deveria assegurar a Hauptmann, ao menos, lugar importante na história do teatro. Vale mencionar que Chekhov e Górki o preferiam a Ibsen, enquanto James Joyce atribui às personagens de Hauptmann mais vida que às do escandinavo. As encenações das peças de Hauptmann por Otto Brahm, no "Palco Livre" de Berlim, na década de 1890, exerceram, segundo Stanislávski, influência decisiva sobre a arte cênica russa.

Eric Bentley parece objetar a Hauptmann o fato de ele ter sido proeminente naturalista e, logo, destacado neo-romântico; e ainda o fato de, caindo embora num fervoroso misticismo cristão, nem por isso ter deixado de escrever ao mesmo tempo peças (e novelas) de teor radicalmente neopagão. Hauptmann, enfim, teria sido demasiado versátil — um virtuoso sem calibre moral, artista puro sem qualidades de pensador, indispensáveis ao grande dramaturgo, segundo o brilhante crítico.

Há em todas essas afirmativas algo de certo. Mas nenhuma é inteiramente certa. Sem dúvida, Hauptmann não foi "pensador", no sentido preciso. Haja vista a imagem cômica, mas ao mesmo tempo plena de veneração, que Thomas Mann dele apresenta na *Montanha Mágica,* através da extraordinária figura de Mynheer Peeperkorn, homem de poderosa "personalidade", mas incapaz de formular uma oração coerente. Hauptmann não foi "artista", no sentido em que Bentley fala dele. Foi, antes, um "gênio instintivo", com todas as falhas que isso implica. Por vezes de mau gosto, arrebata pela seiva e pelo *élan* de numerosas peças — profundas

1. *The Playwright as Thinker,* Meridian Books, p. 268/9.

apesar de não serem obras de um "pensador" — e pela vitalidade do seu mundo dramático, repleto de caracteres de espantosa autenticidade e de uma penetração humana que o próprio Freud admirou.

Tampouco pode-se concordar, por inteiro, com a crítica de "versatilidade". Apolíptico e acostumado a levar uma vida de lorde, sem dúvida tomava freqüentemente atitudes de oportunismo. Excetuando-se a fase juvenil em que vivia em fricção com a polícia imperial de Guilherme II, passou muito bem pelos quatro regimes diferentes da sua longa existência. Glorificado na monarquia (embora não pelos expoentes dela) e ainda mais na República de Weimar — que o idolatrou — foi respeitado pelos nazistas e enterrado com honras militares pelo exército soviético. Era capaz de, quase ao mesmo tempo, se entusiasmar pela guerra e participar de movimentos contra a guerra. Mas a ambigüidade do autor não resulta necessariamente em defeito de sua obra. De resto, de um escritor que alcançou a provecta idade de 84 anos e que escreveu, sempre experimentando, mais de 40 peças, além de grande número de poemas, novelas, romances e epopéias, não se pode esperar uma obra de um só bloco. O erro de Bentley é concluir do homem para obra, atribuindo também a esta "versatilidade", num sentido negativo. Como o Fausto de Goethe, Hauptmann tinha "duas almas no peito" — no mínimo. Mas as várias tendências eram todas "autênticas". Desde o início se manifestam tanto o *pathos* social e o naturismo pagão como o romantismo e o misticismo. A inclinação mística lhe veio do berço, cercado da religiosidade pietista da região silesiana; externa-se desde cedo, em pleno naturalismo ao qual, de outro lado, não podia escapar um jovem empolgado pelo surto das ciências naturais e sociais, ouvinte ou adepto de Haeckel, Forel e Avenarius. E este naturalismo persiste mesmo em fases posteriores, mais de perto simbolistas ou neo-românticas.

Nada mais característico para esta ambigüidade que a excelente peça *Os Solitários* (1891), de certo cunho autobiográfico. A obra evoca com grande vigor toda uma época. Logo a descrição do cenário único — representando uma casa de campo à beira de uma

95

lagoa próxima de Berlim — ressalta com nitidez a dualidade do protagonista que alugou a casa:

...há um armário de livros; em torno retratos... de sábios modernos (...), entre eles Darwin e Haeckel. Sobre o piano um retrato a óleo: um pastor paramentado. Além disso, na parede, vários quadros bíblicos...

Bastam estas indicações para colocar-nos dentro daquela época de transição de que o próprio autor é expoente característico. Darwin, Haeckel, um pastor protestante, quadros bíblicos — tudo isso precariamente conciliado por Johannes, o protagonista. Embora adepto de idéias avançadas, não consegue libertar--se dos laços tradicionais, sobretudo por consideração e delicadeza para com a família. Incapaz de optar, vive em constante atrito com os pais, por ser demasiado radical, e decepciona os amigos da sua geração, por não ser suficientemente radical. É a típica situação do "marginal" solitário. A peça inicia-se logo com o batismo do seu filho, cerimônia tradicional presenciada pelos pais religiosos que vieram da Silésia, discutindo freqüentemene com Johannes por causa das suas tendências hereticamente darwinistas e monistas. Johannes, que aliás abandonou o estudo da teologia, sente-se duplamente solitário porque neste ambiente pequeno--burguês "ninguém me entende". Como ninguém — e menos ainda com sua mulher, de precária cultura — pode discutir a "grande obra" que está escrevendo e que gira em torno de algum tema não muito bem definido, mas sem dúvida meio filosófico-moral, meio psicofisiológico, enfim qualquer coisa terrivelmente "emancipada", à semelhança dos livros que a Sra. Alving (de *Os Espectros,* de Ibsen) deixa pelas mesas, provocando a indignação puritana do pastor Manders.

A descrição do ambiente estagnado e a ligeira sugestão da "mentira do matrimônio burguês" são típicas das intenções naturalistas. Usando um mecanismo dramático muito apreciado por ele, Hauptmann revolve e agita o ambiente fazendo penetrar nele uma moça que "entende" o solitário e que desencadeia o drama. É uma estudante, sem dúvida especializada na mesma disciplina de Johannes (aparentemente alguma coisa entre filosofia e biologia).

96

— A senhorita estuda? — pergunta a mãe do protagonista, um tanto abalada.

— Sim, na Universidade.

— Mas será possível! Então estuda na Universidade? Não diga! Mas isso é tão interessante! Será verdade?

— Perfeitamente, minha senhora.

— Mas que coisa mais engraçada! Estudar tanto, será que isso lhe agrada?

Engana-se o leitor profético que, ingenuamente, antecipa a trama do triângulo clássico. A relação que liga Johannes e Anna não é um amor simplesmente e sim alguma coisa sublime, elevadamente emancipada, pairando em esferas espirituais. Todavia, o caráter febrilmente platônico dessas relações não impede que a esposa de Johannes vá definhando a olhos vistos, vítima não só de ciúmes mas de terrível complexo de inferioridade. Nunca foi universitária (as moças então não estudavam) e não pode participar das eruditas conversas de Johannes e Anna — que aliás não chegamos a testemunhar — nem tampouco das suas excursões a remo, por ter de cuidar do bebê. A mãe de Johannes desconfia logo e acaba chamando o marido que voltara após o batismo ao seu sítio na Silésia. Numa cena violentamente dramática o pai repreende o filho por não obedecer aos mandamentos religiosos. Este retruca que "vosso amor me estragou", a educação recebida lhe teria tirado a medula dos ossos. Enfim, o ambiente não permite o florescimento de uma relação tão sublime. Após vários adiamentos, a jovem terá de partir. Na hora da separação, Johannes declara aflito:

— O pressentimento de um estado livre e novo... de uma felicidade distante... nós queremos preservá-lo. O que uma vez sentimos, a possibilidade que sentimos, daqui por diante tudo isso não se perderá!

Ao que parece, Johannes proclama, como já anteriormente, quando falara de "um novo estado mais elevado de comunidade entre homem e mulher", certo tipo de relação nova, espiritual, entre os sexos — relação que não parece coadunar-se perfeitamente com os estudos psicofísicos de ambos mas que, de qualquer maneira, representa uma das idéias típicas da época naturalista. Com efeito, de um lado se propagava a amizade e camaradagem espirituais entre homem e mulher, confirmando a igualdade feminina, mas de

97

outro lado se acentuava a necessidade da plenitude das relações psicofísicas. A pureza das relações de ambos é acentuada pelo fato de que não se separam sem antes se chamarem de "irmão" e "irmã". É verdade que selam este novo *status* com "um único, longo e fervoroso beijo" que não tem nada de fraternal. De resto, Johannes não suporta a solidão. Logo depois da partida de Anna afoga-se na lagoa. É o drama do intelectual "sem medula": adepto de novas idéias, não consegue vencer o respeito pelas convenções e a obediência à autoridade paterna. Sobre tudo paira a indagação de Ibsen-Kierkegaard: a opção radical (ou tudo ou nada) levará à ruína ou à felicidade?

É difícil evitar certa ironia no relato do drama; ela se infiltra, por mais que se admire a peça, indicando certo desnível entre a consciência atual e a de 1890. Ironia que hoje não deixa de arranhar por vezes também a admiração por Ibsen. Temos de lançar mão da nossa "consciência histórica" para fazer jus à obra que nos proporciona uma imagem viva e aguda dos problemas, preocupações e aflições daquela época — problemas que em certa medida não deixam de ser também os nossos. Afinal, já temos aqui o "intelectual" e o "alienado".

Escrita antes de terem surgido as peças principais de Chekhov, a obra já apresenta, por antecipação, alguns dos seus traços mais característicos, particularmente o toque impressionista, certa aura de decadência e *fin du siècle*. Na própria peça, aliás, há ampla referência a um conto de Garshin, tão próximo de Chekhov. A atmosfera outonal é sugerida com grande arte através de elementos sonoros e visuais. Johannes já é personagem chekhoviana, indeciso, ansioso de outra vida, mais ampla e pura, que se vai frustrando num ambiente desolador sem que se possa dizer que seria capaz de realizar-se em outras circunstâncias.

Não admira que Chekhov teve a peça em alta conta. Em 1899 escreveu extensamente sobre sua concepção de Johannes, numa carta a Meyerhold que iria representar o papel sob a direção de Stanislávski, A interpretação de Chekhov é sutil e corresponde provavelmente, em parte, às intenções de Hauptmann. Mas a peça é suficientemente complexa para que possamos fazer hoje uma leitura bem diversa. Para Chekhov, Johannes é "bem culto" — para nós, a sua cultura é apenas postulada; não a percebemos, ela não funciona no diálogo; podemos concebê-lo perfeitamente como homem medíocre. Chekhov verifica nele a "ausência total de elementos burgueses"; para nós, é o protótipo do "intelectual burguês", mesmo na sua consciência aflita ao se defrontar com pedreiros míseros, ou na sua delicadeza peculiar para com a empregada doméstica ou na sua atitude insegura ao se discutir o problema da arte e do engajamento.

Chekhov pede a Meyerhold em particular que não sublinhe em demasia o nervosismo da personagem a fim de o caráter patológico não acultar o mais importante — a solidão "que experimentam somente as pessoas nobres". Adverte-o do perigo de obter, em vez do solitário, um sujeito "irritadiço", acrescentando esta observação preciosa:

> Eu sei que Stanislávski vai insistir neste nervosismo supérfluo, ele vai tratá-lo com exagero; mas não ceda!

Sabe-se que Meyerhold cedeu. E talvez não sem razão, pois o nervosismo é o sintoma da consciência fragmentada que explica ao mesmo tempo a solidão de Johannes. Concebendo Johannes e também Anna como "pessoas nobres", Chekhov parece identificar-se com seus vagos ideais de amor sublime. Já a nós, ambos se afiguram possuídos de sólida má fé, bem de acordo com a situação descrita por Sartre, ao analisar o encontro entre um homem e uma mulher. Esta, encantada com o respeito do homem, não encontraria nada encantador neste respeito se o respeito nada mais fosse que somente respeito. A má fé dos dois se acentua no seu comportamento falso para com a esposa de Johannes, cujo sofrimento pretendem não perceber.

A objetividade do texto não nos permite definir a posição do autor. De um lado parece identificar-se, como Chekhov, com os anseios "puros" dos dois. É como se participasse da má fé de ambos e não conhecesse a fundo as próprias personagens — sinal de que a vitalidade e autonomia dos seus caracteres supera a própria psicologia do autor. Esta falsidade —

não percebida pelo autor que dela participa — parece revelar-se, por momentos, na ênfase do estilo. Mas uma ironia quase imperceptível anula a ênfase. Afinal, o fervoroso beijo final desmascara e nega o longo jogo das aspirações platônicas; confirma a insinceridade de ambos. De outro lado, porém, realça a nobreza e o desespero dos dois, já que se trata de um beijo de despedida; despedida que, embora resultado da pressão familiar, ressalta a resolução de evitar o adultério, enquanto ao mesmo tempo revela aos dois o fracasso dos seus ideais emancipatórios de manter relações espirituais. Mas os dois serão realmente "nobres"? O autor não percebe a má fé? Talvez. O protagonista sofre no decurso da peça fortes censuras, particularmente do seu amigo Braun que lhe critica a indecisão e covardia. Mas como o próprio Braun é violentamente criticado por Anna e esta, por sua vez, por Braun e pela mãe de Johannes, as mútuas críticas tendem a neutralizar-se e a atmosfera da dubiedade prevalece.

O efeito obtido é o da completa ausência do autor — o que, afinal, é postulado primordial no naturalismo. Poder-se-ia dizer também o contrário: o autor está identificado com todas as personagens, daí todas terem razão. De certo modo a "versatilidade" do autor reflete-se na objetividade da peça e, de forma mais indireta, na indecisão do protagonista, decerto um reflexo crítico, em nível imaginário, da situação do autor. No plano moral, Bentley talvez tenha razão ao repreender Hauptmann pelas — no mínimo — "duas almas" que impedem a opção. Mas no plano estético essa indecisão resulta na decisão de um estilo como tal coerente e, em si mesmo, expressão poderosa de uma situação histórica. É possível que a "ausência" do autor, neste sentido, contribua para a ausência de Gerhart Hauptmann, no sentido indicado pelo título deste estudo, numa época mais favorável aos autores que se definem e marcam a sua presença.

2. *As indecisões de Hauptmann*

Costuma-se filiar Gerhart Hauptmann (1862-1946).

geralmente, ao Naturalismo — pelo menos em sua primeira fase, que se julga a mais importante. De tal modo se fixou este estereótipo que até Eric Bentley, o brilhante crítico norte-americano, lhe reprova a "versatilidade" com que teria adotado, mais tarde, tendências neo-românticas, simbolistas, místicas, etc., numa espécie de deslealdade às suas raízes. Todavia, o fato é que as tendências se cruzam desde o início na sua obra, numa indecisão típica de Hauptmann, que se externa tanto na temática como no estilo.

As antinomias surgem, marcantes, na peça *Ascensão de Joaninha* (1893), uma das primeiras do dramaturgo. A moldura da obra, que situa o ambiente mísero da protagonista, corresponde aos preceitos mais radicais do Naturalismo. A mãe da mocinha morreu e o padrasto, beberrão inveterado, transforma a vida da Joaninha em inferno. Ao fim, ela busca a paz na lagoa gelada da aldeia silesiana; retirada da água, agoniza no Asilo dos Pobres e assistimos, então, aos seus sonhos e alucinações que passam a encarnar-se no palco. Até certo ponto se poderia falar de uma tentativa tosca de transformar o palco em "espaço interno" da consciência da moribunda, antecipação do que mais tarde se tornaria momento importante na dramaturgia moderna, de Strindberg ao Expressionismo e de Nelson Rodrigues a Arthur Miller. Mas no caso de Hauptmann, embora se possa considerar o aparecimento da mãe falecida, dos anjos, de Jesus (com as feições do amado professor) como projeções oníricas de desejos e angústias reprimidos, esta interpretação funciona somente em parte. Não só falta em larga medida a tentativa de criar a fluidez e incoerência do sonho ou de distorcer os elementos projetados para sugerir níveis de consciência mais profundos. Acrescenta-se que a visão celeste da pobre Joaninha tem certos acentos de *modern art,* os anjos parecem envolvidos da aura pré-rafaelítica, a prosa é substituída por versos que cantam um mundo repleto de objetos preciosos e flores raras. Esta irrupção meio simbolista e altamente estilizada, naquele ambiente de indigência, ultrapassa obviamente as possibilidades imaginárias de Joaninha e coloca, ao lado da realidade cinzenta, naturalista, uma realidade superior, transcendente, que

101

adquire consistência própria e já não pode ser considerada integralmente como projeção da personagem, mediada pela intervenção do narrador épico. A nova realidade tende a constituir-se em "região ontológica" autônoma, na sua substância dramática equivalente à realidade empírica, reproduzida de forma naturalista. Exprime-se nisso, ainda que de um modo indeciso, certa tomada de posição do dramaturgo. Hauptmann ultrapassa a realidade empírica para uma afirmação religiosa, em choque com as teses do Naturalismo. A mencionada antinomia (analisada no item anterior, através da peça *Os Solitários*) manifesta-se, pois, por obra de uma verdadeira dissociação estilística em que se revela nitidamente a ambigüidade de um autor fortemente atraído pela visão científico-naturalista, mas de acentuadas tendências místico-religiosas.

Mesmo a primeira peça de Hauptmann, *Antes da Aurora* (1889), verdadeiro manifesto naturalista, já mostra esta dubiedade. O dramaturgo dedicou-a a Bjoerne P. Holmsen, autor de *Pai Hamlet,* em "jubiloso reconhecimento da inspiração decisiva recebida pelo seu livro". Quem será este autor, cujo nome traz o prestígio da terra de Ibsen, então das mais avançadas no campo da literatura? Trata-se de um pseudônimo adotado por J. Schlaf e Arno Holz, os adeptos alemães mais radicais do chamado "naturalismo conseqüente", que desejavam ultrapassar o naturalismo de Zola e Ibsen, particularmente no tocante à língua das personagens (dialeto, jargão, gíria). O diálogo de Ibsen, afirmavam, não é o da vida; é de teor teatral, não muito diverso do schilleriano. É preciso expulsar o teatro do teatro. O diálogo deve imitar a fala cotidiana, cheia de erros, hesitações, interjeições, reticências, embaralhamentos, etc.

Estes princípios manifestam-se plenamente em *Antes da Aurora*, peça em que — segundo a tendência naturalista — importa menos a ação que a "situação", no caso a de uma família de camponeses silesianos repentinamente enriquecidos pela descoberta de jazidas carboníferas no seu solo. A mudança abrupta do *status* social desequilibrou e desarraigou a família. Encontramo-la, na peça, já pervertida pelo álcool, explorando impiedosamente os que deles dependem. Os

102

mineiros — de que apenas se fala — constituem o pano de fundo sombrio. O relato de um estado de estagnação e passividade, através de cinco quadros em que avultam as cenas mudas, o mero balbuciar, a pantomima, não traz em si a possibilidade do desenvolvimento linear de uma ação dramática. Prepondera a descrição de cunho narrativo, inevitável quando a idéia fundamental é dar realce a fatores impessoais que, como tais, não são assimiláveis ao diálogo interindividual. Para suscitar, ainda assim, uma ação dramática e evitar o cunho épico, Hauptmann faz uso de um mecanismo a que iria recorrer em seguida com freqüência: introduz a personagem desencadeadora de fora; no caso, um doutrinador socialista, cheio de idéias tolstoianas, pela qual se apaixona uma das filhas do casal de camponeses — única personagem que se conservou pura no ambiente devasso. Mas este "socialista", talvez uma projeção imaginária da ambigüidade do próprio autor — além de reforçar o cunho épico visto se tornar em foco a partir de quem tudo é "observado" — tem idéias demasiado sublimes e "sadias" (seu idealismo *borné* e malfazejo lembra o de certas personagens de Ibsen). Não casará com uma moça de hereditariedade suspeita. Deste modo, o lamentável reformista provoca o suicídio do único ser que neste ambiente poderia ter sido reformado. O curioso nesta primeira peça é desde logo certa ruptura estilística, manifesta na "coexistência" pacífica de crasso naturalismo, na descrição ambiental, e de Romantismo exaltado nas cenas de amor, isto é, na ação. Aos críticos que lhe observaram isso, Hauptmann respondeu:

Não é minha culpa que a natureza é, ocasionalmente, bela.

A maior obra do naturalismo alemão e um dos maiores dramas sociais da literatura universal é, indubitavelmente, *Os Tecelões* (1892), peça inicialmente proibida pela polícia. Sua apresentação só podia dar-se em sessões fechadas, na associação do "Palco Livre", inspirada pelo "Théâtre Libre" de Antoine que logo iria apresentar a peça em Paris. Numa caricatura da época, Hauptmann aparece ao lado de Ibsen, cada qual empurrado por um policial, presos de acordo com um novo projeto de lei, especialmente destinado aos escritores subversivos. Quanto ao autor, considerava a sua obra como sendo "certamente social mas não socialista", já que via a indigência dos tecelões "pelos óculos de nenhum partido". Hauptmann tende a conceber os conflitos individuais e sociais como expressão de um antagonismo metafísico, radicado na própria criação. É óbvio que semelhante cosmovisão trágica e fatalista não se coaduna com o ativismo social, essencialmente otimista. Ainda assim se nota a influência das lutas que o partido social-democrata travava então na Alemanha em prol das reivindicações do proletariado. Mas o apelido dado naqueles anos a Hauptmann — de "Goethe dos sindicados" — certamente não se ajusta a ele.

A peça baseia-se em narrações da sua família silesiana e em documentação histórica. Em comparação com os dados objetivos, Hauptmann até atenuou a penúria dos tecelões da Silésia que os levou em 1844 a violenta sublevação. A causa desta situação não foi somente a ganância dos patrões que exploravam o trabalho artesanal realizado em teares caseiros, mas também a introdução de novos processos de produção maquinal que atingiu as próprias empresas em estágio mais primitivo. A peça, mais que a revolta, narra em termos épicos a situação de pobreza que a provocou. Sugere habilmente a monopolização do capital, os problemas da propriedade da terra, os antagonismos, diferenciações e solidariedades entre a aristocracia feudal, os pequenos camponeses, o comércio, o artesanato citadino, o clero, etc. Os tecelões surgem como vítimas de todos esses elementos — de uma estrutura social, enfim, que os desamparava por completo. Cinco quadros amplos situam e pintam o ambiente, sem que se possa falar de uma ação dramática progressiva e casualmente encadeada em torno de um núcleo de personagens, como ocorre no drama tradicional. Em cada quadro surgem novas personagens que, em seu conjunto, constituem, através de vários episódios sugestivos, o largo fresco do sofrimento coletivo e dos conflitos sociais. Há uma constante mudança de perspectiva, fato que contribui para esboçar o mural épico da peça. O primeiro quadro mostra a entrega dos tecidos produzidos pelos tecelões e o magro pagamento. Uma personagem destaca-se do coletivo pela sua agressividade: uma criança desmaia. O segundo quadro individualiza, introduzindo-nos no mísero casebre de um tecelão. O terceiro é de novo coletivo, passando-se numa cantina em que se reúnem, ao lado dos tecelões, expoentes de outras profissões e um caixeiro-viajante a quem a situação é exposta e que acrescenta a dimensão de uma espécie de platéia não envolvida. O quarto quadro é visto a partir do ângulo do fabricante, durante uma reunião festiva (de que participam elementos do clero protestante). Os tecelões, iniciando o levante, aglomeram-se diante da casa, acabando por assaltá-la. O quinto quadro, enfim, focaliza a revolta, já em plena marcha, desta vez a partir do casebre de outro tecelão, homem religioso que condena a sublevação e não participa dela. A peça finda-se no momento em que este personagem inocente é morto por uma bala casual. Apesar de a peça apresentar mais de uma narração *sobre* o levante que o próprio levante, ela consegue mostrar com grande poder a lenta transição do sofrimento resignado e passivo ao clima da rebelião aberta, instigado em parte por elementos mais ativos, alguns deles estranhos ao ambiente dos próprios tecelões — entre outros um homem que já prestou o serviço militar, ampliando assim a sua visão, e um ferreiro ressentido: motivos esses que iriam tornar-se típicos da dramaturgia social.

A tensão crescente e a descarga emocional não se cristalizam, em essência, através da fala interindividual. Esta capta sobretudo a surda resignação no nível do dialeto silesiano que exprime e "ilustra" no seu pesado e quase inarticulado primitivismo o desamparo de um grupo humilde e atemorizado. Não se trata de um diálogo dramático. Neste costuma preponderar a função apelativa da língua, ao passo que aqui se acentua um falar hesitante e monológico, expressivo de uma atitude de interrogação e incerteza. No fundo, a peça não apresenta nenhum conflito interindividual. É o canto dos tecelões que, sugerido desde o início, condensa, organiza e intensifica emocionalmente e articula dialeticamente a agressividade e o ódio reprimidos. Os

105

versos exprimem para os tecelões o que sentem sem poder exprimi-lo. Transformam em palavra, elevam à consciência e à ação o que até então não alcançara nível verbal. Precisamente por atingir ao plano espiritual, isto é, ao plano de intercomunicação, o canto unifica em grupo coeso a massa informe de seres desesperados e vingativos. O coletivo e sua explosão, no entanto, concretiza-se à base de excelentes caracterizações individuais. Ainda não se nota nada da abstração expressionista que, duas décadas depois, iria lançar ao palco blocos de massas totalmente indiferenciadas, reunidas em coros falados.

A revolta, como se sabe, foi violentamente sufocada. A peça não mostra este fim. Encerra-se num momento arbitrariamente escolhido pelo "narrador", ferindo a famosa regra aristotélica. Isso bem corresponde à concepção naturalista que visa a apresentar um "recorte" da vida, sem construir um enredo nítido, com começo, meio e fim (como ainda fazia Ibsen). Hauptmann, de qualquer modo, não estava interessado em dramatizar o desfecho histórico, nem em dirigir um apelo político-social ao público. Bastava-lhe mostrar o homem sofredor, ansioso de uma vida melhor — fenômeno supra-histórico, metafísico, segundo a concepção do autor. A atitude fundamental é a do *ethos* da misericórdia, não da luta social. No entanto, é quase grotesco chegar daí à interpretação de alguns críticos de que o desfecho — a morte casual do tecelão religioso violentamente contrário à sublevação e confiante na redenção num mundo celeste — simbolizaria a negação do sentido da revolta, ao ponto de o autor tomar posição em favor da perspectiva transcendente, contra os tecelões "demasiadamente envolvidos nas necessidades da existência física" (típica interpretação para uso escolar). O fato é que a peça nos faz compreender, no mínimo, as razões da revolta e nos apresenta uma imagem pouco lisonjeira dos fabricantes. No entanto, seria erro dizer que a religião é apresentada como "ópio para o povo". A morte do velho tecelão — personagem que surge somente no último quadro — embora vista com "ironia trágica", não prova nada, nem em favor, nem contra sua posição. Nem sabemos o que acontecerá à sua nora que, condenando a atitude quietista do velho e lançando-se contra os soldados, mostra a mesma firmeza que o tecelão fuzilado por trás do tear. A peça conclui sem concluir, sem afirmar e negar — insegura como a própria realidade.

Esta falta de opção, pelo menos neste ponto crucial, afigura-se como marcante traço formal do Naturalismo, enquanto ao mesmo tempo o contradiz filosoficamente. A visão místico-religiosa surge como elemento importante ao lado da terrena e social: ambas são postas em referência por um autor que se sentia atraído por ambas, como iria mostrar em peças posteriores e como foi demonstrado através da análise de peças anteriores. O autor não se decidiu, não escolheu e não tentou integrar uma visão nos moldes da outra. Como já se verificou em *Os Solitários, Os Tecelões* tampouco nos revelam nitidamente a posição do autor, nesta questão fundamental. Conquanto a peça revele fortes traços épicos, fato que implica a presença de um narrador (ainda que encoberto), este narrador não se define, a não ser na atitude de simpatia pelos sofredores e evidente antipatia pelos fabricantes. Mas não aprova nem desaprova a rebelião e tampouco a sua negação religiosa. A equidistância é notável. Mas seria errado falar de "versatilidade", nos termos de Eric Bentley. A dicotomia de valores (e a incapacidade de superá-la) é um fenômeno "autêntico", de raízes biográfico-históricas, e caracteriza muitos autores da geração de Hauptmann, sem prejudicar-lhes necessariamente a validade estética das suas obras.

8. WEDEKIND

1. *Wedekind e o Expressionismo*

Certos traços característicos do teatro expressionista já se notam bem antes da eclosão do movimento, na obra de Lenz e Buechner. Tais traços repercutem, por sua vez, na fase pós-expressionista, em obras como as do jovem Brecht, de Frisch, Duerrenmatt e de muitos autores do teatro universal. Frank Wedekind (1864-1918) representa, de certo modo, um elo mediador na medida em que captou e, ao mesmo tempo, cristalizou e irradiou tais influências. A leitura de Buechner foi para ele uma revelação. Através do seu entusiasmo revelou Buechner a um círculo maior. Estimulado pela obra do extraordinário autor de *Woyzeck*, antecipou processos essenciais do Expressionismo, tornando-se um dos inspiradores da vanguarda dramatúrgica e cênica que, a partir dos fins do século passado, iria modificar as concepções básicas da arte teatral.

Não se limitou a revolução expressionista apenas ao vanguardismo artístico. Encontram-se correspondências na filosofia e psicologia de então. O neokantismo dá destaque à criatividade do espírito, construtor da própria realidade; a fenomenologia salienta a intuição de essências, estimula inclinações platonizantes e combate o psicologismo; a psicologia estrutural dirige-se contra o impressionismo atomístico que pretendia compor a vida psíquica a partir do mosaico das sensações. Todas essas tendências se unem na luta contra o Naturalismo e Positivismo, ressaltando a dinâmica espiritual face ao passivismo dos impressionistas. Isso não exclui a presença de fortes tendências "naturistas", inspiradas pelo vitalismo e irracionalismo de Schopenhauer, Nietzsche e Bergson.

É nos anos de 1911 a 1914 que se verifica a eclosão do expressionismo literário (e dramatúrgico). Nestes anos apareceram poemas de Georg Haym, Georg Trak, Gottfried Benn, Ernst Stadler e peças teatrais do escultor Ernst Barlach, do pintor Oskar Kokoschka, de Carl Sternheim, R. J. Sorge, Georg Kaiser e outros.

Bem antes, como vimos, foram publicadas e encenadas (entre outros por Max Reinhardt) várias das peças pré-expressionistas de Frank Wedekind. Em 1891 apareceram as peças *Crianças e Bobos* (mais tarde intitulada *Mundo Jovem*) e *Despertar da Primavera*. A primeira é uma caricatura do naturalismo dramatúrgico de Gerhart Hauptmann — que mal acabara de escrever as suas primeiras obras — e do movimento feminista, mais de perto da *Casa de Boneca* de Ibsen.

(A mulher que ganha seu sustento com o amor merece-me mais apreço do que aquela que se rebaixa ao ponto de escrever crônicas ou até livros).

110

Já aqui se anuncia a mensagem do sexo — entendido como impulso liberto de todas as sublimações "burguesas" — que alguns anos depois iria encontrar sua expressão dramática na figura de Lulu (nas peças *Espírito da Terra* — *Demônio Telúrico* talvez seria uma tradução mais adequada de *Erdgeist* — e *A Caixa de Pandora*), a fêmea fatal que representa o impulso em estado puro, personificação mítica quase se diria da vontade metafísica de Schopenhauer e cujo caminho é marcado por amantes aniquilados. No fim, Lulu encontra a morte nas mãos de um estripador "tarado".

É particularmente em *Despertar da Primavera* que se pressentem, tanto na forma como na temática, traços típicos do expressionismo dramatúrgico, bem antes da fase pós-naturalista de Strindberg, portanto. Trata-se da tragédia de dois adolescentes ingênuos (e mantidos nesta inexperiência pelos pais) que, depois de se unirem impelidos pelo despertar dos impulsos, são encurralados pelo código hipócrita da moral burguesa: a jovem aluna Wendla morre em consequência de uma tentativa de abortamento instigada pela própria mãe; o seu namorado Melchior é colocado num instituto de correção. Fugindo para o cemitério, encontra ali seu amigo Moritz, um colega escolar que se suicidou e que comparece com a cabeça debaixo do braço, incitando-o a segui-lo para a morte. Salva-o, no entanto, a intervenção de um "senhor mascarado" (que simboliza a vida) e que manda o fantasma de Moritz recolher-se ao seu túmulo.

Formalmente, a obra prepara o expressionismo cênico pela destruição da estrutura "bem feita". A peça dissolve-se em 19 cenas associadas em seqüência lírico-épica, sem nexo causal; técnica que segue a linha da dramaturgia pré-romântica do *Sturm und Drang* (tradução literal: tempestade e impulso; movimento literário que atinge seu ápice entre 1770 e 1780) e do *Woyzeck* de Buechner, antecipando o "drama de estações" de Strindberg e dos expressionistas. Característica é a atmosfera irreal até à abstração, bem como a tipização das personagens (prenúncio do antipsicologismo e da busca do mito, essenciais ao Expressionismo), a objetivação radical de vivências subjetivas (na poesia logo não haveria mais "uma dor atroz 'como' um

111

punhal", mas apenas a presença do "punhal atroz"). A essas antecipações importantes acrescentam-se ainda o elemento fantástico da cena do cemitério (em plena fase naturalista), o diálogo lírico, de curva barroca, muitas vezes reduzido a monólogos paralelos, e a deformação grotesca com que é apresentado o mundo adulto dos pais e professores, expoentes do mundo burguês que é cruelmente desmascarado. A distorção caricata e fantasmagórica transforma as personagens de Wedekind logo em marionetes rígidos, logo em animais disfarçados de seres humanos que se agitam regidos por impulsos elementares. Temos aí alguns dos traços essenciais do futuro palco expressionista que logo iria povoar-se com os burgueses caricatos de Sternheim e os autômatos humanos reunidos nas gigantescas fábricas de Georg Kaiser (*Gás*). E logo surgiria também na tela todo um mundo de fantoches, sonâmbulos, *roboters homunculi,* figuras de cera. Boa parte desta temática provém naturalmente de E. T. A. Hoffmann, cujos seguidores se multiplicam na fase expressionista. Mas algo da deformação grotesca de Wedekind, cujas peças começaram a ser filmadas a partir de 1917, comunicou-se ao teatro e ao cinema expressionistas. Este último adotou em particular o seu mundo circense, selvagem e agitado, repleto de aventureiros, prostitutas, charlatães, palhaços, comediantes, professores esclerosados, impostores, estripadores e loucos; mundo que logo iria encher as próprias ruas de Berlim: o clima febril que reinava na capital, imediatamente depois da guerra, no cataclismo de uma inflação vertiginosa que atingiu o seu ápice em 1923, misturava todos os círculos e todas as camadas. A alegria desesperada do caos, a euforia suspeita de certos tísicos marcaram a face do tempo com o ricto de um esgar entre grito e gargalhada. Sem dúvida, nunca a vida imitou tanto a arte como naquela época.

Seguindo Nietzsche, Wedekind proclamou bem antes de Freud, Forel e D. H. Lawrence o poder avassalador dos instintos, enaltecendo o "espírito da carne", "a santidade dos instintos" e o mito de Dionísio: motivos através dos quais os expressionistas procurariam reencontrar a essência elementar e primitiva do homem, sufocada pela moral convencional da sociedade burguesa. Entende-se a partir daí a ênfase com que os expressionistas insistem no tema da luta das gerações, problema que então se acentuava em conseqüência das rápidas mudanças socioculturais provocadas, desde 1870, pela intensa industrialização da Alemanha. O reformismo sexual e vitalista de Wedekind antecipa de certa forma o *Jugendbewegung* (Movimento Juvenil) dos *Wandervogel* (pássaros viajantes, movimento dos andarilhos, de imensa importância na Alemanha do início do século) — movimento em que se notam um sentimento de vida e uma efervescência semelhantes àqueles que se manifestam no Expressionismo. Na destruição da sintaxe convencional, na linguagem alógica, no estilo que pode ir da concentração telegráfica (incorporando assim a tecnização combatida) até o balbuciar dadaísta ou ao hino largo e extático, tornando-se "chama, sede e grito" — em tudo isso, afinal se exprime a mesma revolta e a mesma patética afirmação de novos valores que lançam a juventude contra os pais autoritários e contra as autoritárias formas políticas e sociais estabelecidas (o ativismo político do Expressionismo, que somente surgiu nos fins e depois da Primeira Guerra Mundial, tanto podia tender para a extrema esquerda como para a extrema direita; sua tendência básica, contudo, foi a de um anarquismo idealista e místico, semelhante aos movimentos juvenis atuais). De acordo com isso, a dramaturgia expressionista iria unir o demascaramento satírico ou grotesto do mundo burguês a mensagens logo místicas ou moralistas, logo paneróticas ou anarquistas, proclamadas com o *pathos* de quem se sente possuído por inspirações extáticas. Decorre daí também uma das antinomias fundamentais do expressionismo literário — seu vacilar entre um pessimismo niilista, que revolve visões apocalípticas de ocaso e dissolução, haurindo símbolos nas alucinações patológicas da loucura ou no submundo do crime e da prostituição (no qual, ainda assim, se resguardou uma centelha da vida elementar e da pureza primitiva enaltecidas) e, de outro lado, um otimismo utópico que depõe toda a sua esperança no nascimento do "novo homem". Mas esse utopismo nebuloso se perde no vazio. O "novo homem" de quem se fala é um mito, não o ser concreto de uma sociedade histórica (o filme *Metrópolis,* de Fritz Lang, é, neste nexo, um exemplo característico. É visível a influência de Georg Kaiser). Mesmo quem não adotar a opinião unilateral de Lukács (semelhante à de S. Kracauer, exposta no seu livro *De Caligari a Hitler*) de que o Expressionismo — por mais que combatesse a burguesia — nada foi senão uma manobra de despistamento desta mesma burguesia, reconhecerá a generosa inocuidade política desses jovens rebeldes; mas não deixará de lhes dar o crédito de terem contribuído para uma revonação de incalculável impacto sobre toda a vida teatral posterior.

É evidente que neste comentário sumário, tecido em torno de sugestões oferecidas por um dos precursores da renovação cênica, somente se salientaram alguns poucos aspectos do Expressionismo. É curioso que o próprio Wedekind, ao definir em 1812 seu conceito de teatro, não concebeu a possibilidade do cinema expressionista que tanto deve à sua dramaturgia. Atribuiu ele à sétima arte apenas a função secundária de libertar o *palco* do naturalismo, encarregando-se humildemente da reprodução mecânica da realidade.

> Espero do cinema a mesma poderosa influência sobre o palco que há 75 anos exerce a fotografia sobre a pintura. Desde há uma geração, os retratos assemelham-se muito mais ao pintor do que ao pintado. A dramaturgia tem, segundo penso, muito mais razão em visar a esta meta do que a pintura de retratos.

Se se acrescenta a esta "declaração de princípios" o momento importante de que a projeção da própria subjetividade para o palco não deve ser entendida no sentido de um auto-retrato *psicológico* e sim da "redução fenomenológica", isto é, da objetivação de estruturas essenciais, em vez da descrição de processos psíquicos empíricos, ter-se-á uma definição de um dos aspectos fundamentais do Expressionismo. Sob este ponto de vista, o mais grave defeito do filme *O Gabinete do Dr. Caligari,* ao apresentar um mundo repleto de distorções grotescas, é justificá-las como *alucinações de um louco.* Desta forma se dá à objetivação de visões poéticas essenciais uma interpretação psicológica, salvando as aparências realistas. Não foi essa a intenção dos roteiristas. Trata-se de uma solução

114

de compromisso que se deve a Erich Pommer e Robert Wiene. Nas encenações teatrais das peças expressionistas, entre cujos expoentes máximos se contam Leopold Jessner, Karlheinz Martin e Jurgen Fehling, não se verificaram semelhantes tropeços. Estes, ao contrário de Max Reinhardt que, apesar de freqüentes incursões vanguardistas, pertencia ao palco do Impressionismo, aboliram o "como" ou "como se", rompendo com a ilusão realista e a verossimilhança psicológica. Visaram ao elementar (e não à diferenciação), ao primitivo e bárbaro, ao mito e culto, às visões monumentais e ao gesto patético e extático. As suas representações entendiam-se, desde o início, como teatro e somente como teatro. Embora emocionais ao extremo, não pretendiam comunicar a ilusão da realidade empírica.

9. YVAN GOLL

1. *Um predecessor do Teatro do Absurdo*

Os que se interessam pelo Teatro de Vanguarda não ignoram que esse teatro, por mais antitradicional que pareça, tem uma vetusta tradição. Mesmo Alfred Jarry, com seu famoso *Ubo Roi* (apresentado em 1896), já tem precedentes do romantismo francês, não só na boêmia de cenáculo da rua du Doyenné, mas também na teoria do grotesco de V. Hugo, por sua vez apoiada em teses de F. Schlegel. No teatro pré--romântico e romântico alemão, de Lenz e Tieck, nota-se, por outro lado, além da influência da Commedia dell'Arte, a do teatro de marionetes que tão profundamente influiu nas concepções do Teatro de Vanguarda atual. Uma peça satírica de Grabbe, pós--romântico contemporâneo de Buechner, foi traduzida por Jarry. À mesma linha grotesca pertence *Les Mamelles de Tirésias* (1918), de G. Apollinaire, *drame surréaliste* em que são antecipadas certas idéias de Antonin Artaud. O autor proclama, na tradição de Hugo, a mistura do trágico e cômico, do patético e burlesco; exige a abolição do palco ilusionista, pede uma espécie de teatro de arena e recorre a *gags* para obter efeitos grotescos. Ao se mencionar esta peça, ocorre o nome de Cocteau: Apollinaire, talvez não sem razão, receava que se considerasse a sua peça influenciada pelo *ballet* de Cocteau, a famosa *Parade* que foi apresentada em 1917, com a música de E. Satie e a cenografia e os figurinos de Picasso.

Quase desconhecido, porém, parece ser Yvan Goll (1891-1950), poeta franco-germânico, de tendências que oscilam entre o Expressionismo, Dadaísmo e Surrealismo. Goll é autor de poemas franceses e alemães e traduziu freqüentemente as suas próprias obras de uma para outra língua. Nascido em Sant-Dié, de pai alsaciano e mãe lorrena, escreveu o belo ciclo lírico *Jean sans Terre* ou *Johann Ohneland* — cujo herói é o homem sem pátria; segundo W. H. Auden, que prefaciou a edição inglesa, *Landless John* é o símbolo do homem moderno.

Não importa saber se os atuais dramaturgos vanguardeiros chegaram a conhecer a peça *Methusalem* de Goll. Tanto pelo espírito geral como por numerosos pormenores esta obra, composta de dez quadros, antecipa de um modo surpreendente características essenciais do atual Teatro de Vanguarda. Escrita no início da década de 1920, a peça foi apresentada pela primeira vez em 1922, na cidade de Koenigsberg, e cinco anos depois em Paris, numa encenação que contou com a colaboração de Artaud. Robert Kemp, referindo-se a esta peça e a outra, do mesmo Goll, salienta tratar-se de obras que "trente ans d'avance, annonçaient Beckett et Ionesco".

Não se trata, no caso de *Methusalem,* de uma inspiração casual ou de uma criação gratuita, mas de

118

uma obra elaborada segundo uma concepção que desde logo visa ao teatro absurdo. No prefácio — que sem dúvida pressupõe o conhecimento de *Les Mamelles de Tirésias* — Goll declara que o autor satírico moderno tem de procurar novos recursos de choque e excitação. Estes recursos, ele os encontra

> no surrealismo e no texto alógico... A realidade da aparência é desmascarada em favor da verdade do ser. "Máscaras": rudes, grotescas, como os sentimentos de que são a expressão. Já não "heróis", mas seres humanos, já não caracteres e sim os instintos desnudos. Totalmente desnudos.

É possível que tais formulações sejam em parte inspiradas pelo teatro de Wedekind e pelo "Teatro del grottesco" italiano, particularmente por Luigi Chiarelli e Pirandello. Em seguida, Goll toca num dos temas que iria tornar-se básico no teatro absurdo:

> A alogicidade é o humor mais espiritual, portanto a melhor arma contra os clichês que dominam a vida inteira. O homem, no seu dia-a-dia, fala quase sempre para pôr em movimento a sua língua e não o espírito... O drama alógico deve tornar ridículas todas as frases cotidianas, alvejando a lógica matemática e a própria dialética no mais profundo da sua falsidade. A alogicidade servirá ao mesmo tempo para mostrar o chamalotear decuplicado de um cérebro humano que pensa uma coisa e fala outra, passando aos saltos de uma idéia a outra, sem o mínimo nexo aparentemente lógico.

Um adepto da "patafísica" como Ionesco sem dúvida concordará com tais formulações, cujo teor antecipa as teses antipsicológicas e antiaristotélicas da personagem Nicolas de *Victimes du Devoir*. Sem dúvida concordaria também com a opinião de Goll de que o dramaturgo deve "apresentar algumas cambalhotas", a fim de fazer voltar o público à infância e acentuar o elemento lúdico deste teatro de bonecos que visa, entre outras coisas, a romper com os conformismos e automatismos que mascaram o vazio.

Methusalem é o *arquibourgeois* que, no início da peça — numa cena semelhante à primeira de *A Cantora Careca* — se encontra sentado ao lado de Amalie, sua esposa arquidona-de-casa-burguesa, numa grande poltrona de veludo, coberto de jornais "de tamanho sobrenatural". Na gravata tem uma jóia em forma de sapato, ampla como um relógio de bolso (Methusalem é fabricante de calçados), etc. Ao levantar-se o pano, M. desperta debaixo de seus jornais, iniciando-se um diálogo cujo começo reproduzimos de forma ligeiramente condensada:

M.: — Nada de novo. O mundo torna-se velho.
Amalie: — Nenhum assassiniozinho no jornal?
M.: — Sete marcos e cinqüenta.
A.: — O macarrão?
M.: — Gordura vegetal.
A.: — Ah! Se houvesse guarda-chuvas de celulóide!
M.: — Teremos picadinho ensopado?
A.: — Triste primavera: as cenouras são tão caras.
M.: — Que horas?
A.: — Faltam quinze.
M.: — Sempre tens de mentir. Mulher malvada, faltam trinta!
A.: — Não há mais salsa na natureza.
M.: — A nossa nova empregada é loira?
A.: — É isso que imaginas, porco que és.
M.: boceja) — To be or not to be.
A.: — Deixe de falar besteiras.

É, evidentemente, impossível narrar o entrecho de uma peça que timbra em ser alógica e em romper a estrutura linear do encadeamento causal do teatro aristotélico. Deve ser destacado o forte teor onírico, tão característico também do Teatro de Vanguarda atual. O universo interior de Methusalem manifesto nos sonhos, projeta-se no palco em termos cênicos ou cinematográficos. Através de três pequenos filmes é sugerido que à intensa vida sexual de Methusalem, bem como ao seu nacionalismo e a seus esforços de novo-rico de adquirir cultura, se associa a ambição incontida de expandir a venda de seus calçados. Num dos filmes, p. ex., Methusalem imagina-se transformado em general, assistindo ao desfile das tropas. Ao fim, dirige-se aos soldados:

— Todo o exército tem calos. Introduziremos os calçados Methusalem, marca "Toreador". A graxa "Nacional" elevará o brilho da pátria. O nosso futuro marcha sobre solas de borracha. Hurra! Hurra! Hurra!

Outro sonho apresenta cenicamente uma reunião dos animais que, vivos ou empalhados, enfeitam a residência de Methusalem. No seu comício preparam, em versos extremamente hilariantes, a "revolução animal" contra o homem, a "vergonha da Terra, ser desprezível que, ao contrário dos animais, precisa ler Nietzsche para tornar-se dionisíaco". Este pesadelo é uma evidente antecipação angustiada das manifestações rebeldes que, numa das próximas cenas, reúnem os operários de sua fábrica de calçados. Desgraçadamente a própria filha de Methusalem, a lírica Ida, apaixona-se pelo estudante bolchevista que lidera a revolta dos operários. Ida, bela invenção poética, exprime-se em versos de metafórica surrealista, cuja luminosidade e leveza lembram os êxtases de Amédée II ("le soleil inonde la chambre"), na peça *Amédée ou comment s'en débrasser* (estados semelhantes aos de Choubert em *Victime du Devoir*), ao passo que as respostas pedestres de sua tia e dos pais lembram as das várias Madaleines de Ionesco. Ida fala, p. ex., dos passarinhos que, num verdadeiro ensaio de coexistência, "cantam verdes guirlandas do oeste ao leste" e do "céu que soltou cores nos olhos" do amado estudante, ao que a tia pergunta se ela já preparou a maionese para o bacalhau. Um achado feliz é Felix, filho de Methusalem. Este "Bonaparte do Boxcalf" tem, em lugar da boca, um microfone, o nariz é substituído por um receptor de telefone, os olhos por moedas de cinco marcos, a testa e o chapéu por uma máquina de escrever coroada de antenas que emitem centelhas quando Felix fala. Raramente diz uma frase que não esteja acompanhada de um constante "Allo! Allo!"

Quanto ao estudante bolchevista, fragmenta-se, numa grotesca cena de amor, em três parcelas (seu Eu, Tu e Ele, representados por três atores), das quais uma é amorosa, outra procura aproveitar o namoro com a filha do milionário para fins de prestígio ("os colegas do clube esportivo ficarão danados de inveja") e a terceira visa, antes de tudo, ao rendimento carnal da situação ("ali por trás do tapume a coisa talvez dê certo").

O recurso da fragmentação, sem ser propriamente novo, é muito usado no Teatro de Vanguarda (pense-se, p. ex., em Amédée I e II, nos vários Bartolomeus e, de outro modo, em *Krapp's last Tape*). Aliás, a maioria das personagens não conserva na peça a identidade do caráter, nem mesmo Ida. Quanto ao estudante e a Methusalem, não apresentam no fundo diferenças essenciais. No decurso da peça ambos são assassinados o que não impede que logo em seguida apareçam de novo, como se nada tivesse acontecido — bem à maneira dos desenhos cinematográficos. Na peça, todavia, o significado é a imortalidade dos tipos (o burguês e o revolucionário), ao passo que no desenho não há morte, nem mesmo individual. Típico do antidrama é também a estrutura circular de *Methusalem* ("a virtude do círculo vicioso", diria Ionesco): ao cair o pano nada se modificou, excetuando-se o fato do casamento dos dois namorados. Ao fim, Ida pergunta ao marido:

> — Quando terminará a revolução?
> Estudante: — Quando os outros já não tiverem palacetes.
> Ida: — E quando nós tivermos palacete?
> Estudante: — Começará a nova.

A última palavra, porém, é do eterno Methusalem que acaba de lançar o novo salto de borracha marca "Einstein" e se prepara para devorar o seu querido picadinho ensopado. Como na *Cantora Careca* poderia agora reiniciar-se o mesmo diálogo com que a peça começou.

É particularmente drástica, na peça, a caricatura da linguagem feita de platitudes, lugares-comuns e clichês acondicionando as *idées reçues,* assim como a incapacidade deste veículo lingüístico de transpor o espaço entre as pessoas. A convenção fundamental do drama, o diálogo inter-humano, é destruída pela base. O monólogo paralelo domina e quando uma personagem fala a outra adormece. O próprio discurso se desfaz numa proliferação automática de palavras que, como na preciosa narração de bombeiro de *A Cantora Careca,* já tendem a produzir labirintos de parentescos, embora ainda bem menos monstruosos do que os de Ionesco. Dirigindo-se a visitantes, Amalie diz:

> — Ah, meus bons amigos. Bom dia. A gente tem tanta coisa pra fazer. Perdão. As empregadas — que problema difícil. Vocês é que são felizes. Na última semana a minha Sieglinde, pegando nosso vaso noturno de autêntica porcelana

de Meissen, peça legada por nosso saudoso tio Hugo, que foi suboficial na quarta companhia de infantaria do regimento de artilharia, e vejam bem, ele só fumava tabaco escuro! Ele me deu ainda sua foto antes de embarcar para. Pois vocês devem saber que na nossa família ninguém nunca teve reumatismo, temos sangue sadio. Este tio Hugo, cujo irmão na noite do ano bom de 1900 encontrou no meio da rua um funcionário da alfândega, morreu certo dia. E foi justamente no dia de lavar a roupa e começou a chover fortemente... aí ele disse...

Goll, sem dúvida, antecipou particularmente neste ponto, o do *small talk* da conversa fiada e do esvaziamento do diálogo, muito daquilo que iria tornar-se parte tão importante da dramaturgia de Beckett e Ionesco. Visto a partir de hoje, percebe-se o enorme significado do absolutamente insignificante na dramaturgia de Chekhov, p. ex. naquela violenta discussão entre Tchibutikin e Seljonij (*As Três Irmãs*) em que este afirma tenazmente que Tcheremcha é uma cebola, enquanto aquele retruca com teimosia que Tchechartma é assado de carneiro. Ambos falam, sem dúvida, de coisas inteiramente diversas, nenhum dos dois ouve de fato o que o outro está dizendo. Mas neste diálogo absurdo, que encobre um terrível vazio, já se prenuncia a morte igualmente absurda de Tusenbach, personagem que nem se manifestou sobre as peculiaridades nem de Tcheremcha, nem de Tchechartma.

10. ZUCKMAYER

1. *Realismo e Expressionismo*

Atualmente, depois do repentino surto, na década de 1960, de uma nova geração de dramaturgos alemães, de autores como Rolf Hochhuth, Peter Weiss, Heinar Kipphardt e outros, afigura-se superada a exclamação pessimista de um homem de teatro, pelos fins da década de 1950:

> Duzentos palcos e nenhum dramaturgo novo, trinta milhões de espectadores em busca de um autor!

Com efeito, durante quase três décadas não surgira nenhum dramaturgo jovem de talento incomum —

excetuando-se Wolfgang Borchert (1921-1947), que permaneceu uma grande promessa com a sombria peça *Lá Fora Diante da Porta*. Foi o refluxo depois de uma fase de grande criatividade dramática.

Esgotamentos nacionais, durante fases mais ou menos prolongadas, seguidas de décadas de grande fertilidade, fazem parte da história das artes e do mistério das gerações. Haja vista, nos últimos anos, o esplêndido renascimento da dramaturgia inglesa, após longa estagnação. Naturalmente, há circunstâncias que facilitam ou dificultam a eclosão dos talentos. As guerras e o período hitlerista precipitaram uma situação que, segundo o crítico austríaco Friedrich Heer, teria sido responsável pelo prolongado impasse dramatúrgico: deixou de existir uma sociedade austríaca. Ora,

> o drama baseia-se numa sociedade; pode encontrá-la e representá-la em meio da crise, do perigo ameaçador e mesmo do ocaso; mas não pode inventar uma sociedade de gente que tenha um alfabeto em comum, que fale uma língua idêntica, que se confesse dominada pelos mesmos sonhos, idéias, fins, vícios e paixões... Ela pode ser decadente e corrupta; mas enquanto existe, o drama é possível. Deixando de existir, o dramaturgo está perdido; suas tentativas de produzir no palco, de própria força, uma sociedade são fadadas ao fracasso... Com as costas para um vácuo que não sustenta papéis não pode surgir um drama

— apenas, acrescentar-se-ia, a antipeça grotesca de uma vanguarda *déracinée*.

Já para Fritz Martini, ao falar da longa estagnação da dramaturgia alemã e dos "intervalos" e "lacunas" que, manifestando-se periodicamente, exigem a "paciência da história", o problema não é precisamente o da falta de autores; é, antes, o do próprio drama e da sua crise formal. Como o muito citado Gottfried Benn verifica:

> Uma construção conforme pontos de vista psicológicos, com o fito de mostrar transformações de caracteres, choques de famílias e cosmovisões — aquilo que se denomina drama —, ou uma construção conforme pontos de vista aristotélicos, com espaço e tempo — tudo isso seria hoje extremamente primitivo.

Este problema de modo algum pode ser considerado ultrapassado. O dramaturgo atual, enquanto aspira a comunicar às platéias, em termos teatrais relevantes, a experiência das novas realidades, continua lutando com grandes dificuldades e não pode ater-se às fórmulas tradicionais. O mundo organizado e administrado de hoje, mundo anônimo e extremamente complexo, não pode ser interpretado adequadamente, ao nível da consciência atual, através do "herói" tradicional ou através de estilos clássicos, realistas ou naturalistas.

É sintomático que mesmo um autor visceralmente realista como Carl Zuckmayer (nasc. 1896), hoje mais ou menos aposentado, tenha voltado, numa de suas últimas peças, às suas malogradas origens expressionistas. Com efeito, Zuckmayer, até há pouco o maior e mais apresentado dramaturgo alemão vivo, alcançou o seu primeiro grande êxito depois de ter posto de lado as suas pesquisas expressionistas, entregando-se simplesmente à sua esplêndida veia teatral, no realismo crasso de *O Vinhedo Alegre* (1925). Peça sensual até o obsceno e orgiástico — Baco não pode faltar na região renana — seu humor popular e dialeto saboroso representam como que uma ducha de orvalho frio em plena fase de abstração expressionista, aliás de conformidade com o tema um tanto picante: o vinhateiro só dará a sua filha em casamento a quem antes provar a ela as suas capacidades viris. A peça rendeu ao autor escândalos e êxitos retumbantes e, além de tudo, o Prêmio Kleist, com a justificação do júri de que Zuckmayer, mercê da volta à realidade, conseguira superar a marcha em vazio do Expressionismo que então já esgotara as suas virtualidades criadoras.

A "volta à realidade" proporcionou-lhe em seguida uma sucessão de triunfos. Mencionaremos só alguns dos maiores. Em *Schinderhannes* (1927), nome de um bandoleiro da Renânia, que no início do século passado foi preso e decapitado pelas tropas napoleônicas, Zuckmayer acerta às mil maravilhas o tom popular e melodramático dos cantores das feiras. *O Capitão de Koepenick* (1931), sátira à burocracia e ao militarismo prussianos, apresenta o caso real do sapateiro Wilhelm Vogt, que, em 1906, travestido de capitão do exército, requisitou em plena rua alguns

127

soldados, seguiu com eles a Koepenick — pequena cidade perto de Berlim —, prendeu o prefeito e apoderou-se da caixa municipal. Mas além da estória de Vogt, a peça apresenta ainda a do milagroso uniforme, desde o seu nascimento numa alfaiataria de Potsdam. Seu dono original, um super-homem prussiano, é preso como se fosse um vagabundo ao sair sem ele e envolver-se numa briga, enquanto o vagabundo Vogt, ao vesti-lo, se transforma em super-homem que prende as próprias autoridades. Trata-se de uma sátira magnífica, mas de alguma forma o tiro sai pela culatra: no fundo, a peça resulta em glorificação do hábito que faz o monge, isto é, do mítico uniforme que faz e desfaz a vida dos pobres mortais. Coisa semelhante ocorre em *O General do Diabo* (1946), essencialmente uma condenação moral do general aviador (o modelo é o ás Udet) que, embora violento adversário do hitlerismo, conhecedor que é dos crimes abjectos cometidos em nome do regime, cumpre religiosamente os seus deveres militares, por mais que externe com extrema audácia seu desprezo pelo ditador. Mas o protagonista emancipou-se do autor e saiu-lhe uma personagem magnífica, palpitante de vida e simpatia, herói irresistível (encarnado na fita por Curd Juergens) — sem dúvida uma das grandes figuras do teatro alemão, neste meio século. O que a peça desta forma ganha em eficácia cênica, ela perde em persuasão político-psicológica, relativamente à condenação visada. Como no caso do uniforme divinizado, a peça resulta, mercê do nervo teatral de Zuckmayer, quase em glorificação da atitude dúbia do herói, impressão ainda reforçada pela maneira pálida com que é apresentada a figura de outro adversário do regime que, passando embora à ação contra o odiado nazismo, não permanecendo, portanto, no desprezo estéril de general, está longe de comparar-se a este na simpatia do público que se identifica evidentemente com o brilhante aviador. Entende-se o imenso êxito da peça: ela representou uma descarga psicológica para milhões de alemães em situação semelhante à do simpático protagonista.

Nestas e em outras peças realistas manifesta-se sem dúvida o melhor Zuckmayer, criador de personagens que projetam em torno de si mundos densos e palpitantes, com cheiro de estábulo, feno e vacas leiteiras, dono de uma verve popular que se comunica aos diálogos saborosos, por vezes rudes até ao mau gosto, mas sempre banhados pelos humores mais profundos da língua alemã.

Repetindo o que já foi dito acima: é sintomático para a situação da dramaturgia atual que este autor visceralmente realista tenha retornado às suas origens expressionistas e pesquisas formais, evidentemente insatisfeito com os êxitos das obras de tipo tradicional. Na edição impressa de *O Canto na Fornalha Ardente* (1950), Zuckmayer indica que a peça lhe foi sugerida por duas "notícias breves" que saíram em 1948 num jornal de Basiléia. A primeira relata que Luís C., jovem francês, fora condenado à morte em Lyon por ter traído um grupo da "Résistance" que, na véspera do Natal de 1943 se reuniu num castelo situado perto da fronteira suíça. Todos pereceram no fogo posto pela polícia militar alemã. A segunda notícia informa que 44 baleias deram às praias da Flórida, perecendo.

As duas notícias não têm relação nenhuma. No entanto, a primeira inspirou a Zuckmayer, evidentemente, o título e lhe evocou o contexto bíblico-babilônico do Livro de Daniel, com os três israelitas lançados por Nebuchadnezar na fornalha ardente. Já se vê que a segunda notícia se integra no contexto apocalíptico daquele livro bíblico. Uma das personagens da peça diz que uma vez em mil anos surgem grandes cardumes de peixes, deixando-se levar às praias a fim de perecerem.

É o tempo em que Lúcifer aparece e em que ninguém sabe discernir entre o bem e o mal. Mas é então que se aproximam os dias do retorno à terra natal...

Toda a peça é, de certa forma, uma paráfrase do Livro de Daniel e, ainda, da Natividade. Trata-se, pois, no sentido em que o termo é usado pelo compositor do romance *Fausto,* de Thomas Mann, de uma "paródia", de uma variação do canto original, à semelhança de *Ulysses,* de J. Joyce, e de *O Eleito,* do próprio Mann. É óbvio que seria extremamente difícil enquadrar a visão apocalíptica do tempo terminal da tri-

129

bulação — que dará nascimento a uma nova era — no tecido de uma peça realista. O realismo forçosamente haveria de amesquinhar semelhante visão. A temática exigiu, portanto, a superação das formas tradicionais — e qual seria a temática atual, realmente nossa, concebida com o radicalismo da honestidade, que não exigisse de alguma forma o abandono da psicologia corriqueira e do encadeamento "aristotélico"? Zuckmayer optou por uma espécie de prólogo que se desenvolve num espaço e tempo indeterminado e que reúne todas as personagens, tanto as que morrem no decurso da peça como as que sobrevivem. Duas das vítimas aparecem no prólogo como anjos, usando máscaras faciais. Acusam o traidor e evocam a mão misteriosa que escreve na parede o *Mene, Mene, Tekel.* Todas as outras personagens, francesas e alemãs, servem de acusadores, defensores e testemunhas. A esse tribunal intemporal, que se manifesta em versos livres, um tanto inspirados pela linguagem das Elegias de Duíno, é apresentada em prosa naturalista a reação temporal na aldeia francesa ocupada pelos alemães — o drama do traidor, o amor de um soldado alemão por uma moça francesa, o terrível holocausto dos *maquis,* aos quais se associa o soldado alemão apaixonado, todos eles cantando na Fornalha Ardente do castelo incendiado o *Te Deum Laudamos.* Este contexto realista é, por sua vez, interrompido pelas manifestações líricas dos poderes da natureza — o Vento, a Bruma, a Mãe Frio —, figuras míticas que mantêm o pano-de--fundo intemporal.

O próprio realismo da peça central é atenuado pela fusão da mítica Mãe Frio com a figura de uma velha bêbada da aldeia, *La Soularde,* fusão que ocorre também entre quatro soldados alemães e quatro elementos da *garde mobile* francesa, todos eles representados pelos mesmos atores que apenas trocam o boné, mas que de resto se identificam nos mínimos detalhes psicológicos e mesmo nos nomes e na origem regional correspondentes: Pierre vem de Paris como Peter de Berlim, o Martin da Bretagne confunde-se com o Martin do Mar do Norte, etc. Ao fim da peça, a Mãe Frio e La Soularde passam a ser simplesmente a Mãe, mítica personificação dos poderes telúricos. O traidor

130

é preso graças à sua intervenção; mas ela apanha o paletó caído do infeliz, acaricia e balança o trapo nos braços, como uma criança, e pronuncia as palavras finais da peça:

Meu filho, meu filho, meu filho.

A peça não teve êxito. Ainda assim, é difícil concordar com a opinião negativa geral. Apesar da mistura dos estilos e de certa ingenuidade engenhosa com que é proclamada a mensagem do amor e de uma nova aurora, após os "últimos tempos", não se pode negar a concepção audaz da peça e a poderosa presença cênica das personagens. Sem dúvida, Castonnier, dono do "Estaminet Au Bon Vin", com sua forte inclinação para assados de carneiro, vinhos tintos e coletes de lã verdes, é uma figura que supera de longe os anjos e o Pai Vento. Mas como ignorar as razões que levaram Zuckmayer a escolher esta forma complexa e heterogênea? Há neste fracasso uma autenticidade que talvez supere a do autor realista que apenas segue o comando da sua vocação autêntica.

11. BRECHT

1. *Razões do Teatro Épico*

Falar de Brecht e do Teatro Épico afigura-se hoje como uma e a mesma coisa, como se esse teatro fosse uma invenção do autor de *Mãe Coragem*. O próprio Brecht nunca reivindicou tal privilégio, confessando-se influenciado, na sua concepção épica, pelo teatro chinês, medieval e shakespeariano. O fato é que mesmo nas peças mais rigorosas do classicismo francês há elementos narrativos, para não falar do teatro grego que, com seus coros, prólogos e epílogos, está longe de corresponder à pureza fictícia do "gênero" dramático. Já em 1767, no intuito de emancipar o teatro alemão do classicismo francês com suas três unidades (de ação, lugar e tempo), tidas como aristotélicas, e na intenção de enaltecer a "irregularidade" de Shakespeare, Lessing se mofa da discussão sobre os prólogos épicos de Eurípides.

> Que me interessa se uma peça de Eurípides não chega a ser nem inteiramente narração, nem inteiramente drama?... Pelo fato de a mula não ser nem cavalo, nem asno — será que por isso ela deixa de ser um dos animais de carga mais úteis?

Ninguém duvida que as formas dramática e épica se distinguem estruturalmente, embora não se deva, desrespeitando as condições históricas, impô-las como esquemas normativos. Naquela, *dramatis personae* "imitam", por gestos e palavras, acontecimentos como se estivessem acontecendo atualmente; nesta, um narrador conta acontecimentos como acontecidos. Ninguém duvida, tampouco, que desta distinção fundamental decorrem algumas diferenças gerais. Mas haverá, além disso, caracteres especiais? A discussão sobre tais caracteres não se interrompe desde Aristóteles. Este lembra ao dramaturgo de que não deverá tornar a tragédia "épica".

> Entendo por épico um conteúdo de vasto assunto, como se alguém quisesse dramatizar por exemplo todo o assunto da Ilíada.

Como especificamente épico destacam-se sempre a variedade e amplitude do mundo narrado (o que, evidentemente, não se adapta à novela, forma épica de cunho "dramático"), a relativa autonomia das partes, a grande mobilidade dos eventos em espaço e tempo (o adjetivo "dramático" não é aqui usado no sentido de uma tipologia estilística, na acepção de "cheio de tensão", ou no de uma atitude antropológica fundamental, ao lado da épica e lírica; designa apenas propriedades de obras literárias escritas para o palco). Na sua correspondência, Goethe e Schiller tratam freqüentemente do problema dos gêneros. Tendo superado a sua fase juvenil, de pré-romantismo shakespeariano, voltam-se para a Antigüidade clássica e discutem a pureza dos seus trabalhos dramáticos em elaboração. Goethe, por exemplo, quase desespera em dar ao tema "incomensurável" do Fausto uma forma aceitável e chama a obra em progresso de "composição bárbara" porque o "vasto assunto" exige tratamento épico e mistura de gêneros. Schiller, preocupado com o enorme vulto da trilogia *Wallenstein*, tem as mesmas dores, mas aconselha Goethe que, desrespeitando os gêneros, faça uso do seu *Faustrecht* (*Faust,* em alemão, além do nome do herói, significa "punho" e *Faustrecht,* além de "direito faustiano", significa "direito do punho").

Na discussão verificam "que a autonomia das partes constitui um caráter principal do poema épico"; este

> descreve-nos apenas a existência e o atuar tranqüilos das coisas segundo as suas naturezas, seu fim repousa, desde já, em cada ponto do seu movimento; por isso, não corremos impacientes para um alvo, mas demoramo-nos com amor a cada passo... (Schiller).

Goethe, por sua vez, destaca que o poema épico "retrocede e avança", sendo épicos "todos os motivos retardantes", ao passo que do drama se exige um "avançar ininterrupto". E Schiller: o dramaturgo vive sob a categoria da causalidade, o autor épico sob a da substancialidade; no drama, cada momento deve ser causa do seguinte; na obra épica, cada momento tem seus direitos próprios.

> A ação dramática move-se diante de mim, mas sou eu que me movimento em torno da ação épica que parece estar em repouso.

A razão é evidente: naquela, tudo se move em plena atualidade; nesta, tudo já aconteceu, é o narrador que se move, escolhendo os momentos a serem narrados.

No fundo, a maioria dessas determinações decorrem da diferença estrutural acima mencionada. O dramaturgo parece estar ausente da obra por se confundir com todas as personagens; por isso, no drama se exige o desenvolvimento autônomo dos acontecimentos, sem intervenção do autor que confiou o desenrolar

135

da ação a personagens colocadas em determinada situação. Daí a necessidade de rigoroso encadeamento causal: o mecanismo dramático move-se sozinho, sem a presença do autor. Já na obra épica, o narrador, dono da estória, tem o direito de intervir, expandindo a narrativa em espaço e tempo, voltando a épocas anteriores ou antecipando-se aos acontecimentos, visto conhecer o futuro e o fim da estória, ao passo que no drama o futuro é desconhecido por brotar do evolver atual da ação que, em cada apresentação, se origina pela primeira vez. Poder-se-ia falar de um deísmo dramático e de um teísmo épico: naquele, um relojoeiro deu corda ao mecanismo e se retira para que ele funcione por si mesmo; neste, o criador manifesta-se pela sua intervenção constante. Coro, prólogo, epílogo (e seus derivados) são elementos épicos por se manifestar, através deles, o autor transformado em "eu épico". Dispersão em espaço e tempo — sem rigorosa continuidade, causalidade e unidade — pressupõem igualmente o "narrador" que monta e seleciona as cenas a serem apresentadas.

Tal separação de gêneros naturalmente é teórica. Frente à arte poética como um todo, os gêneros dramático e épico se transformam em espécies que, como tais, encontram sua unidade superior nas exigências mais altas da arte poética como conceito que abrange os gêneros dramático, épico (e lírico).

A tentativa mais radical de despojar a tragédia do elemento épico foi certamente a do classicismo francês. Nisso residem a sua grandeza e suas limitações. A imposição das famosas três unidades — quaisquer que tenham sido as razões exteriores e interiores — implicava uma redução drástica do elemento épico, a qual, por sua vez, importava numa estilização extrema, somente possível dentro do círculo fechado de uma minoria seleta: a de *la Court* e de *la Ville* — a corte do rei, a alta burguesia e *noblesse de robe* de Paris; elite de que se recrutaram os autores e o público e que ao mesmo tempo serviu, segundo a exigência de Boileau, de modelo literário. Mesmo na comédia é preciso que os atores *badinent noblement*. Quanto ao *peuple,* não serve para a tragédia; criados, camponeses e, também, médicos, tabeliões, comerciantes são

136

personnages ridicules por terem o mau hábito de trabalhar e por não possuírem, como especialistas, a cultura estética exigida. Um *honnête homme* não se dedica a uma profissão produtiva.

A situação dessa minoria decorativa — uma nobreza sem função real, concentrada na corte para não se entregar a tendências prejudiciais ao absolutismo — reflete-se na tragédia "fechada" de Corneille e Racine. No centro os reis e rainhas, soberanos tão substanciais que se chamam a si mesmos de *triste princesse* ou *reine infortunée*. Mesmo quando desmaiam, encontram ainda forças para dizer: "Mes filles, soutenez votre reine éperdue. . ." Todos eles colocados numa atmosfera rarefeita, num vácuo experimental, a fim de que suas paixões se possam desenvolver livremente, sem as fricções provocadas pelo ar impuro do cotidiano. Em torno, algumas poucas figuras de subordinados e "confidentes" (substituindo o coro grego), aos quais cabem as considerações mais práticas e, como tais, mais vis. Nesta atmosfèra sublime não existem personagens doentes, feias, fracas e mesmo Édipo tem de submeter-se à *délicatesse de nos dames,* de modo que é preciso *rémédier à ces désordres* representados pelo *spectacle de ces. . . yeux crevés. . .* (Corneille).

Na sua pureza e unidade severas, a cena clássica se decanta dos entrelaçamentos econômicos, sociais, históricos e políticos do "mundo aberto", a fim de que se manifestem, através de uma redução química quase de laboratório, os momentos psicológicos e morais em estado absoluto, num espaço e tempo igualmente absolutos, imóveis, míticos. Tudo que é sociedade em sentido mais amplo, tudo que é paisagem, colorido local, realidade empírica, todo o mundo-ambiente, todo o peso das "coisas sórdidas" é eliminado; o resto inevitável quase se volatiliza nos diálogos estilizados de algumas personagens exemplares, transparecendo de quando em vez num simples *on*. Se Tito (Bérénice) quer saber da reação do povo e do "mundo", em face do seu amor proibido por uma rainha estrangeira, ele diz:

Que dit *on* des soupirs que je puisse pour elle?

É esse *on,* por assim dizer, que encobre todo o mundo épico, todas as forças anônimas do *man* heideggeriano, em favor do diálogo "existencial" de algumas personagens "autênticas". Toda cena visando ao *gran teatro del mundo,* quer seja a ecumênica de Calderón ou de Claudel, a planetária de Wilder, quer ainda a histórica de Shakespeare, forçosamente tem de recorrer ao elemento épico. E isso vale, da mesma forma, ao teatro social — naturalista ou marxista, na medida em que são precisamente as forças anônimas, o *on,* que se impõem esmagadoramente neste teatro. Se a cena de Racine reduz o mundo empírico ao Eu de algumas personagens privilegiadas, a cena naturalista dissolve o Eu das personagens no mundo empírico. Esse naturalmente não é o caso de Brecht que, como marxista, tem uma visão muito mais dialética da relação indivíduo-mundo. Mas a razão profunda do seu teatro épico reside numa concepção que atribui uma importância extraordinária ao mundo das coisas "alienadas" que não pode ser reduzido a normas dramáticas rigorosas. O seu famoso "efeito-V" — "efeito de alienação" — tem precisamente o sentido de ressaltar como alienado e surpreendente aquilo que, embora alienado e desumanizado, se tornou familiar e "invisível" pelo hábito e, por isso, vedado à intervenção revolucionária.

Toda essa problemática, aliás, já foi prevista por Schiller que, em carta a Goethe, declarou sucintamente que "o assunto moderno impõe, cada vez mais, uma aproximação dos gêneros", isto é, a "epização" do drama.

2. *Inícios do Teatro Épico*

As duas razões principais, aparentemente contrárias, deve-se a expansão do elemento épico no teatro do nosso século, ao ponto de alguns considerarem "antiquado" o drama aristotélico, cujo rigor formal ainda se manifestou, durante todo o século passado, na chamada "peça bem feita".

Uma das razões é um excessivo subjetivismo e individualismo. A exaltação unilateral do protagonista, a quem já não se opõem antagonistas reais rompe a relação inter-humana e com isso o diálogo, base do gênero dramático na sua pureza clássica. O drama torna-se monológico, apesar do diálogo aparente. É verdade, tanto o monólogo como o aparte são recursos também usados na peça rigorosa. Contudo, ainda não ameçam a *situação* dialógica como tal porque antigamente — como acentua Georg Lukacs — neles nada se formulava que tornasse inexeqüível a comunicação. Precisamente a fácil comunicabilidade de certos fatos impunha o monólogo e aparte para manifestar tais fatos à revelia das outras personagens. Bem diversa é a situação, quando se usam esses recursos para exprimir experiências profundas que, por serem de natureza incomunicável, interrompem a situação dialógica. Em tais casos, que encontramos já em Hebbel, nos monodramas e visões oníricas de Strindberg, por vezes em Chekhov e particularmente numa obra como *Strange Interlude*, de Eugen O'Neill, o diálogo se transforma em mero acessório, por vezes em simples conversa convencional que isola as personagens, encobrindo em vez de comunicar, enquanto é através do "monólogo interior" que se manifesta a verdadeira realidade psíquica. O drama clássico pressupõe, antes de tudo, a "fraqueza" dialógica; se a revelação de "complexos" psíquicos incomunicáveis se torna o tema principal, impõe-se soluções que requerem a presença do autor- -narrador.

A forma em que a dramaturgia subjetiva freqüentemente se manifesta é o "drama de estações": o protagonista é levado através de uma série de cenas sem nexo causal e sem encadeamento rigoroso. A unidade, não sendo a da ação e muito menos a de espaço e tempo, é a da personagem central que reflete o autor- -narrador e a partir do qual, numa perspectiva tipicamente épico-lírica, se projetam os acontecimentos e as outras personagens. Esse tipo de teatro encontramos no *Fausto* de Goethe, em *Peer Gynt*, peça planejada por Ibsen como epopéia, em boa parte da obra dramática de Strindberg e Wedekind e, particularmente, nas peças expressionistas de Georg Kaiser, Hanns Johst, Ernst Toller e mesmo do jovem Brecht *(Baal* e *Tambores na Noite),* Reinhold

Sorge, cujo *Mendigo* (1910) marca o início do expressionismo dramático, destaca que ele, autor, se identifica com o mendigo. O *outcast* torna-se a personagem central do drama expressionista — figura que pela sua própria condição social está em situação monológica. O drama se dissolve em manifestações líricas do autor materializado no protagonista que percorre as "estações" da sua vida, à procura do próprio Eu ou de uma visão utópica. Tudo se reduz a ilustrar, através de dezenas de quadros cênicos, as visões do herói, fato que introduz um forte elemento de revista no teatro expressionista. É característico que o solipsismo, longe de configurar o indivíduo na sua plenitude concreta, leva precisamente ao seu esvaziamento e abstração. Pois a pessoa somente se define na inter-relação humana. Esse idealismo subjetivo acaba transformando todo o mundo em projeção deformada e construção utópica de um "indivíduo transcendental", isto é, de uma subjetividade abstrata e despersonalizada. Contudo, essa abstração e deformação é ponto programático do expressionismo. "Tudo é real, somente o mundo não o é. . ." (Albert Ehrenstein). "O que não é Eu, não é. . ." (Reinhard Goering).

A outra razão principal do teatro épico é precisamente contrária (embora de conseqüências idênticas): em vez do predomínio da subjetividade do protagonista, prevalecem o mundo impessoal, o "ambiente", a hereditariedade, as forças anônimas. Ambos os extremos desautorizam o diálogo, o primeiro porque no fundo tudo se reduz a um solilóquio, o segundo porque a personagem central — o ambiente — é uma entidade impessoal. Mesmo se conseguisse traduzir a pressão das coisas em diálogo humano, o autor pecaria contra o próprio sentido da sua concepção, segundo a qual os fatores infra-humanos — há muito transformados em poderes meta-humanos — ultrapassam e desqualificam a pessoa. Em ambos os casos, o recurso é a introdução de elementos épicos: a progressão da obra, que deixou de depender do entrechoque entre protagonistas e antagonistas (expresso no diálogo), é assegurada pela intervenção do narrador.

A dissolução da forma dramática tradicional no teatro expressionista é demasiadamente evidente para que fosse necessário exemplificá-la. Bastará, para isso, o exemplo de duas peças naturalistas do jovem Gerhart Hauptmann. A sua obra de estréia (1889) chama-se *Antes do Nascer do Sol*, tendo o subtítulo característico de "Drama Social". A peça apresenta uma família de camponeses da Silésia, corrompida pelo alcoolismo e pelo ócio a que se entrega depois da descoberta de carvão na sua propriedade. O vício transforma as personagens em seres passivos e inarticulados. A única pessoa pura, a filha mais jovem, vive isolada e, por assim dizer, emudecida. Trata-se de uma "situação" em que não há propriamente relações humanas e que não oferece nenhuma possibilidade de uma progressão dramática autônoma. Toda ação dramática, desenvolvida a partir desta situação, forçosamente a falsificaria, dando movimento e devir atual a um "estado de coisas" que, na própria intenção do dramaturgo, deve ser estagnação, modorra, uniformidade compacta. O recurso — hoje muito difundido — que Hauptmann usa para "dar corda" a este mundo coagulado é tipicamente épico: um pesquisador social visita a família cuja situação, tornada objeto de investigação, é revelada ao espectador a partir da perspectiva do estranho. Essa perspectiva narrativa é, no fundo, a do autor que se identifica com o sociólogo. Declara-se exatamente a atitude épica definida por Schiller:

> A ação dramática move-se diante de mim, mas sou eu (no caso o sociólogo e com ele o público) que me movimento em torno da ação épica que parece estar em repouso.

Um "clássico" do teatro épico é *Os Tecelões* (1892), peça que, depois de *Woyzeck,* de Buechner, é certamente o maior drama social da literatura alemã. A obra literalmente "descreve" a revolta dos tecelões da Silésia (1844) ou, mais propriamente, a situação econômico-social que provocou a revolta. Uma série de "quadros", sem encadeamento causal e sem progressão inerente, é "escolhida" pelo autor (já que a própria dialética das cenas não assegura o desenvolvimento) para "ilustrar" as condições de desamparo, sofrimento e impotência em que se debatem os tecelões. É precisamente o caráter largo, épico, disperso do desenho que consegue concretizar a atmosfera opressiva

141

e pesada, essencial ao propósito deste drama. Também nesta peça são introduzidas personagens estranhas ao ambiente para que se justifique a descrição dele. Desta forma, o texto se dissolve, no fundo, numa série de comentários, monólogos e perguntas sem resposta. Em cada cena surgem novas figuras, de modo a não haver uma continuidade progressiva, à base de um núcleo de personagens que impulsionem a ação, mas o esboço episódico de um estado simultâneo e de personagens que vivem "lado a lado", mas não em comunicação. A descarga emocional do coletivo parcelado não se manifesta através do diálogo, mas do coro que, no Canto dos Tecelões, dá vazão às tensões acumuladas.

Aplica-se a esta forma o que Alfred Doeblin disse da obra épica: ao contrário do drama, ela poderia ser "cortada pela tesoura em vários pedaços que, ainda assim, se mantêm vivos como tais". Até agora — diria Brecht — o mundo-ambiente não surgiu como elemento autônomo. Ele se tornou visível graças à reação do herói em face do mundo.

> O ambiente foi visto como se pode ver a tempestade quando numa superfície de água os navios içam as velas, notando-se então como ela se inclina.
>
> Hoje, porém, prossegue Brecht, a fim de se *compreender* os acontecimentos (apenas de ficar hipnotizado por eles), é preciso acentuar, de uma forma ampla e significativa este mundo-ambiente (a tempestade que inclina as velas). Isso somente é possível quando o "palco começa a narrar".

É desnecessário dizer que a peça de Hauptmann não tem propriamente um fim, exigência fundamental no drama clássico; nem poderia tê-lo porque sua pretensão não é apresentar um microcosmo cênico autônomo que, como tal, tem princípio e fim no palco. Sua pretensão é apresentar uma "fatia" da realidade; não uma pequena totalidade em si, mas uma parcela "real" de uma realidade parcelada. Não é a peça como tal que se finda (pois a realidade continua), mas é o narrador que dá por encerrada a peça num momento arbitrariamente escolhido (sem que se sabia do resultado da revolta), quando uma personagem "inocente", introduzida no último (5.º) ato, morre atingida por uma saraivada de balas.

142

Vários outros momentos acentuam o caráter do teatro naturalista. Em *Os Tecelões,* em particular, a atitude de compaixão do autor, atitude que implica certa distância épica do autor em face das personagens que, em vez de atuarem por si, são "mostradas" a partir da perspectiva da piedade. Essa atitude "demonstrativa", aliás, é bem típica para o autor burguês que escreve para um público burguês sobre o proletariado. É preciso mostrar, explicar, comentar e descrever o ambiente em que vive esta classe "desconhecida". Na peça clássica e mesmo na tragédia burguesa posterior não há essa "distância". Autor, personagens e público se confundem numa unidade de escol, refletindo-se mutuamente. O mesmo caráter demonstrativo se manifesta também no uso do dialeto e da gíria.

Ouçam bem, parece dizer o autor, estudei a fala desta gente[1].

A discussão do problema, longe de visar a intuitos normativos e juízos de valor, tem o único fito de esclarecer as razões que levaram finalmente, no caso por exemplo de Piscator e Brecht, ao uso consciente de formas épicas, depois de uma fase em que os autores se serviam delas inconscientemente ou com a consciência atribulada. Ainda Hauptmann julgou necessário defender-se contra a crítica de ter "dissolvido" o drama devido à forte componente épica:

Muitas vezes censuraram a forma épica aparente dos meus dramas. Injustamente. *Os Tecelões,* por exemplo, tem sem dúvida uma curva dramática. Do 1º ao 4º atos há uma elevação cada vez maior da ação; no 5º ato segue-se a queda.

Observa-se que Hauptmann usa o termo "dramático" no sentido de "curva dinâmica" ou "ação tensa". Ninguém nega ao teatro épico a possibilidade de ser, neste sentido, dramático. Como jogos de futebol, há também romances "dramáticos" que, nem por isso, deixam de ser romances.

3. O Teatro de Piscator

Entre os homens que tiveram influência decisiva no desenvolvimento do "teatro épico", deve-se destacar

1. PETER SZONDI, em *Theorie des Modernen Dramas,* Frankfort, 1956, estuda este e outros aspectos do teatro épico.

143

o diretor alemão Erwin Piscator (1893-1966). Desde cedo se ligou à esquerda radical e é neste contexto que se deve ver seu teatro revolucionário durante a década de 1920, fase que aqui unicamente interessa. Com a vitória do nazismo, Piscator emigrou para os Estados Unidos, onde descobriu Marlon Brando, teve por discípulos Tennessee Willians e Arthur Miller, Judith Malina e Julian Beck, os famosos dirigentes do "Living Theatre", e encenou peças de Brecht, Sartre, Klabund e outros. De volta à Alemanha, recomeçou seu trabalho, tendo alcançado ultimamente grandes êxitos, com a encenação de peças de Strindberg, Hochhuth e Weiss.

Piscator iniciou sua atividade em Berlim com o *Teatro Proletário* (1919) que, inspirado pelo movimento russo *Proletkult* e por teóricos como Bogdanov e Kershenzev, visava à "acentuação e propagação consciente da luta de classes". As encenações, em vez de arte, deveriam ser apelos, "semelhantes ao estilo de um manifesto de Lenin". Todos os apetrechos se encontravam num carrinho-de-mão com o qual Piscator, um Tespis moderno, percorria os bairros proletários de Berlim.

Esse teatro não durou muito, devido a dificuldades econômicas e à oposição do próprio Partido Comunista que, através do seu órgão central, afirmou que "a arte é uma coisa muito sagrada para servir a fins de propaganda". Tanto Piscator como mais tarde Brecht viviam em freqüente atrito com o partido, devido à linha estética sinuosa deste, cuja insegurança já então se manifestou no antagonismo entre Kershenzev e Lunatcharski. Hoje, a obra cênica de Piscator é considerada oficialmente como a de "um pequeno burguês radical", vítima de uma "concepção grosseira do materialismo dialético".

Em seguida, Piscator passou a trabalhar nos grandes teatros de Berlim, elaborando de modo original certas sugestões de Meyerhold. Nas encenações que o tornaram famoso, orientou-se pela idéia do teatro épico que encontrou nele, talvez, o primeiro representante consciente. Aplicou ao palco — e influenciou por sua vez — as concepções do *Neue Sachlichkeit* ou "Novo Realismo", este termo entendido no sentido literal, como acentuação das "coisas" e mais de perto, das forças impessoais. Opondo-se, com esta escola, ao subjetivismo expressionista, esforçava-se por demonstrar a supremacia dos processos econômicos e da técnica sobre a pessoa humana.

> O fato heróico da dramaturgia moderna já não é o indivíduo com seu destino pessoal... O homem no palco tem para nós o significado de uma função social...

O domínio temático dos fatores objetivos não permitiria a sua redução ao diálogo inter-humano, exigindo a introdução do elemento épico, isto é, do narrador representado principalmente pelo comentário cinematográfico que se encarregava de "documentar" o pano de fundo social que determina os acontecimentos. Já não se tratava, portanto, de realçar

> a curva interna da ação dramática, mas o decurso épico... da época, desde as suas raízes até às suas últimas conseqüências. O drama importa-nos na medida em que pode apoiar-se no documento.

A idéia do drama documentário impunha, por sua vez, uma "ligação entre a ação cênica e as grandes forças atuantes da história" — concepção que contradiz os princípios do drama rigoroso. Este constitui seu próprio universo autônomo, em si fechado, universo que pode simbolizar o mundo empírico, mas que nunca pode fazer parte dele, como se o palco fosse sua prolongação.

O "decurso épico da época" só poderia ser levado ao palco, segundo Piscator, em forma de reportagem ou "revista", numa apresentação simultânea e sucessiva de um sem-número de quadros. Antecipando-se aos processos cinematográficos de Dos Passos e Doeblin (que logo iriam reforçar-lhe a tendência), encenou em 1924 a peça *Bandeiras* (Alfons Paquet), que já trazia o subtítulo "drama épico", encenação que Piscator julgou ser "a primeira tentativa conseqüente" de interromper o esquema dramático, substituindo-o pelo processar-se épico dos acontecimentos". Trata-se de uma seqüência solta de cenas, quase se diria planos e tomadas, em torno do julgamento, em Chicago (1886), de seis chefes anarquistas que foram condenados à forca. A seqüência cênica estava cercada de um amplo aparelho de comentários épicos: um prólogo caracterizando as várias personagens e a projeção das suas fotos; após cada cena — interrompendo propositadamente a "ilusão" — apareciam sobre dois planos laterais textos condensando a lição da cena. Concomitantemente. Piscator começou a aplicar sua teoria de que o ator não deveria identificar-se inteiramente com seu papel (idéia já antecipada por Meyerhold e elaborada por Brecht).

Já antes Piscator encenara uma revista política, seqüência desordenada de cenas unidas pelas discussões de uma dupla — o proletário e o *bourgeois;* discussões que se iniciavam na platéia, com o fito de derrubar as barreiras entre palco e público. Todos os recursos da "agitação" foram empregados: música, *chansons,* acrobacia, projeções, um caricaturista-relâmpago, alocuções, etc.

Em 1925. seguiu-se um monstruoso "drama documentário", em homenagem aos líderes comunistas Karl Liebknecht e Rosa Luxemburgo, assassinados em 1919. Tratava-se de uma gigantesca montagem de discursos, proclamações, recortes de jornais projetados, filmes documentários, tudo isso acompanhado do *hot jazz* a cargo de E. Meisl. O cenário era uma estrutura irregular em forma de terraços, montada no disco giratório do *Grosses Schauspielhaus* (construção anfiteatral para 5000 espectadores). As massas de figurantes distribuíam-se por patamares, estrados, nichos, reproduzindo-se em certa cena toda uma sessão do parlamento, conforme os protocolos. O êxito foi tremendo. A imprensa acentuou que o teatro se transformara em "um único campo de batalha, uma única grande manifestação". Quando Liebknecht é preso e a massa o permite sem reagir, "o público uiva de dor e auto--acusação".

É importante salientar que Piscator usava as projeções não só como comentários e elementos didáticos, mas também como ampliação cênica e pano de fundo, logo geográfico, logo histórico, para relacionar o palco com a realidade contemporânea da peça: na encenação da peça *Bateau Ivre* (baseada em Rimbaud), o palco estava rodeado de três imensas áreas de projeção, nas quais desenhos de Georges Grosz ilustravam o ambiente social da França de 1870. O mesmo princípio de ampliação épica, desta vez com recursos apenas cênicos, foi aplicado a *Ralé* de Gorki (que se recusou a colaborar). O asilo dos desclassificados foi transformado em parte de um *slum* e o tumulto no quintal em rebelião de todo o bairro. Levantando ou baixando o teto do asilo — desvendando ou encobrindo assim o vasto plano citadino — Piscator obteve o efeito de interpenetração entre o asilo e o ambiente metropolitano.

Em 1925, eu já não podia pensar nos limites de um quarto apertado com dez pessoas infelizes, mas somente em termos do moderno *slum*... O que estava em foco era o conceito do *Lumpenproletariat*. Tive de ampliar a peça nos seus limites para dar forma a este conceito.

É nítida, neste processo, a intervenção do "eu épico", não do autor, mas do diretor que aponta para a cena, revelando que o asilo é apenas uma "fatia" de uma realidade social de amplitude imensa.

Também para ilustrar a passagem do tempo, Piscator recorreu ao filme. Numa peça de Ernst Toller, o protagonista, depois de oito anos de hospício, defronta-se com o mundo de 1927. Um filme de introdução mostrava o desenvolvimento histórico durante estes anos, baseado num manuscrito especial com 400 dados de todos os campos da vida. Se este filme apresentava o "conteúdo" do tempo passado, um filme abstrato (depois não apresentado) deveria simbolizar a passagem formal do tempo: uma área negra dissolvendo-se em figuras geométricas.

Típica para a tecnização cênica, usada conscientemente para realçar a supremacia das "coisas", era a cena do radiotelegrafista em que se coordenavam diálogos, transmissões por alto-falantes, projeções, juntamente com um filme de raio X e a sincronização das batidas de coração de um aviador. O palco estava ocupado, na ocasião, por uma enorme construção de aço, de vários andares, onde se desenvolviam cenas simultâneas por trás de paredes transparentes.

A hipertrofia da técnica e a arbitrariedade do diretor transformado em figura máxima do teatro, provocaram inúmeros protestos de autores e atores. Às

147

oito cenas originais da peça *Rasputin,* de Alexei Tolstoi, o *team* Piscator Gasbarra-Leo Lania (às vezes reforçado por Brecht) acrescentou mais dezenove cenas. Para as projeções havia nesta peça várias telas e cortinas de gaze, enquanto em outras peças os filmes eram projetados sobre um enorme plano de jornais ou sobre cartazes e bandeiras de manifestantes que desfilavam ininterruptamente sobre o palco.

Uma das melhores encenações de Piscator foi a do *Soldado Shveik,* de Jaroslav Hazek. Para reproduzir o fluxo épico do romance, usou várias faixas rolantes de movimento contrário, nas quais deslizavam personagens, marionetes e cenários, incluindo os praticáveis, o que produziu um efeito extremamente cômico. O ambiente dos fantoches foi criado por Georges Grosz, em cujos esboços se baseava também um filme de desenhos projetado na ocasião, reforçando outra fita realizada num automóvel que, com molas quebradas, percorrera as ruas de Praga.

O teatro de Piscator foi largamente discutido, particularmente em círculos marxistas, cuja ala soviética hoje nega a importância das suas inovações. Pode-se discutir se o filme, como tal, se aproxima mais do gênero épico ou dramático (o seu princípio fundamental, evidentemente, é narrativo); não há dúvida, porém, que, aplicado ao teatro, contribuiu para a epização do palco, no caso de Piscator já em si levada a tais extremos que pouco resta da forma dramática rigorosa.

Até hoje os teóricos não chegaram a uma conclusão se o Teatro de Piscator, em vez de traduzir as suas tendências didáticas — depois desenvolvidas por Brecht — não seria, ao contrário, um teatro superilusionista que hipnotiza o público em vez de ativá-lo. Piscator estava convencido de que a maior comunicação empírica entre palco e platéia, isto é, a maior integração ativa do público na ação cênica, destrói o ilusionismo do teatro "burguês", devido à interpenetração de tempo e espaço cênicos e empíricos (uma alocução dirigida ao público, como por exemplo em *A Compadecida,* "mistura" o tempo e espaço do palco com os da platéia). A mesma opinião parece ter sido abraçada por Eisenstein que no anseio de aproximar

148

da platéia o mundo fictício da tela, se empenhava em favor do cinema de três dimensões.

4. *A Teoria de Brecht*

Não é fácil resumir a teoria do teatro épico de Brecht, visto seus comentários sobre este tema se sucederem ao longo de cerca de trinta anos, com modificações freqüentes que nem sempre seguem uma linha coerente. Isto decorre do fato de Brecht ter sido muito mais homem da prática teatral do que escritor de gabinete. Visando a certos efeitos, mostrava-se sempre disposto a renovar suas concepções para obter efeitos melhores. Chamava suas peças *Versuche,* termo que, às vezes traduzido por "ensaios", tem para Brecht antes o sentido de "experimentos", na acepção das ciências naturais, com a diferença de se tratar de "experimentos sociológicos". Não admira, portanto, que tenha refundido as suas peças tantas vezes, reformulando, concomitantemente, sua teoria. Se não se pode negar que certas modificações foram introduzidas por vezes para adaptar suas peças às sugestões do Partido Comunista — a cujos quadros de resto nunca se filiou —, não é menos verdade que sua atitude experimental de certa forma lhe impunha tais modificações. Muitas vezes bastava-lhe observar as reações do público para elaborar novas versões dos seus textos.

Duas são as razões principais da sua oposição ao chamado teatro aristotélico ou tradicional: primeiro, o desejo de não apresentar apenas relações inter-humanas — objetivo essencial do drama clássico e da "peça bem feita" —, mas também as determinantes sociais dessas relações.

Hoje, quando o ser humano deve ser concebido como *ensemble* de todas as relações sociais, a forma épica é a única capaz de apreender aqueles processos que constituem para a dramaturgia a matéria de uma ampla concepção do mundo... O homem concreto pode ser compreendido somente à base dos processos dentro e através dos quais existe.

O peso das coisas anônimas — o ambiente — não podendo ser reduzido ao diálogo, exige um palco que "começa a narrar".

149

A segunda razão decorre do intuito didático do seu teatro, da intenção de apresentar um "palco científico" capaz de esclarecer o público sobre a sociedade e sobre a necessidade de transformá-la. O fim didático exige que seja eliminada a ilusão, o impacto mágico do teatro "burguês". Por isso, impõem-se recursos narrativos que inserem a característica "distância" entre o narrador (e o público) de um lado e o mundo narrado de outro — distância que não existe no drama tradicional, visto os personagens atuarem nele com plena autonomia, em vez de serem projetados a partir da perspectiva do narrador.

No conhecido esquema em que Brecht opõe as características do teatro tradicional às do teatro épico, destaca que aquele procede agindo, envolvendo o público numa ação cênica, gastando sua atividade e impondo-lhe emoções, ao passo que este procede narrando, transformando público em observador, despertando sua atividade, impondo-lhe decisões; em vez da vivência e identificação de um público colocado dentro da ação, temos o raciocínio de um público colocado em face da ação e cujas emoções são estimuladas a se tornarem atos de conhecimento. O homem, em vez de ser pressuposto como ser conhecido e fixo, torna-se objeto de pesquisa, como ser em processo que transforma o mundo. A tensão já não se dirige apenas para o desfecho da peça, mas para o próprio processo, cada cena tendo valor próprio, ao passo que no drama clássico lhe cabe apenas o valor de elo dentro do encadeamento causal. Este, no teatro épico, é substituído pelo salto dialético.

Num dos pontos mais importantes, o do prazer produzido pelo espetáculo, Brecht modificou suas concepções profundamente. Enquanto no início, orientado pelos seus intuitos didáticos, se dirigiu contra o "teatro culinário", de mero entretenimento, defendeu depois um palco que, conquanto oposto ao teatro como "ramo do comércio *bourgeois* de entorpecentes", visa ainda assim ao prazer do público. O teatro científico não precisa "emigrar do reino do agradável" e converter-se em "órgão de publicidade". Mesmo didático, tem de continuar totalmente teatro e, como tal, diver-

150

tidíssimo, tanto mais porque "não falamos em nome da moral, mas em nome dos prejudicados". Mas os divertimentos de épocas diversas são, naturalmente, diversos, conforme o convívio social dos homens. O povo helênico dominado por tiranos tinha de ser entretido de outra forma que a corte feudal de Luís XIV. Diverso, portanto, há de ser também o divertimento dos "filhos de uma época científica" como a nossa. Para os filhos de uma época científica, eminentemente produtiva, não pode existir divertimento mais produtivo que a atitude crítica em face de estórias que narram as vicissitudes do convívio social; e isso de tal forma que o espectador, começando a estranhar tantas coisas que pelo hábito se lhe afiguram familiares e por isso naturais e imutáveis, se convença da necessidade da intervenção transformadora. O que há muito tempo não muda, parece imutável. A peça deve, portanto, caracterizar determinada sociedade na sua relatividade histórica para demonstrar a sua condição passageira. A nossa própria época deve ser apresentada como se estivesse distanciada de nós pelo tempo histórico e pelo espaço geográfico. Desta forma o espectador reconhecerá as suas condições sociais como sendo relativas e fugazes e "isso é o início da crítica". Para empreender é preciso compreender. Vendo as coisas sempre como elas estão correndo, elas se tornam corriqueiras e por isso incompreensíveis porque, estando identificados com elas pela rotina, não as vemos com o olhar épico da distância.

Para obter este olhar, não se recomenda o teatro *bourgeois* que mantém o público em estado de encantação, ao ponto de os espectadores parecerem sucumbir a um feitiço mágico, desligados de qualquer atividade, como gente com quem se fizesse algo.

Entre si quase não se comunicam, o seu convívio é semelhante ao de gente adormecida.

E essa hipnose será tanto mais profunda quanto melhor trabalharem os atores.

Visto não nos agradar este estado, desejaríamos que os atores fossem tão maus quanto possível.

151

Recomenda-se, ao contrário, a montagem de "resistências" épicas que interrompam a corrente hipnótica e, em compensação, aumentem a atitude crítica e a comunicação atuante. Só assim, o espectador pode desenvolver aquele olhar alienado com que Galileu fitava o lustre quando este se pôs a oscilar. Galileu *estranhou* essas oscilações e é por isso que lhes descobriu as leis.

O efeito de alienação, afastamento ou "desfamiliarização" procura, portanto, produzir aquele estado de admiração e estranhamento que para os gregos se afigurava como o início da investigação científica e do conhecimento. A fim de produzir este efeito, Brecht elaborou um arsenal inesgotável de técnicas e recursos literários com o uso da ironia e paródia, tratamento diferente da linguagem, da estrutura das peças e personagens; recursos cênico-literários, como cartazes e projeções de textos, mediante os quais o próprio autor comenta epicamente as ocorrências e esboça, de forma narrativa, o pano de fundo social; o método de se dirigir ao público, através de cantores, coros e comentaristas; o uso da máscara; recursos "piscatorianos" como a interpenetração de palco e paltéia, através de vários meios, por exemplo "jornaleiros" a percorrerem a sala, cantando títulos que caracterizam o clima social; recursos musicais aplicados com fito estritamente "anti-hipnótico". O efeito "alienador" do coro já foi reconhecido por Schiller que o usou em *A Noiva de Messina* porque

a alma do espectador deve conservar sua liberdade também na paixão violenta.
...O que o juízo vulgar costuma censurar ao coro: que ele suspende a ilusão e interrompe a violência dos afetos, precisamente isso é a sua maior recomendação...

Mas todos esses recursos não bastariam se o ator representasse à maneira de Stanislavski, identificando-se totalmente com seu papel. O ator épico, ao contrário, narra seu papel com o *gestus* de quem mostra uma personagem, mantendo certa distância dele. Mesmo representando um possesso, não deve parecer possesso; senão, como pode o espectador descobrir o que é que possui o possesso? Impedindo assim a empatia e iden-

152

tificação do público, o ator faz com que este, observando a personagem criticamente ao atuar em certa situação, tenha liberdade suficiente para imaginá-lo atuando diversamente em outra situação. O ator como que se dirige ao público para destacar bem a sua própria personalidade daquela do papel. Imaginemos que o gesto demonstrativo se torne explícito: o ator fuma, por assim dizer, um cigarro, pondo-o de lado no momento em que se apresta para demonstrar mais uma fase do comportamento da figura fictícia. Ademais, atua como se narrasse tudo na voz do passado, recorrendo à sua memória e mostrando esse esforço de lembrar-se. De fato, nos ensaios os atores do *Ensemble de Berlim* muitas vezes tinham que recitar seus papéis na forma narrativa, isto é, na terceira pessoa do passado, junto com as indicações cênicas e na forma da locação indireta. O ator de Lauffer, por exemplo, dirigindo-se à atriz de Lisa, diz: Lauffer pediu-lhe que se sentasse ao lado dele; depois, levantando-se, perguntou-lhe quem costumava arranjar-lhe os cabelos quando ia à igreja... (*O Preceptor,* adaptação da peça de Lenz).

É fácil mostrar que o efeito de alienação é uma adaptação — embora a fins inteiramente novos — de técnicas do teatro antigo, medieval e chinês; o próprio Brecht insistiu nessas influências. Poder-se-ia mencionar ainda a técnica desilusionadora do teatro romântico e do teatro de marionetes de Sergei Obraszov que realça com tanto vigor o valor da não-identificação na arte de representar. Seja como for, é evidente que as teorias de Brecht não se coadunam nem com o Naturalismo, nem com um realismo que pretenda produzir a ilusão da realidade. O elemento lúdico e a estilização dão à sua cena, por mais realista que seja, um forte cunho estético.

A arte é capaz de representar a fealdade do feio de forma bela, a vileza do vil de forma nobre; pois os artistas são também capazes de representar o desgracioso de forma graciosa e a fraqueza de forma vigorosa... O teatro dispõe do colorido delicado, da composição agradável e significativa, do gesto original com uma palavra do estilo; o teatro possui o humor, a fantasia, a sabedoria, para dominar a fealdade.

153

Talvez não seja de todo surpreendente que o maior dramaturgo marxista tenha encontrado de início tamanha resistência não só na própria União Soviética, mas também na Democracia Popular da Alemanha Oriental. O fato é que quase nenhuma das encenações das suas próprias peças, realizadas pelo famoso *Ensemble de Berlim,* teve de imediato o beneplácito oficial. Na primavera de 1956, pouco antes da sua morte, Brecht comentou com resignação:

> Os teatros da Democracia Popular são dos poucos da Europa que... não apresentam as minhas peças.

É verdade que desde então esta situação se modificou.

5. *Teoria e Prática*

Para a concepção teatral de Brecht talvez não haja nada mais característico que sua insistência em manter o palco sempre claramente iluminado. O seu teatro didático não se coaduna com o lusco-fusco dos simbolistas. Fito precípuo do seu "cientifismo" é demonstrar a um público inteiramente "acordado" experimentos sociológicos. Como bom professor, apresenta a lição mediante exemplos, encarregando atores de os ilustrar. Mas é ele, o narrador, que conta o caso; os atores ajudam a demonstrá-lo. Não são os seus diálogos e a causalidade intrínseca das ocorrências que, elo por elo, impelem a ação, mas o método dialético do narrador que procede "aos saltos". Os diálogos apenas se inserem no amplo quadro narrativo que fixa as circunstâncias do experimento, as condições sociais. Quando o diálogo se inflama ao ponto de envolver a assistência arrebatada na sua corrente mágica, o professor freia os atores e interpõe resistências épicas de serenidade e ironia a fim de mantê-la na atitude observadora e crítica de estudantes. Este "efeito de alienação" distancia o público do caso narrado, ainda mais porque se trata de acontecimentos que ocorrem na China, na Roma antiga ou durante a Guerra dos Trinta Anos. Não identificada com o mundo cênico, a platéia vê como de fora a sua própria situação social, refletida no palco. Pois o experimento da China se aplica também a ele, espectador. Este então observa a sua própria situação como um imigrante recém-chegado que estranha os estranhos costumes com olhos de estrangeiros. Assim, alheio a si mesmo e às suas próprias condições sociais, nota-lhes as peculiaridades. Ante seu olhar surpreendido, elas deixam de ser familiares, habituais e por isso definitivas e imutáveis. Admirado, chega à conclusão de que certas condições tidas como eternas quando vistas de dentro, não o são quando vistas de fora, a partir do ângulo do "marginal". Tais condições, portanto, podem e, sendo más, devem ser modificadas. É esta a lição.

Quatro das mais famosas peças talvez bastem para exemplificar: *O Senhor Puntila e seu Criado Matti, A Alma Boa de Se-Tsuan, O Círculo de Giz Caucasiano* e *Mãe Coragem*. Em todas essas peças o ato, como unidade de uma ação que tradicionalmente progride segundo um mecanismo intrínseco, é substituído por uma seqüência solta de cenas apresentando episódios de certo modo independentes, cada qual com sua própria *pointe* e todos eles "montados" pelo narrador exterior aos acontecimentos. Depois de cada cena há margem para que o espectador tome distância crítica do ocorrido; essa atitude é facilitada por um aparelho de comentários projetados ou cantados. Ademais, o público não é envolvido pela tensão veemente, linear, de uma ação progressiva, dirigida para a solução final, já que a montagem das cenas tende a ser dialética. Assim se constitui um contexto de contradições e surpresas que incitam e provocam a reflexão do público. Desta forma, o efeito de alienação ou distanciamento começa a funcionar a partir da própria estrutura das peças. Isso é particularmente visível em *Senhor Puntila,* em que o princípio dialético é introduzido no próprio protagonista. Puntila, o rico fazendeiro finlandês, tem a peculiaridade de ser, no estado de embriaguez, um homem bondoso e "patriarcal", ao passo que no estado sóbrio se transforma em egoísta atroz. Assim, está em constante contradição consigo mesmo, produzindo na própria pessoa o efeito de alienação, visto que suas duas personalidades se criticam, se refutam e se "estranham". Se no estado social da

155

normalidade é um ser associal, no estado associal da embriaguez passa a ser um homem de sentimentos sociais. É, portanto, associal em todas as circunstâncias; a sua maldade é "normal", a sua bondade "anormal" e por isso sem valor. É um indivíduo em si mesmo destrutivo — segundo Brecht devido à sociedade em que vive (e que é amplamente esboçada) e à função que nela exerce. Quanto mais se esforça por ser humano, a fim de corresponder a certos valores ideais enaltecidos, tanto mais se animaliza, se aliena e se torna irresponsável face a certos valores materiais, igualmente enaltecidos.

É evidente que Brecht não pretende apresentar um caso psicológico de dupla personalidade. O que lhe interessa, não é a psicologia, mas a fábula que lhe permite lançar uma sátira divertida. Não se pode negar, aliás, que — como todos nós — também Brecht, o poeta generoso e ardente e o teórico seco e frio, viva um pouco o drama de Puntila. Não é este uma figura demasiado vital, magnífica e envolvente para corresponder às teorias sóbrias do autor? O poeta se inebriou com esta personagem e exige que seu papel em nenhum momento deva

> ser despida do seu encanto natural; será necessária uma arte especial a fim de apresentar as cenas de embriaguez de forma poética e suave... e as cenas de sobriedade... sem acentos grotescos e brutais.

Mas o teórico Brecht acrescenta em outra ocasião:

> O ator de Puntila deve tomar cuidado para, nas cenas de embriaguez, não enlevar o público de tal forma pelo encanto e vitalidade que acabe perdendo a liberdade de criticá-lo.

Em *A Alma Boa de Se-Tsuan,* a prostituta Shen-Te, a única boa alma que três deuses encontram ao descerem à Terra, tem de desdobrar-se no seu duro primo Shui-Ta para poder sobreviver. A situação dela é, portanto, bem semelhante à de Puntila.

> Ser bom, diz aos deuses, e viver apesar disso, despedaçou-me em duas partes... Ai, vosso mundo é difícil! Quem ajuda aos perdidos, perdido está!

156

— frase cruel que joga os valores éticos contra os da competição e do êxito. Não é muito diversa a situação de Mãe Coragem que, negociando entre as tropas da Guerra dos Trinta Anos, não consegue conciliar as qualidades de boa mãe e vivandeira esperta. A mãe adotiva de *O Círculo de Giz* sucumbe à "terrível" sedução da bondade, ao tomar conta do filho abandonado pela verdadeira mãe durante uma revolução. Essa sedução da bondade é "terrível" devido às circunstâncias que prevalecem, mas no fundo não há nada mais penoso do que ser mau (como demonstra Puntila que se embriaga para não sê-lo) e nada mais doce do que ser bom. Mas as conseqüências dessa bondade seriam as mais tristes para Grusha — a mãe adotiva — se não surgisse o juiz Azdak que, ferindo a lei, restabelece a justiça. Esse juiz "rompe a lei qual pão para os pobres", "deixa-se subornar pela mão vazia" e "nos destroços da lei, leva o povo à terra firme". Não poderia haver efeito de distanciamento, mais drástico do que o que brota do caso deste Azdak que é bom juiz por ser mau juiz. Brecht, leal às suas convicções marxistas, pretende nas suas peças fazer o processo das sociedades que não correspondem ao ideal marxista[1]. A técnica provocativa da desfamiliarização do familiar, aproveitando recursos da caricatura, do estilo da Commedia dell'Arte e do grotesco, consiste neste e em casos semelhantes em contrapor legalidade e justiça. Preconceitos ou pré-juízos familiares e por isso mesmo inconscientes se transformam em juízos e sentenças "pronunciados" e se exibem assim à luz do dia ou são desmascarados por veredictos ilegais (segundo o direito positivo), mas em harmonia com os princípios do supremo tribunal da consciência popular.

De importância maior que as personagens (por mais esplêndidas figuras que tenha criado) são para Brecht as vicissitudes sociais em que se vêem envolvidas. Daí a preponderância da fábula e o seu desdobramento num plano largo, épico, capaz de explicar seu comportamento, suas ações e reações individuais,

---

1. O mundo jurídico de Brecht foi estudado por Sábato Magaldi, no artigo «Personagens de Brecht» (Suplemento Literário, n.º 20) que estuda a obra de Brecht de um ângulo diverso. Recomendam-se também os ensaios de Eric Bentley, em *The Playwright as thinker* (Meridian) e *In Search of Theater* (Vintage).

em função das condições sociais. Essencial é que o público, graças ao efeito da alienação, tenha a clara noção de que as mesmas figuras teriam agido de forma diversa em circunstâncias diversas. Em *A Alma Boa,* o autor facilitou tanto ao público como os atores a atitude de distância narrativa (em relação às personagens fictícias) pela freqüente comunicação direta entre palco e platéia. Logo de início, o pobre Wang se apresenta ao público, descrevendo as péssimas condições sociais da Província de Se-Tsuan e tal processo é mantido através da peça. O que se perde assim em ilusão cênica e identificação hipnótica com as figuras fictícias ganha-se em comunicação no plano empírico entre ator e espectador. Não é o chinês Wang que se dirige ao público (pois seu tempo e espaço são irreais), mas o ator que o representa e cujo tempo e espaço são os mesmos do público.

As intenções épicas de Brecht foram levadas ao extremo no *Círculo de Giz,* obra que é um verdadeiro "conto enquadrado", uma peça dentro da peça. Mercê desse artifício, a fábula central do *Círculo de Giz* é apresentada como coisa *passada* a um público cênico contemporâneo que, antes, representou o episódio inicial da "moldura". Mas dentro deste caso passado (isto é, essencialmente narrado) é introduzida mais uma estória, a do juiz Azdak — uma peça dentro da peça dentro da peça — e esta até certo ponto na voz do "mais-que-perfeito", visto seu plano temporal ser em parte anterior ao da fábula central e bem anterior ao da moldura. Assim, toda a peça central é projetada pelos cantores e músicos da moldura para a distância de um passado remoto. Os bardos narram a estória, comentam a ação, dirigindo perguntas ao "seu" público (ao do palco e, através dele, ao da platéia), antecipando epicamente o futuro, incitando as personagens que apenas "ilustram" a narrativa, revelando o que ocorre no íntimo deles ("ouçam o que ela pensou, mas não disse" — e o que, portanto, não cabe no diálogo), interpretando, por vezes, uma ação pantomímica, etc. Ainda Ibsen insistiu em apresentar o passado — que ocupa tão larga parte nas suas peças — através do diálogo atual. Aqui se dá o contrário: o diálogo atual é apresentado através da narração do passado.

158

Um dos capítulos mais fascinantes da dramaturgia brechtiana é o uso variado do *song* e dos interlúdios musicais — para deixar de lado os inúmeros outros recursos empregados a fim de "epizar" e "desfamiliarizar" os episódios das peças.

Na apresentação de *Sr. Puntila* pelo "Ensemble de Berlim", os títulos cênicos projetados em outras encenações foram omitidos, dando-se destaque especial ao Canto de Puntila: Annemarie Hase, a atriz da cozinheira, cantou-a parceladamente entre as cenas, diante da cortina, ostentando os variados utensílios do seu respectivo trabalho doméstico, sempre acompanhada por um guitarrista e um tocador de acordeom. Assim, toda a peça se trasformou numa espécie de balada popular. O canto comentou os acontecimentos do ângulo da cozinha, dando às façanhas de Puntila um caráter de crônica local. Por vezes, canto e música brotam da própria ação, caracterizando uma personagem ou entrando em choque dialético com o sentido ou a "moral" do respectivo episódio, de conformidade com o desejo do autor de incitar o público à reflexão. Muitas vezes, porém, ocorrem intercalações sem relação direta com a ação cênica. Em tais casos, faz-se mister marcar bem a transição. Na *Mãe Coragem,* por exemplo, quando apresentada pela Companhia de Brecht, serviu de "comutador" para esses interlúdios alheios à peça um emblema musical consistindo de uma corneta, um tambor, uma bandeira e esferas de vidro iluminadas — tudo baixando do *dessus.* "Essa coisa delicada, bonita para se ver", na expressão de Brecht, de intuito puramente lúdico e não-realista, serviu para separar a música da ação "real", tornando visível a mudança para outro plano estético, o musical.

Os adversários disso são simplesmente contra variações bruscas, aos saltos, são contra o "anorgânico" e a "montagem", principalmente por serem contra a ruptura da ilusão.

É evidente, contudo, que Brecht não visa a suprimir a emoção — o que em matéria de teatro seria absurdo. O que deseja é elevar a emoção ao entendimento e à crítica. Por isso, quando o poeta Brecht cria uma grande figura como Mãe Coragem, lendo depois nas críticas que se trata de tragédia comovente

159

do "animal materno na sua vitalidade indestrutível", o teórico Brecht se apressa a introduzir modificações para tornar claro que, se o animal materno é importante, de peso bem maior é ver que os pequenos não lucram com a guerra e que a profissão de vivandeira estraga os melhores propósitos.

Se se quisesse formular de um modo um pouco paradoxal a mais profunda transformação introduzida pelo teatro épico, poder-se-ia dizer, talvez, que o diálogo deixa de ser constitutivo. Por trás dos bastidores está o autor-narrador, dando corda à ação; os atores apenas a ilustram com seus diálogos. Uma vez que só "demonstram" uma fábula narrada pelo autor, não chegam a se transformar inteiramente nas personagens. É como se aguardassem o aceno do professor para tomarem, rapidamente, a atitude das personagens fictícias. Essas, de certa forma, parecem alto-relevos, salientes sem dúvida, mas ainda ou de novo ligadas ao peso maciço do mundo narrado, como que inseridos no fundo social, de cujas condições dependem e que os envolve de todos os lados. Não são esculturas livres, rodeadas de espaço, personagens que, dialogando livremente, constituem a peça. Uma das maiores figuras de Brecht, a filha de Mãe Coragem, é muda.

6. *"A Ópera de Três Vinténs"*

Foi em 1928, exatamente 200 anos após o triunfo da *Beggar's Opera,* de John Gay, que estreou em Berlim a *Ópera de Três Vinténs,* "musical" que iria tornar Brecht e Weill mundialmente famosos e que lhes renderia o maior êxito de suas carreiras. Desde então, poucos países de certa expressão no campo teatral deixaram de apresentar a curiosa "ópera". A encenação no Teatro de Lys, em Nova York (março de 1954), manteve-se durante mais de sete anos em cartaz, ao que parece o recorde absoluto na Broadway. Fenômeno curiosíssimo: Brecht na Broadway, durante sete anos.

O texto da *Ópera de Três Vinténs* baseia-se no da peça de John Gay, acima mencionada (com música de Pepusch). Trata-se de uma espécie de ópera bufa *vaudeville* ou *Singspiel* (peça alegre, com diálogo falado e interlúdios musicais, forma intermediária entre ópera e comédia, que antecipa de certo modo a opereta e o "musical" moderno). O *Singspiel* alemão, muito influenciado pela peça de Gay, apoiava-se geralmente em entrechos que destacam a diferença entre a vida rural e citadina (naturalmente corrupta) e era tradidicionalmente apresentado por atores e não por cantores, fato que impunha a preponderância do texto e da parte declamada. Gay, amigo de Pope e Swift, escreveu a sua *ballad-opera* visando a dois objetivos fundamentais. Desejava, antes de tudo, fazer uma paródia à ópera de G. F. Händel. Radicado desde 1712 na Inglaterra, como compositor e empreendedor teatral, Händel impôs ali a ópera italiana (napolitana), logo considerada por muitos círculos ingleses como "alienada". Com efeito, o tremendo êxito da peça de Gay levou o compositor alemão a fechar a sua empresa (1728). Também a peça de Brecht-Weill se dirige contra a ópera da época, sobretudo a wagneriana, mas também contra a do próprio Händel que precisamente na década de 1920 passou na Alemanha por um verdadeiro renascimento. Como Gay, os expoentes mais avançados dos *roaring twenties* — década de que a *Ópera de Três Vinténs* iria ser uma das expressões mais características — consideravam a ópera tradicional como "alienada".

Em segundo lugar, a obra de Gay é uma sátira à aristocracia inglesa da época. Visa em particular ao primeiro ministro Sir Robert Walpole (retratado em Peachum, na peça de Gay recebedor de objetos roubados). Através da peça inteira o autor equipara a *high society* ao submundo londrino. Dirigindo-se, à maneira brechtiana, ao público, o autor declara por intermédio de uma das personagens: certamente tereis observado

> tal semelhança de costumes na vida da alta e baixa sociedade que se torna difícil determinar se... o cavalheiro fino imita os bandidos ou os bandidos imitam o cavalheiro fino.

Não deveis acreditar, assevera outro, "que o mundo faz objeção a um criminoso enquanto rico". Todavia, os bandidos e prostitutas de Londres, que vivem em alegre conluio com os expoentes da lei e da ordem, não chegam a ser pretenciosos. Confessam, contritos, que "mal somos melhores do que os políticos". A filosofia cínica da peça, com sua alegria amarga, é expressão de um moralismo desiludido, baseado na experiência de que o homem (pelo menos o citadino) não presta. Dos grandes, pouco se espera; mas nem sequer os pequenos chegam a ser tão puros como lhes cabe. Com a deplorável diferença — diz uma das personagens — de que só os coitados são castigados pelos seus crimes.

Brecht segue, em linhas gerais, a peça de Gay, particularmente no tocante à trama geral que envolve o herói e bandido Macheath em amores com Polly (filha de Peachum que já não é recebedor dos ladrões e sim chefe dos mendigos) e Lucy (filha de Brown, chefe da polícia); amores que o levam por duas vezes quase à forca; quase, pois, como já afirma Gay, uma ópera que se preza deveria ter um *happy end*. Brecht, no entanto, introduziu novas cenas, p. ex., a da festa do enlace matrimonial de Macheath e Polly na estrebaria, e reescreveu por inteiro o diálogo, mais seco, mais áspero e ainda mais cínico que o de Gay. Ademais, todos os *songs* são de Brecht, conquanto boa parte deles se baseie em Villon e Kipling.

Como a ópera de Gay, a de Brecht-Weill é, além de paródia à ópera tradicional, sátira social. A peça vergasta a moral dominante e o estado geral de uma sociedade que, longe de viver "na" moral, estaria vivendo "da" moral, isto é, que, em vez de observar os preceitos morais, se teria especializado em usá-los para fins amorais. A revelação dos negócios escusos dos *gangsters* e dos policiais pretende ser, como no caso de Gay, imagem da *high society*, agora já não aristocrática e sim burguesa. Por isso Brecht pede, nas notas acrescentadas à peça (trata-se de um dos textos inaugurais da sua teoria do teatro épico), que o bandido Macheath seja apresentado como "típico burguês". Também os seus colegas devem ser homens corretos e sólidos, "em parte barrigudos e, fora da vida profissional, sem exceção de comportamento cordial". Macheath vê-se, a si mesmo, como artesão representante de uma classe em ocaso.

Nós, pequenos artesãos burgueses, nós, que trabalhamos com o singelo formão, abrindo as caixas fortes das pequenas lojas, estamos sendo devorados pelos grandes empreendedores apoiados pelos bancos... Que é o *arrombamento de um banco* comparado com a fundação de um banco?

Macheath, aliás, está decidido a transferir-se para o "ramo bancário", motivo aproveitado em escala mais ampla no argumento que Brecht elaborou para a versão cinematográfica da peça.

Toda grande sátira vive de um *pathos* moral. É verdade, comparada com a tremenda sátira de Aristófanes contra a democracia ateniense, a de Brecht é quase bem comportada, apesar da agressividade e da pose cínica que sobressai em alguns dos *songs*, mormente naquele em que Macheath e Jenny, dirigindo-se ao público, declaram: "Primeiro vem a pança, depois vem o moral". Todavia, se de máxima se trata, Brecht está longe de defendê-la; na realidade pretende apontar apenas um fato e as razões que levam a ele. Como Gay, mas com desespero e indignação maiores, exclama através do coro: "Somente do crime é que o homem vive". Por trás do cinismo da pose há algo do sentido original do termo grego — a acusação a uma civilização julgada corrupta; acusação baseada, no caso dos cínicos gregos, num moralismo severo que, em última análise, inspirou tanto a peça de Gay como a de Brecht. Num dos *songs* mais importantes, cantado por Peachum, exprime-se, embora de um modo ambíguo, este moralismo de Brecht que mais tarde se manifestaria num dos seus temas fundamentais; a visão do homem, senão bondoso, ao menos afável. Este ideal modesto lhe parecia viável, por mais que, por experiência e intuição, se lhe revelassem os abismos da maldade humana. O moralista, e mais tarde o homem politicamente comprometido, se impôs a si mesmo, como Sócrates, a convicção de que não há nada mais duro e difícil do que ser maldoso; no fundo, o homem, se não é bom, ao menos quer sê-lo. Peachum canta:

> Ser um homem bom! Quem não gostaria de sê-lo?
> Dar seus bens aos pobres — por que não?
> Quando todos forem bons, Seu reino não estará distante.
> Na Sua luz, quem não gostaria de viver?...

Mas neste planeta, infelizmente, como vemos?
Os recursos são parcos e são brutos os homens.
Quem não gostaria de viver em paz e concórdia?
Porém há as circunstâncias — e essas não ajudam.

Juntamente com *Mahagonny,* a *Ópera* faz parte da fase de 1927/28 que, no desenvolvimento do jovem Brecht, se situa entre o expressionismo veemente e colorido dos inícios e a dura e ascética sobriedade das peças didáticas imediatamente posteriores. Em ambas as peças prevalece ainda o romantismo um tanto estridente (porém já posto entre aspas) que busca o exótico e primitivo num submundo mítico, repleto da magia de botequins e bordéis povoados de aventureiros, prostitutas, rufiões e mendigos. De entre as farras épicas sobem gargalhadas boçais a luas líricas, de cores rimbaudianas e toque surrealista, que iluminam as noites perversas ou místicas de Soho e Alabama. Neste mundo, montado de opereta, parque de diversões, revista, circo e cabaré, ressoam as baladas popularescas cantadas ao som do realejo, mas temperadas com a pimenta do Jazz. A atmosfera é de desenfreada sensualidade; reina uma mistura fascinante de sentimentalismo demonstrativo e exarado — levado ao pastiche e *Kitsch* —, de cinismo frio e deslavado e de *pathos* quase bíblico, como no coral "bachiano" do fim (acompanhado ao órgão):

Não persegui em demasia a maldade; de tão frio que é
O vício perece sozinho, morrendo congelado.
Pensai nas trevas e no grande frio
Que reinam neste vale que ecoa de lamentos.

Boa parte do êxito da *Ópera* decorre sem dúvida da música de Weill. Contudo, a própria esposa do compositor, Lotte Lenya (a famosa intérprete de Jenny), reconheceu que Weill muitas vezes seguiu as idéias musicais de Brecht longamente discutidas e muitas vezes ilustradas na guitarra pelo dramaturgo. Brecht exerceu forte influência sobre todos os seus compositores. Sugeriu-lhes que os *songs,* ao invés de apoiar, deveriam interromper a ação e nunca dificultar o entendimento do texto. Exige que

164

os atores separem nitidamente os níveis da fala comum, da fala intensa e do canto.

Nada é mais detestável que o ator se dando o ar de quem não percebe, ao começar a cantar, que acaba de abandonar o terreno da fala comum.

O ator não deve seguir cegamente a melodia.

Há um falar-contra-música, que pode ter grandes efeitos oriundos de uma sobriedade tenaz, independente da música e do ritmo e nunca corrompida por eles.

A função da música, obviamente, diverge daquela da ópera tradicional. A música, o texto e os outros elementos, longe de se apoiarem e intensificarem mutuamente para constituir uma síntese de grande efeito opiático, deveriam ao contrário comentar-se e criticar-se reciprocamente, a fim de que "o espectador não seja levado pelo caminho da empatia..."

Semelhantes concepções correspondem, de um modo geral, ao movimento musical que desde a segunda década do século foi iniciado por Stravinski, Satie e Milhaud (amigo íntimo de Weill e Hindemith), em parte de combinação com idéias expostas por Cocteau.

Se na fase imediatamente posterior às suas "óperas" Brecht riscou o *delectare* de Horácio em favor do *prodesse,* isto é, eliminou o elemento "culinário" em favor do didático, nestas peças ainda procura unir divertimento e moral, tornando saborosa a lição; tão saborosa, aliás, que a lição geralmente não foi tomada em conta pelo público. Precisamente a música, que, no atrito com os outros elementos do conjunto, deveria ser fator importante de distanciamento didático, tornou-se a parte culinária mais gostosa, ainda que fosse por um equívoco. É que a música, dando-se de um modo emocional e não renunciando aos costumeiros estímulos narcóticos, deveria revelar a sua mentira e a do mundo que a criou, por ser cantada por bandidos e prostitutas. Weill utilizou os elementos formais da ópera romântica para que obtivesse — no ambiente da ralé — efeito caricatural e paródico. A música deveria negar-se a si mesma. O processo é semelhante ao que Brecht usou em peças posteriores em que personagens abjectas declamam versos no estilo de Goethe e

165

Schiller. Todavia, o teor fortemente ilusionista da música, que deveria chocar-se com o texto cínico e realista de personagens amorais, defrontou-se com um mundo de aura mítica e cunho romântico, de modo que o atrito distanciador não se verificou na medida desejada. Órgão e saxofone, em vez de entrarem em fricção, casaram-se às mil maravilhas. O malogro das intenções redundou em êxito comercial. Resultou em sete anos de Broadway.

De qualquer modo, estes *songs* "defumados" (na expressão de Th. W. Adorno), estrídulos e berrantes, por vezes de um "expressivo" furioso, estas baladas à beira do esgar e do grotesco, oscilando entre a loucura e a trivialidade, entre o *Schmalz* e a caricatura, pretendem revelar a mentira e os "espectros" (sim, os de Ibsen), os traços satânicos de sonoridades mortas e *vermou lues* e, com isso, a mentira de toda uma sociedade carcomida. De entre os reflexos e ecos distorcidos do *Lumpenproletariat* e do realejo, sensacionalmente ampliados e parodiados por fórmulas e ritmos ríspidos de Jazz, surge a fantasmagoria da época vitoriana e da *belle époque,* auge da era burguesa, mas já esvaziada de seus mais elevados valores, reduzida a pó e detrito.

O imenso triunfo da *Ópera,* se em parte é decorrência de uma malogro e equívoco, explica-se também pelo fato de ela ofertar a todos o que procuram. Aos "reacionários" o prato culinário, aos "progressistas" a lição. Aos sentimentais o sentimentalismo e aos sofisticados a possibilidade rara de (afinal!) se entregarem aos sentimentos, mas isso com boa consciência, visto que podem ao mesmo tempo rir-se dos sentimentos e, rindo, de outro lado se envergonhar (com que volúpia!) tanto de sentir como de rir, já que o caso é sério.

A *Ópera de Três Vinténs* é, apesar de tudo ou por isso mesmo, grande teatro, teatro teatral em todos os sentidos: no cruel e no ameno. Profundamente incômoda, é uma jóia de comodidade. É uma peça astuta, traiçoeira, mesmo e precisamente naquilo que ultrapassa, confunde, neutraliza e escapa às intenções do próprio autor. Como convém ao grande teatro, desnuda-nos a todos, sem excluir ao "pobre B.B.", despudoradamente moralista, a despeito de tudo!

166

7. A Cordialidade Puntiliana

Foi em 1940, na emigração, enquanto se encontrava na Finlândia, que Bertolt Brecht escreveu *O Senhor Puntila e seu Criado Matti,* baseando-se num esboço dramático e em narrações da escritora Hella Wuolijoki, em cuja casa se hospedara. Entre as grandes obras da maturidade, *Puntila* é a de cunho mais popular e humorístico. O "Ensemble de Berlim", o famoso teatro de Brecht, iniciou em 1949 a sua atividade oficial com a apresentação desta peça.

Seu motivo central, ao mesmo tempo jocoso e profundo, já fora explorado anteriormente por Chaplin (*Luzes da Cidade*) a quem Brecht muito admirava. Não é, portanto, novo o caso dos dois caracteres de Puntila, homem afetuoso quando embriagado, homem egoísta quando sóbrio. Nova é a maneira de como Brecht aproveita a curiosa duplicidade que desintegra a personalidade do fazendeiro. A partir dela analisa a dialética inerente às relações entre senhor e criado — tão bem exposta por Hegel — e, concomitantemente, procura elucidar certos aspectos da sociedade de classes.

A exposição didática — e divertida — de semelhante tema requer, segundo Brecht, os recursos do teatro épico. Com efeito, *Puntila* não se atém à dramaturgia tradicional, aristotélica. Apesar da fabulação saborosa, a peça não tem unidade de ação, continuidade de uma intriga a desenvolver-se até o desenlace final. Seria difícil chamar de "enredo" o noivado precário de Eva, filha de Puntila, com o adido diplomático — realmente o único esboço de um argumento contínuo. Muito menos se encontrará o encadeamento tradicional de uma ação tensa, com conflito central, clímax, desfecho. A peça, ao contrário, é constituída de uma seqüência solta de episódios de certo modo independentes, cada qual com seu próprio clímax. Os quadros repetem, em essência, a mesma situação, variando-a, focalizando-a de diversas perspectivas. Todos eles ilustram, de um ou outro modo, a relação senhor-criado, principalmente através do comportamento do patrão e de seu empregado. A cena do mercado dos trabalhadores generaliza e acentua a situação fundamental que se reflete, transposta em outro nível, nas

167

relações do pai Puntila para com a filha, nas relações desta para com o noivo oficial, o diplomata, e para com o criado. Na balada da condessa e do guarda-floresta o tema ressurge, como se manifesta ainda na canção das ameixas que acompanha e grifa ironicamente os vários noivados do fazendeiro.

A *Canção de Puntila*, que a cozinheira dirige entre os quadros ao público, acentua o caráter solto, poético-baladesco, da peça, transformando esta em ilustração do canto e este em comentário da peça. A ligação entre os doze quadros baseia-se, pois, muito mais que numa ação contínua (que de fato mal existe), no tema central, exemplificado por tantos episódios e canções e principalmente pelo comportamento do patrão e do empregado. Os versos do prólogo e epílogo, emoldurando a peça, encarregam-se de acentuar bem a lição, como ocorre na dramaturgia dos fins da Idade Média e do Renascimento. Ao término, a relação entre Puntila e Matti se dissolve, pois que "água não se mistura com óleo", e com isso "dissolve-se" também a peça. Seria difícil falar de fim ou desfecho. Não há mortes, nem casamentos. Não há nenhuma cena dramática de ruptura violenta das relações — Matti simplesmente vai embora. A peça não conclui, portanto. Muito embora Matti se demita, a situação entre senhor e criado continua. Ambos irão ao mercado dos trabalhadores, Puntila para procurar outro criado e Matti para procurar outro patrão. A peça não tem desfecho, mantém-se aberta, como *A Boa Alma de Se-Tsuan* ou *Mãe Coragem,* porque ilustra apenas uma situação fundamental que continua. O problema levantado pela obra não é o "bom patrão" ou o "mau patrão", mas o patrão, simplesmente. Por isso Matti diz no epílogo que os criados encontrarão o senhor bom de verdade somente quando se tornarem os seus próprios senhores. Somente então terminará a peça.

Os momentos estruturais apontados, totalmente contrários à unidade e continuidade do drama aristotélico — com início, meio e fim — tornam esta peça em uma das mais conseqüentes do teatro épico, cuja teoria Brecht então já levara ao amadurecimento. Duas razões fundamentais fizeram com que a elaborasse. A primeira decorre da convicção antropológica de que a

168

pessoa humana é o conjunto de todas as relações sociais. Cabe integrá-la, pois num mundo amplo, mostrando não só os "navios inclinados" — como se fazia no teatro clássico — mas também a "tempestade que os inclina", isto é, as forças anônimas que atuam sobre o indivíduo. Esta razão do teatro épico encontra ampla expressão em *Puntila*. O prólogo e epílogo apresentam uma situação geral, aquela em que, segundo Brecht, reina "Certo animal pré-histórico/*Estatium possessor,* em português chamado fazendeiro", com quem seria difícil manter relações duradouras, apesar de, no caso de Puntila, se tratar de um patrão que é "quase" um ser humano e até bastante simpático, ao menos no estado ébrio. Ao mesmo objetivo da ampliação social visam muitas falas de Matti: ao narrar os "casos" de sua vida, esboça todo um sistema econômico-social. Semelhante função cabe às cenas poéticas das noivas de Puntila, narrando a rotina de suas vidas, ou a longa estória da contrabandista (quadro 8). O mesmo sentido tem ainda o esplêndido episódio do "teatro no teatro" em que a filha de Puntila procura desempenhar o papel de mulher do criado Matti. Os incidentes mencionados — e muitos outros — seriam impossíveis numa peça construída segundo os preceitos tradicionais. Seu cunho episódico desvia-se da "ação principal" do noivado de Eva e do adido. Tais cenas, não sendo exigidas pela ação, contrariam a concepção aristotélica, segundo a qual deve ser eliminado todo elemento que não tenha função causal, servindo como elo na trama do enredo. A sua função, em *Puntila,* é outra: caracterizam as relações inter-humanas e pintam o pano de fundo social. Visto essas cenas não se explicarem pelo nexo causal, como efeito da anterior e causa da próxima, algumas delas podem ser deslocadas para outra parte ou mesmo eliminadas, à semelhança do que ocorre num romance picaresco como *Don Quixote* ou nas epopéias homéricas.

A segunda razão do teatro épico decorre dos objetivos didáticos de Brecht, de seu desejo de apresentar um palco capaz de esclarecer o público sobre a nossa sociedade e o dever de transformá-la. Este fim didático impõe eliminar o efeito hipnótico do teatro tradicional. Impõe anular a sua função de sedativo e evasão. Por isso mesmo convém montar uma estrutura em curvas, episódica, dialética — a afetuosidade de Puntila se chocando com a sua aspereza — para romper a continuidade linear da dramaturgia tradicional. Esta, mercê do seu encadeamento rigoroso, prende o espectador no avanço ininterrupto da ação tensa, enreda-o no enredo, não lhe concedendo liberdade crítica. Coloca-lhe o jugo da identificação com as situações e as personagens, de modo que vive com estas o seu destino inexorável, em vez de, vivendo embora emocionalmente o seu destino, ter ao mesmo tempo a possibilidade de distanciar-se o suficiente para, pela objetivação, chegar ao raciocínio. Assim compreenderá que este destino de maneira alguma é eterno e inexorável, mas conseqüência de uma situação histórica, de um sistema social (p. ex. o da relação senhor-criado). O homem, sem dúvida, é determinado pela situação histórica; mas pode, por sua vez, determiná-la. O fito principal do teatro épico e do distanciamento é, portanto, estudar o comportamento do homem em certas condições e mostrar que estas podem e devem ser modificadas. É, pois, a "desmistificação", a revelação de que as desgraças humanas não são eternas e sim históricas, podendo por isso ser superadas. O distanciamento, mais exatamente, procura tornar estranha a nossa situação habitual, anular-lhe a familiaridade que a torna corriqueira e "natural" e por isso incompreensível na sua historicidade. Pois tudo que é habitual apresenta-se como fenômeno natural e por isso imutável. Temos que ver o nosso mundo e comportamento objetivados, por uma momentânea alienação deles, para vê-los na sua relatividade e para, deste modo, conhecê-los melhor. Todo conhecimento inicia-se com a perplexidade diante de um fenômeno. Distanciar, tornar estranho é, portanto, tornar ao mesmo tempo mais conhecido.

Não é preciso enumerar os múltiplos elementos de distanciamento introduzidos nesta peça por Brecht através de comentários cantados, falas cômicas e irônicas que, por vezes, revelam de chofre toda uma situação, ou através do "teatro no teatro", cena em que uma forma de vida mísera, bem corriqueira e "natural", é distanciada e "exposta" pelas tentativas

170

frustradas da grã-fina de imitá-la. Não é preciso, tampouco, frisar que o caráter épico do texto só se completa graças aos recursos do palco. Basta, no contexto de uma ligeira apresentação, insistir em que o choque do estranhamento é introduzido na própria personagem de Puntila, o finlandês cordial que se torna ríspido nos seus estados "loucamente sóbrios". É sumamente estranho ver determinada a cordialidade de um chefe, assaz corriqueira, pela sua embriaguez, bem rara. Distanciando ademais a cordialidade ébria mediante o egoísmo sóbrio, Brecht pretende desmistificá-la, tornando mais conhecida a sua função social. Isso, porém, sem que negasse o encanto e a qualidade cálida dessa generosidade, cujo caráter envolvente deve sobressair para que possam ser desmascarados.

Com horror na voz, Puntila confessa que no estado vil da sobriedade é um homem responsável, forçado a prestar contas de seus atos. Por isso mesmo é então uma pessoa de quem se podem esperar as piores coisas. Paradoxalmente, ser responsável implica ser imoral. Daí o seu empenho heróico em beber e em tornar-se deste modo irresponsável, isto é, virtuoso. Ao introjetar a contradição alienadora no protagonista, Brecht pretende demonstrar a dialética da nossa realidade. Puntila está em constante contradição consigo mesmo, produzindo na própria pessoa o distanciamento, já que os dois caracteres se refutam e estranham, se criticam e ironizam mutuamente. É no estado irresponsável — quando é um animal irracional — que se torna humano e é no estado racional, isto é, humano, que passa a ser desumano. Com efeito, explica Puntila, "é durante estes ataques de sobriedade total e absurda que desço ao estado animal". Puntila é, portanto, associal em todas as circunstâncias. A sua maldade é "normal", isto é, típica, institucional, e sua bondade é "anormal", isto é, particular e caprichosa e por isso sem valor, sem conseqüência. De fato, nos estados maldosos anula tudo quanto fez de bom nos estados generosos. Tudo fica na mesma e às vezes até piora. Vemos que o ébrio bondoso nada é senão um recurso cênico para representar, de um modo hilariante e irônico, a ordem puntiliana que consagra a desordem, já que o seu comportamento humano, em vez de fazer

171

parte da normalidade das instituições, surge apenas como capricho pessoal, como adorno que enfeita a dura realidade.

É um erro acreditar com Martin Esslin (*Brecht, a choice of evils*) que na personagem de Puntila se opõem, como forças eternamente antagônicas, as emoções e os impulsos bondosos ao intelecto frio e maligno. Brecht não pretendeu escrever um drama psicológico ou moral, embora este nível de considerações medeie a problemática básica e se mantenha suspenso, para além dos limites da peça, deixado à meditação do público. Brecht não visa a apresentar com Puntila um homem mau ou um homem bom, mas simplesmente um fazendeiro que, para ele, representa uma organização social. É um "modelo" proposto para demonstrar exemplarmente a atitude do superior que, não importa se com sinceridade ou para disfarçar a realidade, "concede" ao inferior ocasionais benefícios, enquanto de fato, como vimos, tudo fica na mesma. Para Brecht, a realidade implacável não decorre sobretudo da moralidade ou da psicologia dos indivíduos, que podem ser bons ou maus, corruptos ou íntegros, mas do mundo puntiliano. O fazendeiro seria provavelmente um "sujeito ótimo" — bem ao contrário da opinião de Esslin (que o considera essencialmente mau); mas as condições não permitem que o seja (e se o fosse, perderia a fazenda, sem grande benefício para ninguém). O problema para Brecht, não é, portanto, moral e sim social. Puntila quer ser bom, é por isso que se embriaga, pois "terrível é a sedução da bondade" e é duro ser mau:

> Na minha parede, a máscara de madeira
> De um demônio maligno, japonês
> Ouro e lasca
> Compassivo, observo
> As túmidas veias frontais, denunciando
> o esforço de ser maligno.
> (Tradução de Haroldo de Campos).

Entretanto, por mais que Puntila se esforce por evitar este esforço, as suas tentativas de ser cordial se corrompem ante o "vício da responsabilidade". O melhor que consegue, no estado ébrio, é tornar-se "familionário", para citar a expressão com que Heinrich Heine caracterizou esta atitude, ao definir o comportamento do rico Rothschild ao receber o poeta pobre. Todos os esforços do fazendeiro de ser generoso, por mais autênticos que sejam, fracassam. A situação torna-os ambíguos, contamina-os de suspeitas, ao ponto de poderem ser interpretados como artimanha para desarmar os criados. "Se eles (os patrões) tivessem o aspecto de ursos ou cobras venenosas, nós ficaríamos mais prevenidos", diz a telefonista. A bondade chega a revestir-se de aspectos quase ameaçadores. É esta a lição da peça *A Exceção e a Regra*: o criado bondoso aproxima-se do patrão sedento, em pleno deserto, para dar-lhe água e este o mata, interpretando mal o seu movimento. O juiz absolve o réu: em semelhante situação, no mundo em que vivemos, o patrão não podia esperar um gesto generoso do criado. Em face da regra de um sistema em que "ser humano é uma exceção", a desconfiança do patrão se justifica, como se justifica inversamente a desconfiança do criado em *Puntila*.

É nesta desconfiança que vive Matti, o criado cético, solidário com os seus colegas, que tem a sabedoria e um pouco também a esperteza dos oprimidos. Apesar de ser um "operário consciente", tem dificuldade em resistir ao encanto de Puntila. Mas pelo menos sabe desta falha. "Ele é familiar demais", assegura, desfamiliarizando a nossa familiaridade com essa familiaridade. Ou então narra uma estória:

> Tais familiaridades são sempre desagradáveis. Servi num moinho de papel, ali o porteiro se demitiu porque o senhor diretor lhe perguntou se o seu filho estava bem.

Em outra parte insiste:

> Antes que viro a cabeça, ele (Puntila) se torna humano — terei de demitir-me.

No mesmo sentido Matti diz:

> Um trabalhador não precisa de um lar (oferecido pelo patrão) e sim de um emprego.

É evidente que Matti, como personagem, não tem as esplêndidas possibilidades cênicas de Puntila embo-

173

ra, como pessoa, lhe seja superior. Na dialética de suas relações, bem de acordo com Hegel, o senhor se torna cada vez mais dependente de quem dele depende, e quando Matti abandona Puntila a perda será maior para o patrão do que para o criado. Mas a sua função cênica é, em certa medida, de apoio apenas; cabe-lhe ser o parceiro que permite a Puntila revelar-se a si e a situação fundamental, enquanto ao mesmo tempo, pela sua concordância discordante, é um comentário vivo das atitudes senhoris. Representa uma espécie de sinal de exclamação ou de aspas ambulantes em carne e osso que distanciam, acentuam e desmascaram o comportamento de Puntila. A linguagem da concordância fingida tem, neste sentido, função contundente — veja-se por exemplo a cena "Noturno" (quadro 10). A conciliação irônica visa a efeitos de humor negro que lembram os obtidos por Jonathan Swift, ao recomendar, nos moldes de um meticuloso plano econômico, o abate de crianças pobres, recém-nascidas, para enriquecer de carne tenra a mesa dos abastados.

Na dramaturgia universal, desde Menandro e Plauto a Molière e aos pósteros, são muito freqüentes as comédias e farsas com a constelação senhor-criado e quase sempre o criado é mais esperto que o senhor. Brecht exigiu mesmo que o papel de Matti fosse preenchido de modo a realçar a sua superioridade espiritual, compensando assim o encanto robusto de Puntila. Bem menos típico, nos moldes desta relação vetusta, é o fato de o senhor e não o criado ser a personagem cômica, aquela, portanto, cuja dignidade é exposta em toda a sua fragilidade.

Mais realce obtém a personagem de Matti como parceiro e alvo sexual de Eva. Toda a "trama amorosa" da peça, com Eva oscilando entre o diplomata e o criado, embora aparente ser o fio da meada que liga as cenas, se destina de fato apenas a apoiar o tema fundamental. Não só os ensaios de generosidade humana, também os impulsos amorosos e as relações entre homem e mulher se tornam precários no mundo puntiliano. Até o amor à natureza afigura-se suspeito, no inimitável episódio do monte Hatelma. Conquanto poética, esta cena é ao mesmo tempo uma das mais saborosas paródias à patriotice e ao epicurismo paisagista da burguesia ("A neve! Vamos à Suíça no ano que vem?"). Neste ponto, a peça alcança comicidade extraordinária na mistura safada e inextricável entre culinarismo estético (ante a paisagem) e pragmatismo econômico. O interesse material interrompe constantemente o êxtase lírico pela "rigidez adquirida" do proprietário, bem de acordo com a análise bergsoniana do cômico. Um buraco nas calças, desvendando as ceroulas, torna ridícula a solene casaca estético-patriótica.

É evidente que a esquematização da temática e estrutura não faz jus à peça. É com a consciência atribulada que o comentarista reduz um organismo tão vivo, tão rico e poético a um esqueleto. O homem de teatro e poeta Brecht atinge nesta obra aquela maturidade em que supera, em todos os momentos, as intenções didáticas, sem em nenhum momento eliminá-las. Por isso acentuou que essa peça popular não visa a uma "tendência", devendo ser apresentada de um modo não demasiadamente realista. Insistiu em que se realçasse o encanto natural do fazendeiro, figurando a sua embriaguez de uma forma poética e delicada e a sua sobriedade sem brutalidade e de maneira não muito grotesca. Mas em seguida pediu que não se levasse o seu "charme" ao ponto de tomar ao público a liberdade de criticá-lo. De qualquer modo, a comicidade de Puntila — a inferioridade do superior — é vista com humor, isto é, com certa simpatia compassiva. Nesta fase de sua vida, Brecht, de algum modo, está de conluio com a fraqueza humana: a culpa fundamental não cabe a Puntila e sim à ordem reinante de que, embora esteio, é também vítima. Também ele, o rico, da mesma forma como a pobre Shen-Te de *A Boa Alma,* está dividido em duas metades.

Mais que o esquema didático, exposto nesta apresentação, importa compreender o humanismo de Brecht. É verdade, a peça não visa a uma tese moral. Para Brecht, as soluções supremas pressupõem as humildes. Os valores sociais, embora inferiores aos morais, são precisamente por isso os básicos. Sem a realização do inferior, mas básico, não se desenvolve e frutifica o superior. Só depois de estabelecida a

175

justiça social podem revelar-se o amor e a bondade na sua pureza e autenticidade. Toda a ênfase de *Puntila* é humanista. No horizonte da obra, não visível mas onipresente, espécie de imagem sugerida pelos contornos negativos da sombra que projeta no universo ambíguo da peça, pressente-se um mundo mais generoso em que Puntila pode ser bom e Matti, seu amigo.

12. FRISCH E DUERRENMATT

1. Dois Parodistas

Max Frisch e Friedrich Duerrenmatt, os dióscoros da dramaturgia suíça, de modo algum são gêmeos, embora seus nomes surjam quase sempre unidos. Frisch (nascido em 1911) é dez anos mais velho e talvez maior romancista que autor teatral, ao passo que o narrador e ensaísta Duerrenmatt, conquanto de bom nível, não se equipara ao dramaturgo. O mundo de Frisch parece ser mais profano do que o de Duerrenmatt: há, na obra deste, aspectos teológicos e religiosos que revelam o protestante, ainda que se tenha caracterizado a si mesmo, através de uma das suas personagens, como

um protestante... desarraigado, coberto com a mossa da dúvida e desconfiado em face da fé, a qual admira por tê-la perdido.

Contudo, não faltam analogias e semelhanças, inevitáveis entre amigos que costumam analisar e criticar mutuamente as suas obras e que, num país já em si pequeno, fazem parte de uma das quatro etnias. Da mesma forma como os três e meio milhões de habitantes de língua germânica (cerca de 70% da população suíça), também os escritores costumam falar o dialeto "alemânico", bastante diverso do alemão corrente. No entanto, a maioria dos escritores (incluindo Frisch e Duerrenmatt), embora fale o dialeto, escreve o alemão literário ("o escritor de uma pequena nação, afirma Duerrenmatt, já por motivos comerciais, não pode permitir-se um patriotismo exagerado"). Isso talvez explique, em parte, o tardio desenvolvimento da dramaturgia suíça moderna, já que o palco exige uma língua falada e não escrita; e de outro lado, esse fato talvez não seja inteiramente alheio à acentuada predileção pela paródia, típica para os dois, visto que a posição "marginal" lhes proporciona uma perspectiva vantajosa para aferir a precariedade de certos valores ("o mundo, hoje em dia, só pode ser observado a partir de pontos que se encontram por trás da lua", afirma Duerrenmatt).

Entre os traços comuns a ambos há a preocupação "helvética", o temor do provincialismo (característico deste país universalista), a demonstração por vezes afetada de que a *Helvetia mediatrix,* neutra desde o Renascimento, "aposentada pela história" (como disse Jacob Burckhardt), é perfeitamente capaz de "aventuras espirituais", o que certos alemães lhe pretendem negar. Explica-se daí a sátira por vezes cruel a certos aspectos provincianos da Suíça que, quase sempre, lhes serve de modelo do mundo maior. Nota-se, na obra de ambos, certo temor expresso por um dos maiores poetas líricos suíços, Albin Zollinger, que falou da

178

visão de um ocaso muito mais terrível do que aquele em sangue e lágrimas: visão de uma morte silenciosa na esterilidade e inércia... numa província invadida pela relva, à margem da história.

Neste país de grandes narradores, mas sem tradição dramatúrgica moderna, os primeiros autores teatrais de fama internacional se distinguem pela despreocupação em face do estabelecido e pela vontade irrefreável de experimentar e adaptar as pesquisas universais. Ambos são da opinião de que o teatro de hoje é, ou um museu (de peças clássicas) ou então um campo de experimentos, a tal ponto que cada peça coloca o autor diante de novos problemas. O seu teatro é acolhedor como os hotéis suíços que recebem turistas de toda a parte. Nota-se a influência do auto medieval, do teatro de Claudel, Beckett, Ionesco, Thornton Wilder e principalmente de Brecht, com quem Frisch manteve intenso contato pessoal, embora não lhe acompanhe as idéias políticas.

Ambos também, como o próprio Brecht, mostram-se influenciados pelo cabaré literário, de raízes parisienses e de grande voga na Alemanha a partir de Wedekind que se apresentou pessoalmente com suas canções burlescas em Munique. Nesta arte cênica "menor", de boate ou teatro íntimo, prevalecem o *song* agressivo, a breve farsa, coros falados, a piada política, sobressaindo em tudo o cunho grotesco e o pastiche. É o *conférencier,* o locutor ou animador sutil e espirituoso, dirigindo-se diretamente ao público, que concatena os elementos heterogêneos do programa. Tendo focos em Berlim e Munique (para não falar de Viena), esta arte encontrou com os dadaístas um núcleo em Zurique, de cujo cabaré Voltaire se irradiou em 1916 o movimento. Com a ascensão de Hitler, Zurique tornou-se não só ponto de reunião de grandes escritores como Brecht, Thomas Mann, Georg Kaiser, Robert Musil e muitos outros, mas também centro desta arte de cabaré, cujo expoente máximo, em determinada fase, foi a *Pfeffermuehle* (Moinho de Pimenta), dirigida por Erika Mann (filha de Thomas) e de considerável influência sobre o Cabaré Cornichon, palco de triunfos expressivos da grande Therese Glehse, ao mesmo tempo atriz no famoso "Schauspielhaus" de Zurique. Ali representou em 1941 a *Mãe Coragem,* num desempenho geralmente admirado, mas criticado pelo autor por ter sido forçada a nota do "animal materno".

Muito do que há, nas peças de Frisch e Duerrenmatt, de simples piada, mistificação zombeteira e trote estudantil parece provir de tais influências, devendo-se ainda acrescentar que suas obras teatrais são em parte desenvolvimentos de peças de rádio, o que talvez explique em alguns casos a busca de efeitos fáceis ou drásticos. O prazer da paródia, tão acentuado na arte de Erika Mann (e na obra de seu grande pai) dá verdadeiras cambalhotas particularmente nas peças de Duerrenmatt, manifestando-se por vezes em brincadeiras quase infantis e de gosto duvidoso, para atingir, logo depois, a dimensões grandiosas. É preciso ter um espírito adolescente para apreciar adequadamente uma cena como a da sessão do Conselho de Elis (na peça *Hércules e o Estábulo de Augias,* de Duerrenmatt), onde, sob a presidência do próprio Augias, os conselheiros deliberam sobre a necessidade de dar combate ao esterco que cobre o país; cena como o estribilho "tudo fede" (até o queijo). "Em compensação somos a democracia mais antiga da Grécia", exclama um dos presentes. "Mas apesar disso fedemos", responde outro. Todavia, o importante é que essa sátira feroz a certo provincialismo da pátria amada — e logo se vê que Elis lembra a cidade de Guellen, de *A Visita da Velha Senhora* — ultrapassa de longe a mera piada e o jogo fácil com o anacronismo, atingindo em cheio a inércia, modorra e podridão universais.

No entanto, recentemente Duerrenmatt pagou a predileção desmedida pelo pastiche com o tremendo fracasso do seu *Frank V,* "ópera de um banco particular", com música de Paul Burkhard. Seguindo os passos de Brecht, tentou refletir, nos negócios escusos de alguns banqueiros suíços, o comportamento humano em geral. O fracasso acentua-se particularmente na tentativa de imitar os *songs* de Brecht, ocasião em que por vezes é difícil distinguir entre a paródia e o simples plágio de certos *songs* da *Ópera de Três Vinténs.*

No seu ensaio *Theaterprobleme* (Problemas Teatrais, Zurique, Editora Die Arche, 1955), procura de certo modo justificar a sua preferência pela farsa e pela tragicomédia grotesca (que também se acentua na última peça de Frisch, *Biedermann e os Incendiários*, de 1958). No mundo atual, afirma, não existem

heróis trágicos, apenas tragédias encenadas por açougueiros mundiais e executadas por máquinas de fazer picadinho...

O poder desses homens é tão gigantesco que eles mesmos acabam sendo apenas manifestações casuais deste poder, menos joguetes de fácil substituição. Só a mínima parte deste poder é visível, isto é, acessível à representação cênica ou à expressão artística. A maior parte mantém-se submersa numa abstração anônima, sem face, como no caso de um *iceberg*.

Os verdadeiros representantes faltam e os heróis trágicos não têm nome. Com um pequeno negocista... pode-se reproduzir o mundo de hoje bem melhor do que com um primeiro--ministro. Atualmente são os secretários do Creonte que liquidam Antígone.

Segundo Duerrenmatt não é possível escrever tragédias — que pressupõem as noções de culpa e responsabilidade e um mundo até certo ponto ordenado e transparente — no relaxamento total do nosso século,

neste ocaso da raça branca em que não há nem culpados, nem responsáveis. Ninguém tem culpa de nada, todo o mundo é inocente. A nossa culpa é demasiado coletiva, repousamos coletivamente nos pecados dos nossos pais e antepassados. Somos apenas filho de filhos. Só a comédia resolve o nosso caso. O nosso mundo levou-nos ao grotesco da mesma forma como à bomba atômica...

A paródia afigura-se a Duerrenmatt como um ato de rebeldia e "redução" em face de personagens e mitos que foram transformados em múmias pelos historiadores e teólogos. Parodiando-os, o autor revolve e remodela esses mitos, em oposição ao que a tradição acabou fazendo deles. Desta forma, o artista reconquista a sua liberdade criadora.

No riso manifesta-se a liberdade do homem, no choro a sua necessidade; hoje temos que provar a liberdade. Os tiranos do nosso planeta não se comovem com as obras dos poetas: diante de suas elegias bocejam, no que se refere às epopéias heróicas, consideram-nas tolos contos de carochinha e ante seus poemas religiosos adormecem; só uma coisa temem: o seu escárnio. Desta forma, a paródia infiltra-se em todos os gêneros — no romance, na obra dramática e na poesia.

É interessante verificar que Duerrenmatt chega à mesma conclusão que Thomas Mann, embora a argumentação deste último seja bem mais sutil e profunda.

Os conceitos de Duerrenmatt certamente têm mais valor como depoimento de um dramaturgo fascinante, de merecido êxito, do que propriamente como teoria. Esta não parece ser o seu forte. De qualquer modo, adaptam-se perfeitamente à última peça de Frisch (acima mencionada) e explicam algumas das suas intenções profundas.

2. *"A Visita da Velha Senhora"*

O tema de *A Visita da Velha Senhora*, de F. Duerrenmatt, não é novo na dramaturgia. A dissolução moral de uma cidade devido à sedução do dinheiro é também o *sujet* de *Um Inimigo do Povo*, de H. Ibsen. Ambas as obras são peças de desmascaramento, revelando a fragilidade das máximas morais, a resistência apenas epidérmica da moralidade humana, que mal encobre o fundo do egoísmo. Em ambos os casos o "vil metal" é o ácido corrosivo usado pelos autores para dissolver a aparência superficial e revelar a realidade profunda.

Entretanto, apesar da semelhança do tema, trata-se de obras radicalmente diversas. Notam-se nelas as grandes transformações pelas quais passou o teatro neste século.

Na peça de Duerrenmatt é protagonista Claire Zachanassian, bilionária por obra de um casamento. Já velha, visita Guellen, sua cidade natal, lugarejo decadente e arruinado. Aos habitantes quase indigentes, empobrecidos por manobras secretas da própria ricaça, promete um bilhão em moeda forte e com isso o saneamento financeiro da cidade. Em compensação, exige que lhe forneçam o cadáver de Ill (Schill na tradução portuguesa), seu amante da juventude. Este, há quarenta anos, negara a paternidade da filha de

182

ambos, já que, para fins de casamento, preferia à amante, então muito pobre, uma moça de certas posses. Assim, Schill lançou a jovem Claire à vida errante de prostituta. Agora ela quer comprar a justiça.

A oferta é naturalmente recusada pelos cidadãos. Schill não é só um dos cidadãos mais queridos da cidade, mas Guellen tem, antes de tudo, um grande passado a defender — os valores sagrados da tradição ocidental. É evidente: Guellen permanecerá pobre mas honrada.

Todavia, no próprio momento da recusa indignada começa a corrupção moral da coletividade, enquanto se inicia o "saneamento" e cresce o bem-estar-geral, graças ao crédito propiciado pela oferta. Toda a cidade começa a viver, antecipadamente, segundo padrões materiais que pressupõem a entrega do cheque, ou seja, o assassínio do querido concidadão. A derrocada moral é absoluta. Ninguém escapa: o professor, o pastor, a própria família de Schill, se transformam em urubus que se alimentam de carniça que ainda estrebucha.

Na cidade de Ibsen a mola da perversão geral são os lucros que se esperam do balneário recém-instalado — lucros ameaçados de evaporação devido à denúncia do próprio criador dos banhos que exige vastas reformas por ter verificado a contaminação das águas. Mas nesta peça, ao contrário da outra, há personagens incorruptíveis. Resiste à corrupção não só o idealista Stockmann, cabeça confusa e estourada, que faz a denúncia, mas também a filha, a esposa, o capitão. Nota-se o esmero com que Ibsen cuida da verossimilhança das personagens e situações; o problema básico é inserido num contexto de política, de ódios e ambições locais. Há toda uma trama de motivações psicológicas que explicam o comportamento variado de cada personagem. A peça de Ibsen é realista, o autor procura criar a ilusão da realidade para tanto melhor suscitar o "desilusionamento", ao arrancar a máscara da face daqueles burgueses.

Duerrenmatt despreza soberanamente a verossimilhança exterior, o realismo, a ilusão da realidade. Desde o início nos propõe um puro jogo teatral, jogo até à farsa. Claire, extraordinária invenção cênica, é

183

uma personagem com sabor de mito caríeato, os diálogos tendem com freqüência ao estilo do expressionismo telegráfico, situações como a da excursão de automóvel e do bosque humano desfazem propositadamente a ilusão da realidade, em favor da imaginação cênica e do prazer lúdico. O palco não finge ser realidade, é ficção honesta, ao mesmo tempo que a realidade é desmascarada como ficção desonesta. Não há contexto político, de partidos e classes, nem tecido sutil de motivações psicológicas, a não ser as mais básicas. Nem sequer nomes as personagens têm, com exceção das duas principais. Trata-se, em suma, de uma construção teatral. Prevalece, apesar de pormenores realistas e saborosos, a abstração e deformação, com forte cunho de caricatura. Isso não impede que Guellen se situe no nosso tempo, que seja localizada na Suíça e no mundo ocidental, de modo que a peça se torna uma terrível sátira a uma sociedade hipócrita, cujos valores supremos não são os oficialmente proclamados do humanismo e das religiões dominantes e sim os valores mal encobertos da "boa vida" e do bezerro de ouro.

Contudo, num nível mais profundo, Guellen é uma "cidade-padrão" que serve de "amostra" para uma experiência de significado universal e supra-histórico. A coletividade "modelar", colocada em condições de laboratório artificial, é submetida a certas pressões para que possamos estudar-lhe os desvios de comportamento em relação às normas morais. As pressões são fortes e o homem é fraco. De certa forma, a peça de Duerrenmatt é ao mesmo tempo mais cruel e mais humana do que a de Ibsen.

Mais cruel porque ninguém escapa à corrupção, e mais humana precisamente por isso; o homem é essencialmente um ser fraco, de modo que a ninguém cabe jogar a primeira pedra e ser carrasco do outro. A crítica que Duerrenmatt dirige à sociedade capitalista não é a de um socialista convencido de ser possível transformar os homens. É a de um protestante de fé não muito ortodoxa. Há na sua peça algo de uma "moralidade" barroca e nota-se mesmo certo cunho medieval. O homem é um ser pecaminoso, qualquer que seja a sociedade e a época histórica. É verdade, porém, que a sociedade atual o submete a pressões demasiado fortes para que tenha vez de resistir. Em conseqüência dos recursos de abstração empregados por Duerrenmatt, a sua peça atinge a uma universalidade que a de Ibsen não tem: esta é de fato a crítica de determinada sociedade histórica, minuciosamente descrita, ao passo que a do suíço é, no âmago, uma indagação sobre a condição fundamental (ou assim julgada) do homem e somente nos aspectos mais óbvios uma crítica à nossa sociedade. Precisamente por isso a peça de Ibsen é mais otimista e não tem este cunho de fatalismo e "predestinação" calvinista que se nota na obra do suíço.

O caráter religioso da peça ressalta pelo destino de Schill, vítima, caça e bode expiatório, que morre em holocausto ao bezerro de ouro. É o único da coletividade que, precisamente por sucumbir, se salva. É o herói trágico desta "comédia trágica", o único que sofre a conversão ao arrepender-se e reconhecer que traiu o amor por trinta dinheiros. A exaltação das vítimas e dos perseguidos, dos mendigos e impotentes, é uma constante nas obras de Duerrenmatt. Num de seus contos se lê: "Deus deixou-nos criar e eis que caímos de encontro a Ele". Com efeito, a queda externa de Schill é acompanhada de uma elevação interna que, com a morte, se transforma em redenção. A esta linha, ao mesmo tempo descendente e ascendente, corresponde, passo a passo, numa construção precisa, a linha inversa de progresso externo e queda interna da coletividade. As cenas centrais da dupla peripécia, em que as linhas se entrecruzam, são a última do 2º ato em que Schill, na estação, renuncia à fuga, e a primeira do 3º ato, no celeiro, em que se decide, em definitivo, o destino da coletividade.

O drama religioso de Schill desenrola-se em meio do turbilhão pagão, do tumulto grotesco, terrível e hilariante, produzido pela grande prostituta babélica do ouro, pelo ídolo capitalista que é a velha senhora com seu estranho séquito — o mordomo, os maridos numerados, os carregadores da liteira, o caixão, os eunucos, a pantera, as malas sem conta. Duerrenmatt, no posfácio, insiste em que Claire nada é senão a mulher mais rica do mundo. Admite-se piamente que ela não representa nem a justiça, nem o Plano Marshall (ou a

185

Aliança para o Progresso), nem o Apocalipse — mas apenas a mulher mais rica do mundo, colocada,

mercê da sua fortuna, na posição de atuar como uma heroína de tragédia grega, absoluta, cruel, mais ou menos como Medéia.

Contudo, basta isso para ela se tornar mais do que mera heroína. Torna-se em fatalidade, ou Parca, no dizer do professor da peça, em Cloto que tece o fio da vida, em Laís que transforma o mundo em bordel. Claire chega, trazendo desde logo o caixão para Schill: ela conhece os homens, o destino do amante é traçado. A moralidade de Guellen é mercadoria e a mercadoria tem preço. As leis do mercado substituem as da mitologia grega e as da predestinação calvinista.

É ao mesmo tempo terrível e hilariante a degeneração da lei do mito em lei do mercado, de Cloto em ídolo capitalista montado de próteses.

Tal decadência só poderia resultar em paródia, caricatura, em "comédia trágica". A grande cena simultânea do 2° ato mostra, ao alto, no fundo da cena, Moira tecendo a sua enorme teia internacional pelo fio ou pelo sem-fio, na qual se envolveu, ignorante e impotente, a pequena comunidade de Guellen. Os cidadãos embaixo, no plano de frente, acreditam agir livremente, mas seu destino já está traçado por poderes "superiores" que, da altura (do balcão do hotel), dirigem os pulinhos dos fantoches. É isto, o caráter de jogo de marionetes, muito mais do que a moldura circense do séquito e o surrealismo dos cidadãos transformados em vegetais (também a paisagem inautêntica é mercadoria para turista ver), que dá à peça o seu forte cunho grotesco. O homem transformado em títere e mercadoria torna patente a subversão dos valores e da própria ordem universal — subversão, cuja manifestação estética mais drástica é o estilo grotesco.

Tais elementos são visíveis nas cenas do canto e do discurso engolidos pelo ruído dos trens, de modo que resta apenas a gesticulação tornada automática e grotesca. Mas a inversão torna-se "ontológica", levada ao cúmulo do grotesco, na cena horripilante e

186

cômica da votação solene no teatro da cidade. Não há nada de novo no teatro dentro do teatro, nem sequer no fato de o teatro virar realidade, ou a realidade teatro (tema barroco *par excellence*). Geralmente, porém, o teatro é considerado como uma reprodução que, de uma ou outra forma, imita a realidade. Aqui, porém, temos a realidade imitando a sua própria reprodução. O assassínio festivo de Schill é encoberto pelo solene ato público em que aparentemente se decide a "aceitação" da Fundação Claire Zachanassian, oferecida graças à "amizade" que a doadora sente por Schill. No entanto, este ato público é pura ficção, encenado para os repórteres do cinema, rádio e imprensa.

A Fundação (erguida sobre o cadáver de Schill) salvaguardará "os nossos mais sagrados valores" — essa fórmula final do ato solene revela-se como ficção cínica. Não só por mascarar o assassínio, mas, antes de tudo, porque todo o ato é composto para fins de divulgação. Desde o início a realidade copia a sua própria imagem (filmada, irradiada) que se destina ao consumo das massas. A própria realidade, portanto, é desde logo fabricada, em estilo sensacional, para o mercado consumidor. Já nada escapa de ser mercadoria. Por isso, a própria realidade pode ser multiplicada, como um disco. É o que de fato acontece. As lâmpadas dos repórteres não funcionai da primeira vez e toda a "cena" dos "valores sagra - dos" tem de ser repetida.

À demonstração da derrocada e do esvaziamento dos "valores sagrados" serve também o desfecho da peça. O escatológico *"happy end* universal", o babélico milagre econômico construído sobre o cadáver da vítima como messiânico tempo final e a grotesca inversão do Apocalipse são enaltecidos pelo coro dos cidadãos saneados, numa paródia de famosos versos de Sófocles, Goethe e Schiller. Contudo, também a paródia é invertida, já que ela não atinge aos poetas (e ao mundo que eles representam) e sim àqueles que, servindo-se de seus versos, revelam a sua própria vacuidade.

Vê-se bem que as intenções da peça, na sua mistura de crítica social e radicalismo religioso, não

187

poderiam caber nos limites do realismo. A indagação e a crítica de Duerrenmatt são por demais absolutas e universais, talvez se diria melhor ecumênicas. A peça tende ao trágico, como é trágico o destino de Schill, com seu erro, "reconhecimento", peripécia e catástrofe. Mas quando os "valores sagrados" estão à venda, numa liquidação total, não pode surgir daí uma tragédia. O resultado será uma tragicomédia. O sacrifício, num mundo sem valores, é desesperadamente cômico porque absurdo, como os gestos do orador do qual não se ouvem as palavras. Duerrenmatt faz ressoar os sinos de Guellen e seu professor exclama:

Sei que um dia visitará também a nós uma velha senhora.

3. *"Os Físicos"*

A um carroceiro é permitido beber, a um motorista, não!

Estas palavras de Wernher von Braun, especialista em foguetes, formula o que parece ser um grave problema moral do nosso tempo. O mesmo imperativo moral — o respeito pela vida humana, a própria e a dos outros — impõe em conseqüência do progresso técnico comportamentos e responsabilidades diversos a duas categorias profissionais. A intenção subjetiva e o comportamento correspondente para cumprir rigorosamente o imperativo (é nisso que consiste o fenômeno moral) exigiria do motorista uma velocidade não muito superior à do carroceiro. Todavia, o automóvel foi feito para andar a uma velocidade muito maior.

Um raciocínio não muito complexo, mas impossível de ser exposto neste contexto, mostraria que a íntima moralidade pessoal, geralmente ligada a uma afetividade de alcance reduzidíssimo, limitada à família e aos amigos, representa um freio extremamente precário, de modo que a organização social, já não baseada em relações de "próximo para próximo", tem de envidar esforços cada vez maiores para disciplinar através de regras, costumes, pressões, sanções, instituições e de um sem-número de mecanismos, a conduta exterior de indivíduos, cuja moralidade interna está longe de ajustar-se às responsabilidades enormemente aumentadas neste nosso complexo mundo de relações abstratas, mercados anônimos, de máquinas e aparelhos ao mesmo tempo mortais e benéficos. Embora a organização social, em tese, não possa tirar de nenhum indivíduo o peso da sua responsabilidade pessoal na prática a engrenagem anônima compensa a imposição de restrições exteriores, inevitáveis e cada vez mais rigorosas, assumindo parte crescente da responsabilidade individual que de outra maneira se tornaria insuportável. O automobilista, mesmo andando a uma velocidade normal, cede parte da sua responsabilidade à engrenagem. Esta, por sua vez, passa por um processo penoso de adaptação para neutralizar a velocidade do automóvel, sem fiar-se muito na capacidade e moralidade do motorista.

O que vale com referência à organização de uma só sociedade, vale ou deveria valer na época da bomba termonuclear muito mais da organização conjunta de todas as sociedades, isto é, das relações mútuas entre os Estados. Seria até ridículo confiar, na esfera internacional, na moralidade "bairrista" ou "regional" de indivíduos que já em âmbito nacional prova ser tão precária.

Há quase 200 anos, Kant viu isso muito melhor do que parece ser o caso do nosso contemporâneo Duerrenmatt. Embora um dos maiores e mais rigorosos filósofos morais de todos os tempos, Kant não pensou um instante sequer em basear a sobrevivência da humanidade na moralidade ou em atos individuais. Longe de se fiar na bondade ou prudência dos homens — como St. Pierre ou Rousseau — e nem mesmo na pressão da opinião pública internacional (desde então enormemente sensibilizada e potencializada), depositou a sua esperança numa nova organização das relações entre os Estados, através de uma "Liga das Nações" (*Voelkerbund*), produzida não pela moralidade e sim "pelas guerras, pela preparação constante para as mesmas", pelos "antagonismos cada vez mais terríveis" que levarão

a tentativas no início imperfeitas, finalmente, porém, após muitos abalos e destruições e mesmo total esgotamento interno de suas forças, a algo que a razão poderia ter dito aos Estados de antemão, sem necessidade de tantas experiências tristes. Isto é: a sair do estado anárquico de selvagens para se unirem em uma Liga das Nações...

Como se vê, o otimismo de Kant é extremamente moderado; a alternativa de uma "paz eterna no cemitério" é plenamente admitida e continua atualíssima, apesar deste segundo ensaio de uma Liga das Nações que representa a ONU. Mas também não se nota na exposição de Kant que aquele pessimismo quase triunfal que hoje se tornou bom-tom em círculos ávidos de imitarem a moda de há 40 anos atrás (Spengler etc.).

Em *Os Físicos,* peça brilhante e de grande comicidade, F. Duerrenmatt aborda este problema grave em estilo de comédia grotesca, alegando com sinistro humor que agora, ao contrário do costume dos antigos, "a peça satírica antecede a tragédia". Na peça, a nossa realidade atual é refletida no nível dos dilemas morais, o que é perfeitamente legítimo; tais conflitos existem e têm, como sempre, eficácia cênica. Contudo, a redução a problemas morais, ante os problemas prementes suscitados pela energia atômica, não deixa de produzir um sentimento de insatisfação ante à irrelevância da abordagem. Duerrenmatt não consegue tornar palpável, em termos cênicos, através do aspecto moral e pessoal, a imensa engrenagem de uma organização que, evidentemente, não depende e não pode depender de decisões morais individuais.

O peso do dilema é atribuído aos cientistas. O genial físico Moebius simula ter alucinações em que lhe aparece Salomão, o "rei dourado", para ser internado num hospício. Seu "sistema de todas as invenções possíveis" (inspirado pelo próprio Salomão) deve permanecer secreto para que a humanidade não corra o perigo do extermínio. Por ser lúcido, finge ser louco. E como sua inocente enfermeira o considera normal, surgindo daí o perigo de se difundir a notícia de suas descobertas, assassina-a para o bem da humanidade. Dois outros físicos, adeptos de sistemas políticos contrários, igualmente disfarçados de loucos (um pretende ser Einstein, o outro Newton), seguem-no ao hospício. São espiões enviados para manter vigilância sobre Moebius e tentar mobilizá-lo para os seus res-

190

pectivos países e sistemas. Também estes vêem-se forçados a assassinar as suas respectivas enfermeiras, em benefício de sua missão. Mas Moebius convence os dois colegas de que ambos, apesar de representarem sistemas contrários, oferecem a ele, Moebius, a mesma coisa — uma prisão sem liberdade.

> Prefiro meu hospício. Este me proporciona pelo menos a segurança de não ser explorado por políticos.

Os três colegas aliam-se, resolvendo "retirar" ou anular o seu saber, ou seja, ficar no hospício para salvar a humanidade.

> Ou permanecemos no hospício ou o mundo vira hospício... Somos animais selvagens. Não devemos ser soltos contra a humanidade.

O hospício garante-lhes a possibilidade de continuarem loucos mas sábios, presos mas livres, físicos mas inocentes.

Desgraçadamente, a dona do instituto, a psiquiatra Mathilde, fotocopiou os cálculos de Moebius, como revela na cena final. Uma louca de fato, a quem realmente aparece o "rei dourado" Salomão, torna-se dona do mundo. Organizou um enorme truste para explorar o "sistema de todas as invenções possíveis". Este truste dominará o mundo.

> A conta deu certa. Não em favor do mundo, mas de uma sólteirona velha e corcunda.

A Moebius nada resta senão reconhecer que "o que uma vez foi pensado, não pode ser anulado". Assumindo o papel de rei Salomão, dirige-se brechtianamente ao público para anunciar, nas palavras finais da peça, exatamente o contrário de Brecht:

> . Fui um príncipe da paz e justiça. Mas minha sabedoria destruiu meu temor de Deus... Agora as cidades estão mortas... vazio meu reino, um deserto de brilho azulado... Algures, em torno de um astro miúdo e amarelo, gira, absurda, incessante, a Terra radioativa...

A peça, sem dúvida, é "bem feita" e apresenta situações de grande efeito cômico-grotesco, aliás por

191

vezes um tanto fáceis; nada mais fácil que provocar risadas com supostos loucos na máscara de Einstein e Newton. O humor negro brinca com reduzir "valores elevados" — a vida humana — à insignificância; o assassínio, através da repetição, se transforma no automatismo de um teatro de fantoches (os assassínios, de fato, foram planejados pela psiquiatria). O diálogo, rápido, preciso, seco, quase telegráfico, inspirado em certos modelos expressionistas, adapta-se ao cunho grotesco, da mesma forma como os personagens, extremamente esquematizados (permitindo ampla elaboração dos atores e diretores). A psiquiatra, solteirona corcunda e ressentida que, não podendo conquistar um homem, pretende conquistar ao menos o mundo, é uma pálida paródia (parcialmente invertida) da *Velha Senhora,* peça cujo acervo humano forneceu também os atléticos criados-*gangsters* que substituem as enfermeiras assassinadas em série. A única personagem mais elaborada é Moebius, que chega a ter até família e que proíbe a um dos filhos tornar-se físico. Na ocasião canta um *song* no estilo de Brecht, dirigido contra a ciência, contra os cosmonautas e, evidentemente, contra as concepções de Brecht.

Pelas razões antes expostas, a peça não consegue corresponder à sua pretensão de ser uma parábola da nossa situação atual. A redução da nossa realidade histórica a um dilema moral eterno — matar três enfermeiras inocentes para salvar muitos inocentes, os fins santificando os meios — é insatisfatória e infeliz. A moral não é quantificável, ao passo que a sobrevivência da humanidade é, entre outras coisas, também um problema de quantidade. Nos termos de uma comédia com cunho de farsa sem dúvida, não importa certa simplificação das alternativas, por exemplo a omissão do fato de que restaria a Moebius a solução do suicídio ou do fato de todo físico saber que outros físicos não tardarão em fazer as mesmas descobertas (o que não exclui a responsabilidade de cada um, em termos morais rigorosos). O que importa mais é que a moralidade individual não pode ser posta em referência com uma imensa engrenagem, face à qual a decisão pessoal, apesar da sua infinita relevância moral, é irrisória em termos de sobrevivência universal.

Duerrenmatt, aliás, tem a clara intuição desse fato; um dos físicos assassinos dirige ao inspetor de polícia esta pergunta:

Deseja prender-me porque estrangulei a enfermeira ou porque possibilitei a bomba atômica?

O físico, em seguida, expõe: cabe ao cientista elaborar certas fórmulas, p. ex., sobre a eletricidade; o técnico, com base nestas fórmulas, manipula em seguida a eletricidade como o proxeneta a prostituta. Explora-a e constrói máquinas. Estas são aproveitáveis somente quando se tornam independentes do conhecimento que levou à sua invenção.

Assim, cada burro pode hoje fazer luzir uma lâmpada elétrica — ou explodir uma bomba atômica...

Ao fim dirige ao inspetor a pergunta sarcástica:

Por que não se recusa a ligar a luz, já que nada entende da eletricidade? O sr. deveria prender-se a si mesmo.

Neste trecho o autor sugere — infelizmente sem verdadeira expressão cênica — que a engrenagem se "alienou" da consciência moral individual. A isso corresponde o fracasso dos físicos em apresentar uma solução individual do problema, pois aquilo que uma vez foi pensado já não pode ser anulado, continuando, na mão da psiquiatra louca, o seu desenvolvimento que já independe daqueles que geraram o pensamento. A expressão parabólica dessa "alienação" é precisamente o hospício que se torna imagem de um universo enlouquecido.

Todavia, depois de ter dado mostras de uma verdadeira intuição no problema fundamental, Duerrenmatt, através das palavras finais do físico Moebius, acaba anulando tudo que a peça sugerira, ao reduzir o problema do progresso científico e técnico de novo a um problema moral e religioso e ao culpar a *hibris* e soberba do homem, cujo desenvolvimento histórico, precisamente por ser o de um ser racional, é redondamente condenado. A imagem final de um mundo deserto, radioativo, muito mais do que advertência, é

193

daquele tipo de profecias que, quando muito repetidas, tendem a criar um clima de resignação, angústia e fatalismo que facilita a auto-realização dessas profecias (*self-fulfilling prophecy*). Face à inocuidade desta concepção, vale citar um antropólogo (Arnold Gehlen), que verifica com justeza que a situação criada independe da moralidade individual, mas que se engana ao desconhecer que nem por isso se pode deixar de atribuir responsabilidade variável aos indivíduos envolvidos:

A pesquisa é responsável, dizem. Contradigo; afirmo que ninguém é responsável pelo progresso no sentido do desenvolvimento cada vez maior da ciência e técnica, incluindo as suas inúmeras conseqüências inevitáveis, diretas e indiretas. Este progresso tornou-se uma lei inexorável da vida humana, nenhum indivíduo pode ser moralmente responsabilizado, há muito que o homem embarcou ousadamente neste elemento, agora não há volta, há somente soluções avançando.

Por paradoxal que pareça, Duerrenmatt não parece divergir muito dessa opinião — mas isso ele não nos revela no palco e sim numa série de aforismos apostos à peça (21 pontos acerca de *Os Físicos*):

O conteúdo da física interessa aos físicos, o efeito a todos os homens. O que interessa a todos, somente por todos pode ser solucionado. Cada tentativa individual de solucionar o que compete a todos há de fracassar.

Absolutamente certo. O mais paradoxal desta peça é que o dramaturgo acaba dizendo a coisa mais importante fora da peça. O que irrita nesta comédia não é a falta de soluções razoáveis. Ao dramaturgo não se pode exigir soluções. A crítica dirige-se à inadequação dos recursos formais para tornar visíveis, em termos cênicos, os problemas reais de que o autor, contudo, parece ter plena intuição. Segundo um dos 21 pontos mencionados, a peça pretende expor o público, através do paradoxo, à realidade. Precisamente nisso a peça falha. O público não é exposto à realidade, visto que Duerrenmatt não conseguiu expor a realidade ao público.

194

4. Do Perigo de Usar Brecht

Biedermann e os Incendiários (versão definitiva 1957/58) é sem dúvida, ao lado de *Andorra,* o fruto por ora mais importante da atividade dramatúrgica de Max Frisch, a quem muitos estimam sobretudo como romancista.

Ambas as peças já foram apresentadas no Brasil. *Biedermann,* por várias razões, merece um comentário especial.

O protagonista da peça chama-se Gottlieb (amor de Deus ou Teófilo) Biedermann (homem probo), nome que alude ainda a *Jedermann,* isto é, à versão alemã de *The Moral Play of Everyman,* peça medieval que, na bela adaptação de Hugo von Hofmannsthal, costuma ser apresentada nos festivais de Salzburgo.

O "homem probo" é não só o suíço médio, mas, em sentido amplo, o burguês comum, *Jedermann,* "todo mundo". É abastado fabricante de uma loção que promete farta cabeleira aos calvos. Ao iniciar-se a peça, Knechtling (servidor), empregado e inventor da loção, acaba de pedir participação nos lucros, sendo por isso demitido pelo patrão. Desesperado, suicida-se. Através da peça, a viúva, mãe de três filhos, tenta debalde ser recebida pelo protagonista. Este, por outro lado, é incapaz de recusar pão, vinho e abrigo — no sótão de sua casa — a um lutador profissional desempregado, apesar de saber que os enormes incêndios que aterrorizam a cidade são ateados por hóspedes semelhantes. É que o "herói", se é duro nos negócios, na vida particular é muito "bonzinho" e até incapaz de dizer "não", muito menos a um gigantesco lutador que, por cima, sabe da loção e do suicídio. Assim assiste, impotente, às atividades do lutador que instala tranqüilamente dois amigos no seu abrigo, um garção e um intelectual. Juntos enchem o sótão de latas com gasolina. Que fazer?, pergunta Biedermann, assustado, ao público. Mas, consola-se — como, aliás, se consola o público que, afinal, está na mesma situação. Se fossem realmente incendiários, não agiriam de modo tão óbvio. No fim, depois de uma ceia que é uma sinistra paródia, e não apenas da ceia que *Jedermann,* dá-lhes até fósforos, já que lhos pediram: se fossem

195

realmente incendiários, não estariam munidos de fósforos? A peça propriamente dita, de um só ato extenso, conclui com o incêndio em que perecem Biedermann e a esposa e que destrói a cidade, graças aos gasômetros localizados nas proximidades da casa. Há, porém, mais um ato, o epílogo no inferno, que corresponde ao prólogo no céu de *Jedermann*.

Antes de falar no epílogo, convém mencionar o coro, estupenda paródia do coro grego e ao mesmo tempo sátira a certas organizações internacionais e a muitas de nossas instituições. Constituído de bombeiros, o coro não deixa de verificar, à semelhança dos cidadãos de Elis, da peça *Hércules e o Estábulo de Augias* (de Duerrenmatt), que "tudo fede", desta vez não de esterco mas de gasolina. Certas coisas — verifica o coro em solenes versos dactílicos — ocorrências

> chamadas destino
> Para que não perguntes como nasceram
> Coisas imensas que destroem cidades
> São puro descalabro
> Humano, demasiado humano
> Aniquilando a mortal estirpe dos cidadãos.

Mais adiante, criticando Biedermann, tão bonzinho, observa com muitos "ai de vós!" e "ai de nós!":

> É este o engano grave:
> Esperar que o bem
> Venha da beneficência.

No decurso da peça, o coro analisa a sua própria função: vendo as coisas de fora, compreende-as melhor do que o cidadão envolvido na ação. Infelizmente não lhe cabe intervir; sua função clássica é apelar polidamente, embora suando frio, é advertir apenas; é, ai de nós, chegar atrasado como os bombeiros. Ainda assim, resolve interpelar Biedermann:

> Sabendo como é inflamável o mundo, como admitiste latas com gasolina na tua casa? O que pensaste?

E Biedermann:

> Meus senhores, sou um cidadão livre. Posso pensar o que quero. Tenho até o direito de não pensar nada. Além de tudo, sou eu o proprietário da casa!

196

Ao que o coro exclama:

Que seja sagrado o sagrado
A propriedade
Venha disso o que vier.

O corifeu acrescenta:

Pois que teme a transformação — Mais que a desgraça
— Que fará contra a desgraça?

No fim, entre as detonações dos gasômetros, o coro exclama parodiando Sófocles:

Pois muita coisa é absurda; mas nada é mais absurdo que esta história que a muitos matou, ai de nós, mas não a todos. E que nada modificou. Para concluir: o que todo o mundo prevê, longamente, ao fim acaba acontecendo: descalabro estúpido, inapagável, chamado destino.

O epílogo no inferno foi acrescentado mais tarde pelo autor, como para reforçar a afirmação do coro de que a história "em nada se modificou". Surgem as mesmas personagens: Biedermann e a esposa aguardando a condenação às chamas eternas, os incendiários revelando-se como expoentes da hierarquia diabólica. No inferno reina, no momento, uma "crise infernal". O diabo-mor (o garção) volta do céu, onde em vão procurara Deus para protestar contra uma anistia que beneficiou os grandes criminosos, ao passo que os punguistas, adúlteros e pecadores insignificantes enchem o inferno. Diante disso, virando representante da justiça, o diabo decreta a greve geral do inferno, chama o coro dos bombeiros para apagar as chamas e retorna com o lutador à terra para reiniciar o trabalho incendiário na cidade que, como a Guellen de *A Visita da Velha Senhora,* foi reconstruída com grande esplendor, brilhando toda de "cromo e vidro". O animal alegórico deste inferno moderno em vias de emigrar para a terra não é o leopardo, nem o leão ou a loba, mas o papagaio, com seu grito monótono e mecânico: sem dúvida uma alegoria da repetição absurda e ao mesmo tempo uma grotesca imagem do homem.

A peça é bem mais ambígua do que este resumo deixa entrever. Seu humor negro reflete o círculo vicioso da nossa situação e atinge, a bem dizer, todos os valores, os cristãos, os da democracia ocidental e os do radicalismo socialista, não deixando nada intacto. Alvos particulares da sátira são o burguês frouxo e inerte e o intelectual que, no último momento, se "distancia" dos incendiários, descendo para a platéia e virando espectador, ao perceber que seus "colegas" atuam por mero prazer e não, como ele, por motivos ideológicos. Frisch chamou a obra de "peça didática sem lição", a paródia universal visa à própria técnica brechtiana de cujos recursos, no entanto, faz amplo uso. Não parece acreditar, como Brecht acreditava, com o otimismo reservado da sua fé marxista, na possibilidade do ensinamento e da transformação, quer da sociedade, quer do homem. Se há uma lição, parece ser a da impossibilidade de ensinar, ante a irremediável incapacidade do homem de aprender a lição.

A estrutura circular da peça — tão típica de certa vanguarda literária — dá ao inferno terrestre o cunho de duração perpétua, de "má eternidade"; nela se exprime toda uma filosofia da história. Os incendiários sempre recomeçarão a sua obra. Face a isso, uma das primeiras peças de Frisch, *Eles Cantam de Novo,* escrita ao findar-se a guerra, parece relativamente mais positiva. A obra conclui apresentando os mortos da guerra misturados aos sobreviventes. Vendo que tudo recomeça, dizem:

> Foi tudo em vão — em vão a morte, a vida, as estrelas no céu...

Verificam, contudo, que o amor é belo; "só o amor não desespera, por mais que se saiba inútil". Nem este amor que sabe da sua inutilidade existe na sua última peça. Biedermann é o homem-vácuo; o amor transformou-se na amabilidade de quem leu Dale Carnegie. Ao contrário de *Jedermann* ou todo mundo, que morre arrependido, amparado pela fé e pelas suas boas obras (por mais insignificantes que sejam), Biedermann recusa "pão e vinho" e exige, no próprio inferno, reparações pela destruição da sua casa.

Também na obra de Brecht, a cuja técnica Frisch tanto recorre na peça, encontramos a estrutura circular, ou pelo menos o tipo do drama em que nada

198

é resolvido e em que o fim, em vez de ser desfecho, é apenas interrupção de uma ação que continua, em oposição à teoria aristotélica que exige começo, meio e fim, isto é, uma ação que se defina como em si concluída. *Mãe Coragem* é peça típica desta concepção antiaristotélica. Quando a cortina se abre, não assistimos ao início real de uma ação: a protagonista, no seu carro, já vem de longe; e quando a cortina se cerra, ela parte para longe, puxando o carro com o palco giratório girando. Também a Mãe Coragem nada aprendeu. No entanto, Brecht teve o cuidado de dar à peça ambientação concreta, situando-a em determinada fase da história (o que não ocorre na peça de Frisch). Ao mesmo tempo exigia o distanciamento da atriz face à personagem. A atriz demonstra que a personagem poderia ter agido de forma diferente ou que pelo menos o público poderá agir de modo diverso. Se a personagem nada aprendeu, o público ao menos pode aprender. O teatro didático, no sentido de Brecht, extravasa do palco e sua ação, não concluída no palco, encontra conclusão na mente do espectador: este é incitado a raciocinar e "concluir". Precisamente numa peça de estrutura circular a teoria do distanciamento revela toda a sua importância.

A peça de Frisch, sem dúvida uma magnífica parábola da nossa situação, demonstra contudo que o uso de certos recursos de Brecht, sem que a isso corresponda a sua concepção integral, leva a resultados dúbios. Na peça de Frisch provém daí certa incoerência profunda que não se torna menor pelo fato de o próprio autor chamá-la de peça didática sem lição. As personagens, incluindo o coro, dirigem-se (por vezes) diretamente ao público, sem terem verdadeira função épica (como em *Nossa Cidade,* de Thornton Wilder) e sem que, no fundo, tenham alguma coisa a dizer a ele. Ou melhor, já dizem tudo, já concluem por si mesmos: o mundo é imutável, nada se modifica; é uma província de que nenhum Hércules tirará o esterco (como não tira em *Hércules e o Estábulo de Augias,* de Duerrenmatt). Tal concepção, em si perfeitamente legítima (embora triste), não necessita de extravasamento para o público, pois se resolve inteiramente e com maior coerência nos limites do próprio

199

palco. Ela não exige nenhuma "conclusão" por parte do público.

Naturalmente, o coro tem sua verdadeira função como comentarista filosófico (e seu papel tragicômico atinge magnífico efeito estético). Mas ainda aí se revela a contradição em que Frisch se debate. Se de um lado o coro — ironizando o coro grego — combate a idéia do destino e da fatalidade, assim chamados para que os homens não perguntem pela verdadeira causa dos males; e se o coro, em melhor estilo didático, exclama que a razão tem o poder de evitar muitas calamidades; se, portanto, pelo conteúdo a peça parece apelar a um público capaz de aprender e agir — pela sua estrutura, contudo, ela eterniza a estupidez humana, transformando-a em novo destino.

É possível, ainda assim, que Frisch não haja pretendido sugerir, através da estrutura circular o "eterno retorno" das mesmas situações, subentendendo-a como posta no condicional: "se" os homens continuarem do mesmo modo, a conseqüência será esta. Mas neste caso, usando o círculo vicioso como advertência, teria de aceitar a encenação brechtiana integralmente para, pelo efeito de distanciamento, induzir o público a concluir além da conclusão da própria peça. O que, evidentemente, não é a idéia de Frisch.

Pelo que se vê, o teatro de Brecht não admite compromissos. Não se pode usar seus métodos gratuitamente, como jogo meramente formal. Frisch lembra um pouco o próprio intelectual da peça que, na hora da ação, lava as mãos e vira espectador na platéia, mas, ao contrário dele, distancia-se precisamente porque não quer aderir a nenhuma ideologia. Talvez escape ao inferno, enquanto o colega da peça desempenha nele funções de porteiro.

5. *Uma peça didática sem lição*

Não é por acaso que Max Frisch, hoje um dos maiores dramaturgos da língua alemã, revele com aguda visão os perigos da neutralidade, precisamente por ser suíço, cidadão de um país tradicionalmente neutro. Podemos falar dos perigos da neutralidade quando esta, ultrapassando o plano da política nacional de uma país — plano em que talvez se justifique — se torna em atitude fundamental dos cidadãos. Neste caso a neutralidade já não é uma decisão política, como tal possivelmente lúcida, mas, ao contrário, sintoma de morna indecisão, de falta de participação e responsabilidade.

O nome do nosso "herói", Gottlieb Biedermann, é um nome irônico. Gottlieb significa "Teófilo" ou "amor de Deus". Biedermann compõe-se de *bieder* (bom, probo) e *Mann* (homem). Biedermann é o "bom sujeito", o homem médio do nosso tempo, o homem amorfo, "neutro", morno, sem face e identidade. A busca da identidade, da opção autêntica e corajosa, é um dos temas básicos tanto da obra teatral como dos romances de Frisch. Na época da bomba atômica, disse Frisch certa vez, "o nosso progresso só nos deixa a opção de perecer ou de nos tornarmos seres humanos". Mas a nossa época é também a do clichê, da reprodução e repetição dos chavões, da propaganda subliminal, da indústria das consciências estandardizadas — enfim do papagaio e do macaco. Será possível a opção autêntica em tal época?

Biedermann é precisamente o homem conformista, o covarde que não se decide e que só toma conhecimento daquilo que aparece já digerido nos jornais, como salienta o coro da peça. Não pode deixar de se tornar joguete e fantoche das circunstâncias. O que de consciência lhe resta é corroído por atribulações mesquinhas. Biedermann esgota esse ínfimo resíduo de consciência na autojustificação ou racionalização da própria covardia e particularmente no medo de se tornar vítima de chantagens por causa das vilezas que praticou para enriquecer. "Todo cidadão é culpado, a partir de certo nível de rendas". Desta forma é forçado a ser "bonzinho", por medo, interesse ou por ter a consciência aflita. Certamente possui uma lista com a data dos aniversários das pessoas de que "fazer amigos" vale a pena ou se impõe por esperteza. Biedermann é a encarnação perfeita do homem imaginado por Dale Carnegie: do homem que, da mesma forma como o cachorro, sabe fazer amigos porque "a uma distância de dez pés ele começa a sacudir o rabo"

201

(Dale Carnegie usa esse exemplo para caracterizar o seu ideal humano).

Apesar de tudo, o patife Biedermann não deixa de ser, até certo ponto, personagem simpática. Tem a medula putrefata pela má fé, mas nem por isso continua sendo um "bom sujeito". Chega a ser difícil não nos identificarmos com ele, pelo menos um pouco ou mesmo bastante. Afinal, o seu nome se assemelha não sem razão ao de *Jedermann*, o homem que representa "todo-mundo", isto é, todos nós. Frisch alude ao *Auto Moral de Todomundo*, famosa obra inglesa dos fins do século XV que numa versão moderna costuma ser apresentada em Salzburgo e em que Deus lamenta o mau comportamento da humanidade, enviando a Morte a fim de intimar o rico Todomundo a comparecer ao "ajuste de contas". Ao fim, Todomundo é salvo porque tem fé em Deus e é ajudado pelas poucas boas obras que praticou. *Biedermann* é uma paródia àquele auto moral da época de Gil Vicente. "Hoje, diz uma das personagens, a maioria da gente não tem fé em Deus, mas nos bombeiros". Mas o coro dos bombeiros é tão impotente como a ONU e outras assembléias semelhantes. Quanto a Deus, está ausente na peça de Frisch. A vez é do diabo. É com dureza e com terrível escárnio que Frisch apresenta a religião degradada do nosso Todomundo atual — reduzida a clichês vazios e a chavões demagógicos. A peça é uma verdadeira queima de vetustas mercadorias e nisso entra também o *Fausto* goethiano, com seu prólogo e epílogo no céu, cujo "salvo!" ecoa ironicamente no epílogo que desta vez se passa no inferno. Nele surgem o papagaio e o macaco, símbolos da repetição mecânica e oca. Há um pouco de autopunição neste intelectual inautêntico, macaco de ideologias que acaba por "desengajar-se" e lavar as mãos, tornando-se mero espectador.

A peça é nitidamente influenciada por B. Brecht. Recorre em ampla medida aos recursos do teatro épico, embora Frisch não siga a linha ideológica do admirado mestre, nesta "peça didática sem lição". É verdade, o delicioso coro dos bombeiros se dirige contra o coro grego e imita os comentários de Brecht: proclama que o destino é só um nome para justificar as tolices do homem. Não há destino. Cabe ao homem assumir a responsabilidade. Mas que pode fazer o homem se acredita que o bem provenha da benevolência? E aquele que teme as mudanças mais que a desgraça — que pode este fazer contra a desgraça? Isto é bem brechtiano, na forma e no conteúdo. Todavia, ao fim este mesmo coro declara, desiludido, que a estória de Biedermann é absurda porque nada modificou. Tudo se repetirá, mecânico como o grito do papagaio. Os incendiários voltarão a agir. Pressuposto, naturalmente, que Biedermann continue o mesmo "bom sujeito" de antes. Quem, afinal, são os incendiários? A peça, com razão, não é muito específica a respeito. Eles variam com as circunstâncias. A sua cor política não é bem definida. Mas isso não tem muita importância. Os verdadeiros culpados não são eles. Segundo Frisch, os grandes criminosos, os verdadeiros culpados vivem no céu — no estranho céu desta peça. E Biedermann é seu instrumento: para ele esta peça didática não tem lição.

6. *"Andorra"*

O título *Andorra* não se refere ao paisinho dos Pireneus. O autor, sem dúvida, adotou certos momentos circunstanciais daquele protetorado da França, p. ex., o fato de muitos habitantes se dedicarem ao contrabando e as mulheres de um Estado vizinho terem o tratamento de "senora" (grafia do original). Em essência, porém, trata-se de uma cidade imaginária, semelhante à de Guellen, de *A Visita da Velha Senhora,* de Duerrenmatt. O próprio autor explica numa epígrafe que Andorra é um "modelo", uma cidade típica, portanto, construída para propor uma experiência psicológica e moral. Frisch pede ao cenógrafo a praça de uma cidade meridional, mas com o palco quase vazio. Deseja situar a cena em certa realidade, abstraindo, contudo, da concretização realista e histórica.

"Modelos", no mesmo sentido de exemplaridade e de certa abstração moderada, são os cidadãos de Andorra que se chamam "o Professor", "o Marce-

203

neiro", "o Soldado" e mesmo "o Alguém". Isso vale mesmo em relação ao protagonista, o jovem Andri, apesar de este ter nome, como sua namorada Barblin. Andri é por assim dizer um judeu "modelar" (isto é, típico), embora de fato não seja judeu. Mas os outros o julgam judeu (e o próprio Andri a si mesmo) e isso basta para que certas características estereotipadas, freqüentemente atribuídas aos judeus, se tornem de fato traços do rapaz. Tais traços são suficientemente concretos para dar consistência e verossimilhança ao suposto judaísmo de Andri ou ao que geralmente se julga ser judaico, segundo o mito estabelecido, mas são mantidos em suficiente abstração para que se revele o mecanismo universal do preconceito e dos seus efeitos. Andri, do mesmo modo, apenas com uma ligeira variação dos estereótipos, poderia ser um negro, mulato ou membro de qualquer grupo sujeito a qualquer tipo de pressão decorrente de um preconceito. O que importa é a lição universal do preconceito e de suas conseqüências. Ainda assim o didatismo da peça — que assimilou os conhecimentos científicos atuais relativos a este assunto — não é insistente; é realçado, mas ao mesmo tempo absorvido e neutralizado por uma ação tensa e trágica, de forte carga emocional.

A fábula é simples. Um professor andorrense teve um filho ilegítimo com uma "senora" do grande Estado vizinho, onde os judeus são barbaramente perseguidos e cuja agressividade é uma constante ameaça para a pequena Andorra. A "senora", por receio dos parentes, entrega o filho ao professor que o leva a Andorra e, por receio da própria esposa e da atitude dos andorrenses, contrários a relações com "senoras" do Estado vizinho, alega tratar-se do filho de judeus a quem salvou da perseguição. O motivo supostamente nobre do pai "adotivo" é, de bom grado, aceito na democrática Andorra em que se condena a perseguição racial. Em Andorra o que existe é apenas o preconceito clássico, tradicional e quase afável, que faz parte dos bons costumes. Ao iniciar-se a peça, Andri, o filho de criação, conta 20 anos e ama Barblin, filha legítima do professor (da qual Andri não sabe que é sua irmã). Certo dia, a "senora" visita Andorra para ver

204

o filho e o antigo amante. É mal recebida pelos andorrenses; é tida como espiã e, num tumulto, é morta por uma pedrada. A culpa é atribuída ao bode expiatório nato, a Andri, que nem presenciou o tumulto. A morte da "senora" serve ao Estado vizinho de pretexto para ocupar Andorra. Com o exército vem um funcionário, espécie de "detector de judeus": toda a população de Andorra, descalça e as cabeças cobertas por uma carapuça, tem de desfilar diante do funcionário que, com olhar infalível, reconhece apenas pelo andar e pelos movimentos os "diferentes". Também Andri, traído e entregue pelos andorrenses, desfila. Embora puro "ariano", é imediatamente "detectado" pelo perito e em seguida assassinado. O professor se enforca e Barblin, a noiva e irmã, enlouquece.

A habilidade com que Frisch consegue, em termos puramente cênicos, levar *ad absurdum* a teoria racial nazista é impressionante: o funcionário, precisamente por ser infalível, desmente a teoria: Andri é, pela raça, puro "ariano"; mas a pressão social tornou-o judeu em projeção do preconceito. Tendo introjetado os estereótipos, passa a corresponder exatamente à imagem — tanto negativa como positiva — que a maioria se faz do "estranho". Os cidadãos, devido ao preconceito, o tornaram diferente e depois o odiaram porque é diferente (o estereótipo, sem dúvida, costuma ter certo teor variável de veracidade; mas visto que se refere, nas relações de uma maioria para com uma minoria, sempre a uma realidade já afetada pelo preconceito, o problema da veracidade do estereótipo chega a ser o do ovo e da galinha. Frisch, no seu modelo, resolveu este problema de modo simples: apresenta um herói "ariano" a quem o preconceito evidentemente não se aplica, para desta forma poder demonstrar o seu efeito em condições de completa "assepsia", como num tubo de ensaio. Muitos judeus sem dúvida objetarão a Frisch que têm peculiaridades e que se orgulham delas; mas os mais esclarecidos referir-se-ão, no caso, a peculiaridades históricas e religiosas, não admitindo a transmissão racial de qualidades coisificadas como "ganância", "agressividade" e, tampouco, de qualidade como "musicalidade", "inteligência" etc.).

205

A demonstração dos vários mecanismos do preconceito é magistral. Andri, p. ex., não é nada econômico, não se interessa por dinheiro. Já os andorrenses, burgueses e contrabandistas que são, habitualmente tendem a ser gananciosos, mas precisamente por isso atribuem a ganância ao bode expiatório. Um deles até diz:

> Os andorrenses são boa gente, mas quando se trata de dinheiro são como os judeus.

Assim, o andorrense se livra da pecha da sovinice, atribuindo-a por projeção ao "outro". Se é generoso, o é como andorrense; mas ganancioso é "como judeu". Não admira que Andri comece a cismar:

> Talvez os outros tenham razão... Um olhar basta, de repente és como dizem.

Quanto ao padre, adota o estereótipo positivo:

> És mais inteligente do que os outros (Spinoza, Einstein etc.).

Andri — a quem aliás não resta outra saída que ser inteligente — não quer saber nada disso. "Não quero ser diferente". Mas quando finalmente lhe dizem que não é de fato judeu, assume livremente o judaísmo (torna-se, no dizer de Sartre, "judeu autêntico", precisamente quando se verifica que nem mesmo é judeu inautêntico).

Não há, pois, nada de milagroso em que o funcionário reconheça em Andri o diferente, já que este se identificou com a imagem que os outros fizeram dele. O próprio padre o confessa:

> Fiz uma imagem dele embora não devamos fazer imagens de Deus, nem dos homens. Também eu o acorrentei...

Todo o processo da projeção é simbolizado pelo fato de que quem matou com uma pedrada a "senora" é o primeiro a "levantar a pedra", atribuindo o assassínio a Andri.

Um dos estereótipos nazistas mais característicos — o da covardia — é revelado como projeção. O mais agressivo perseguidor de Andri, o soldado, é o

206

mais covarde dos cidadãos, ó primeiro colaboracionista quando da invasão de Andorra. Percebemos que Andorra está em todos nós. Andorra são os "inocentes" que colaboram por inércia, conformismo e covardia. Talvez a personagem mais trágica da peça seja o professor. Ele, que com grande brio combate o preconceito mobilizado contra Andri, provocou a tragédia do rapaz ao capitular em face de outros preconceitos, traindo o filho e a paternidade:

Tive medo deles, sim, medo de Andorra porque eu era covarde...

Vê-se que a peça de Frisch está longe de ser apenas uma análise do efeito que o preconceito exerce sobre a vítima. É ao mesmo tempo, e antes de tudo, uma análise dos portadores de preconceitos, da sua doença e covardia morais que são causa e conseqüência do preconceito. A racionalização, a autojustificação, o auto-engano, a hipocrisia, o ressentimento, intimamente associados ao preconceito, pervertem a sociedade de Andorra, da mesma forma como a oferta financeira da Velha Senhora perverte os cidadãos de Guellen. O resultado é o oportunismo, conformismo e colaboracionismo, enfim a capitulação sem resistência ante o invasor. Este, de fato, já invadira Andorra antes, através da quinta coluna do preconceito afável e tradicional. Andorra, no fundo, nada tem a opor ao vizinho agressivo; estivera sempre de acordo com ele. Mesmo o padre — uma das poucas personagens positivas da peça — não escapa à condenação da noiva Barblin:

Onde estavas, padre Benedito, quando buscaram o nosso irmão...?

Como em *Biedermann e os Incendiários* também nesta peça os cidadãos não parecem aprender nada com as experiências. Entre a seqüência da ação principal são inseridas cenas — apresentadas na boca do palco e destacadas por um foco de luz — que se desenvolvem diante da barra de um tribunal invisível. Ao interromperem a ação, estas cenas devem permitir certo distanciamento do público. Este, de certa forma, é chamado a representar o juiz ou a consciência moral.

207

O essencial dessas breves cenas, nas quais vários cidadãos andorrenses aparecem como testemunhas diante da barra, é que todos — com exceção de um — lavam as mãos, justificando as suas ações e atitudes. Não tinham nada com nada; não aprenderam nada. O único que, ajoelhado, se confessa culpado é o padre que reconhece ter feito uma imagem de Andri, acorrentando-o deste modo (a teoria da imagem escravizadora, semelhante à máscara na obra de Pirandello, já se encontra exposta em obras anteriores de Frisch). Excetuando-se esta conversão individual e religiosa do padre — a qual não deixa de ser uma tomada de posição importante do autor — temos uma estrutura muito semelhante à de *Biedermann,* "peça didática sem lição": estrutura circular que sugere uma repetição infinita dos mesmos erros; o autor condena os cidadãos mas não acredita em que se emendem. Pode-se supor que Frisch, ao mostrar a repetição dos erros, espere pelo menos que o público faça a sua própria conclusão e rompa o círculo vicioso (algumas peças de Brecht, de estrutura semelhante, visam a este fim). Frisch, de fato, se preocupou com a eficácia da peça e da sua mensagem condenatória:

> alguns papéis poderiam induzir à caricatura. Isso deveria ser evitado a todo transe. Basta que se trate de tipos. A sua representação deveria ser de tal modo que o espectador de início se sentisse convidado a simpatizar com eles; ao menos a tolerá-los, visto todos parecerem inocentes, e que deles sempre se distanciasse com certo atraso, como ocorre na realidade.

O conselho de Frisch é muito engenhoso. Todavia, ele não adota, na íntegra, a teoria brechtiana que recomenda uma série de medidas técnicas que implicam uma atitude de crítica e distanciamento dos atores em face das personagens. Por isso surge o problema: distanciar-se-ão os espectadores de fato dos cidadãos conformistas? Numa das cenas, a "senora" diz ao professor que os andorrenses não são muito diversos dos cidadãos do Estado vizinho em que o preconceito tomou formas violentas. Será que os cidadãos da platéia são muito diversos dos cidadãos de Andorra? Serão todos "padres", à altura da "consciência moral"? Frisch parece esperar que o público se componha de

208

elementos superiores aos cidadãos típicos da sua peça. É como se o pessimismo e fatalismo se contivessem nos limites do palco. Frisch, de fato, se referiu posteriormente a este problema:

. Os culpados se encontram na platéia... São eles que se tornaram culpados mas que não se sentem culpados. Quero que se assustem, quero que, depois de terem assistido à peça, permaneçam de noite acordados.

Frisch, portanto, pretende tornar os juízes da platéia em juízes de si mesmos. Considera-os superiores aos cidadãos da peça, no momento mesmo em que parece negar esta superioridade.

As contradições apontadas tornam também estéril o possível distanciamento crítico do público. Este distanciamento tem sentido somente na medida em que permite ao público reconhecer determinado comportamento humano como condicionado por situações históricas e sociais e considerar o homem como um ser capaz de mudança e regeneração coletivas. Pelo distanciamento o público vê objetivados os males atuais e é assim induzido a considerá-los históricos e não eternos. O distanciamento não tem o mínimo sentido quando a peça mostra explicitamente (mesmo nas cenas do afastamento) que os males fundamentais são eternos, pois é precisamente isso o que todo mundo costuma de qualquer modo acreditar, principalmente a "personalidade autoritária" que, segundo os magníficos estudos de Th. Wiesengrund-Adorno e seus colaboradores, é a portadora do preconceito mais arraigado e irracional. Precisamente esta "personalidade autoritária" — a que a peça deveria dirigir-se antes de tudo — interpretará *Andorra,* senão em favor do preconceito, ao menos em favor do fatalismo e da impossibilidade de uma modificação ("o homem é assim mesmo", "sempre haverá guerra" etc.). E precisamente as cenas intercaladas de distanciamento a induzirão a tal juízo. Os portadores de preconceitos lavarão as mãos juntamente com as personagens do palco.

Não há nas peças de Frisch — tampouco como nas de Duerrenmatt — a fé numa "conversão" social em escala coletiva. Isso explica também a total ausência de análise dos fatores sociais no surgir do precon-

209

ceito. Frisch atém-se apenas aos mecanismos psicológicos universais, "eternos". Sem dúvida, a ausência dessa fé encontra forte apoio nos dados empíricos da realidade. Não há exemplo de uma sociedade sem preconceitos. Mas uma fé não se apóia em dados empíricos. É essa fé, talvez ingênua, num "novo homem" que dá profunda coerência à obra de Brecht; e é a honesta falta desta fé que de algum modo dá um cunho de incongruência às peças de Frisch. Os seus cidadãos condenados são típicos, de certo modo eternos e não históricos (como são os de Brecht). Esta antropologia não permite supor um público capaz de à noite "permanecer acordado", de aprender e mudar. *Andorra* é, como *Biedermann,* uma "peça didática sem lição".

Isso não exclui que se trate de uma boa peça, de profundo e comovente *pathos* moral. A elaboração dramatúrgica de sua mensagem é de grande vigor, apesar das restrições feitas. Estas restrições, de resto, não se referem à concepção filosófica de Frisch — ninguém lhe pode negar o direito da sua convicção — mas às suas insistentes tentativas de unir esta convicção a processos de Brecht. Frisch luta com Brecht como Jacó com o anjo. Não foi Brecht quem o abençoou, mas o seu grande talento; é, porém, devido a Brecht que saiu mancando.

13. HOCHHUTH

1. *"O Vigário"*

Sem algum mérito intrínseco, *O Vigário* certamente não teria provocado debates tão acirrados e prolongados como os que suscitou e ainda vem suscitando em muitas partes do mundo. Rolf Huchhuth, de cuja historiografia e argumentação se pode discordar — e isso se refere também à segunda peça, *Os Soldados,* em que critica certas atitudes de Churchill, durante a Guerra Mundial é sem dúvida um dramaturgo de talento incomum. Conquanto a peça, como criação artística, seja em última análise um malogro, ela projeta um autor que tem garra, imaginação, força dramática e poética. Muito inteligente, Huchhuth revela ao mesmo tempo uma profunda paixão religiosa. É provavelmente essa paixão que explica a maioria dos defeitos da peça.

A enorme repercussão da obra reflete-se na coletânea de 235 páginas de críticas e polêmicas, favoráveis e desfavoráveis, que foi publicada com o título *Summa Iniuria ou Deveria o Papa Silenciar?* (Rowohlt, 1963). Entre as numerosas publicações sobre a obra destaca-se esta como uma das mais interessantes documentações de um debate (conduzido através de reuniões, periódicos, rádio, televisão, etc.) de que participaram católicos, protestantes e judeus.

Deveria o Papa Pio XII silenciar ante a matança dos judeus? Uma palavra de condenação, clara e decidida, por parte do expoente mais alto do cristianismo, teria contribuído para intimidar Hitler ou para suscitar um movimento de resistência, ao menos passiva, ou maior disposição para amparar os fugitivos? Teria, enfim, concorrido para salvar maior número de perseguidos? Não poderiam as conseqüências negativas talvez ultrapassar as positivas? Não coube ao Papa avaliar, de um lado, as possíveis reações de Hitler que, já acuado, poderia ser levado a atos selvagens contra o próprio Vaticano; e ponderar, de outro lado, a receptividade dos católicos alemães, afinal de contas além de católicos também alemães, cidadãos de um país envolvido numa luta de vida e morte?

Ademais — a declaração é do professor Dr. Robert Leiber S. J. (durante muito tempo secretário de Pio XII) —

> Pio XII, dirigindo o olhar para a distância e o futuro, ao comparar os sitemas de nacional-socialismo e do bolchevismo, considerava este último como o mais perigoso (p. 104),

de modo que, para o diplomata e político, semelhante manifestação franca poderia enfraquecer o baluarte mais decidido contra o bolchevismo (essa opinião do conhecido historiador jesuíta, apresentada em favor do Papa, corrobora uma das teses de Hochhuth que este, todavia, lança contra o Papa).

O debate, neste nível de indagações, nunca pode ultrapassar o plano das hipóteses. Tampouco é este aspecto por assim dizer pragmático, o tema fundamental do drama. A peça é, antes de tudo, de ordem religiosa. O autor chamou-a, com efeito, de "tragédia cristã". Embora protestante, Hochhuth atribui à Igreja Católica dignidade suprema, função e significado absolutos; e isso com tamanho empenho, decisão e seriedade que a média dos protestantes, ou dos próprios católicos, dificilmente se lhe pode equiparar nisso. A peça é dedicada a dois sacerdotes católicos que, protestando contra os campos de concentração, desafiaram o regime nazista e aceitaram, serenamente, a morte. Imbuído desse espírito cristão radical, Hochhuth cita como epígrafe do 4º ato (em que aparece Pio XII), versos do 3º canto do *Inferno* de Dante, nos quais o grande poeta (que, como se sabe, admitiu somente um único Papa no céu) coloca o Papa Celestino V nos limites do limbo — lugar de exílio dos mornos, dos que na luta entre o bem e o mal se mantêm indecisos — por ter "covardemente" recusado a grande tarefa da Reforma da Igreja. No mesmo sentido cita também Kierkegaard:

> ... Tu sabes bem o que cristãmente se entende por uma testemunha da verdade: um homem que é... arrastado de um cárcere a outro... e que, ao fim, é crucificado, decapitado ou entregue às chamas.

Entre as epígrafes encontra-se também a palavra de um grande autor católico contemporâneo, F. Mauriac:

> No entanto, não tivemos o consolo de ouvir o sucessor do galileu, Simão Pedro, condenando com palavra unívoca e clara — e não com alusões diplomáticas — a crucificação destes inúmeros "irmãos do Senhor"... Permanece o fato de que um crime de tal amplitude recai em grau não pequeno sobre as testemunhas que silenciaram, quaisquer que tenham sido as razões de seu silêncio.

Infelizmente, onde se encontram os três pontos, Hochhuth emitiu uma frase importante de Mauriac:

> Sem dúvida, as forças de ocupação tinham meios de pressão a que não se podia resistir, e o silêncio do Papa e da

hierarquia nada era senão dever horroroso; tratava-se de evitar males maiores.

Embora Mauriac não esclareça quais poderiam ter sido esses males maiores (maiores que o extermínio sistemático de milhões de seres humanos), ele prossegue com a frase citada:

> Permanece o fato de...

Essa omissão de Hochhuth é ponto decisivo no tocante aos problemas propriamente dramáticos do drama. É ela que, passando da epígrafe à própria peça, lhe invalida em parte a estrutura, como logo se verificará. Mas ainda assim merece respeito o "confiteor" angustioso do jovem autor.

> Estas chamas (as fornalhas de Auschwitz) são também para nós a prova de fogo, diz Riccardo Fontana, o herói da peça, jovem padre católico que procura convencer o Papa da necessidade de uma manifestação unívoca e que, fracassando, acredita ter de fazer as vezes do Bispo de Roma. Por isso assume o que supõe ser o dever do vigário: sofre (como milhares de sacerdotes católicos) o martírio num campo de concentração.

A tese fundamental da peça foi claramente exposta por um pastor protestante:

> Para as igrejas (católica e protestante) o que importa não é realizar uma prudente "diplomacia de Deus"... e sim dar o testemunho da verdade... É a sua tarefa nomear, desmascarar e superar o que há de demoníaco na sociedade, por meio de um testemunho claro (p. 195).

Muitos dos problemas levantados tanto na peça como no decurso dos debates são de difícil abordagem para o leigo; exigem, no fundo, os conhecimentos do teólogo e do historiador especializado. O leigo pode apenas verificar que a peça é impregnada de profundo espírito cristão (embora talvez herético) e que se debate com autênticos problemas. Quanto às discussões apaixonadas em torno deles, afiguram-se em última análise úteis e purificadoras.

Que o drama colocou tais problemas e os abordou, em alguns momentos, com notável força dramá-

214

tica, é seu grande mérito. Sua grande falha reside na ação dramática central; falha que, por sua vez, decorre de um engano crucial do autor: sua pretensão de ser historiador quando, como dramaturgo, é evidentemente autor de uma obra de ficção. É curioso que nenhum dos debatedores se refira a este fato óbvio. Todos discutem a peça no nível da verdade histórica, induzidos a isso pelo próprio autor que acredita ter apresentado a verdade histórica, visto basear-se em amplo estudo de fontes. Não importa verificar que tais fontes talvez tenham sido interpretadas de modo unilateral ou que são, no momento atual, necessariamente incompletas. Basta observar que há, na peça, várias personagens fictícias dialogando com personagens supostamente reais para se definir a obra, na sua totalidade, como ficção, se isto já não sobressaísse pela sua simples condição de peça teatral. Basta que Fontana — personagem fictícia — se encontre confrontada com o Papa para que a cena toda e com isso o próprio Papa se tornem fictícios.

O ficcionista, quer escreva romances, quer peças teatrais, não se refere — como o historiador — a um mundo autônomo, real, objetivamente dado. Desdobrando-se, separa de sua pessoa empírica uma entidade fictícia que presencia imaginariamente todas as ocorrências narradas ou dramatizadas. Em conseqüência disso, o mundo apresentado é igualmente imaginário, não se podendo atribuir-lhe a realidade autônoma (independente do autor) da realidade histórica. O historiador está fora da "estória", o ficcionista dentro dela e, aliás, também dentro das personagens. Para o historiador as pessoas são sempre objetos vistos de fora, cujas intenções só conhece mercê de inferências baseadas em ações e outras manifestações documentadas. O ficcionista, ao contrário, é onisciente; sabe o que nenhum historiador pode saber, simplesmente por criar o seu mundo. Na medida em que limita o seu conhecimento — para dar à obra maior aparência de verdade objetiva — essa própria limitação é fingida. O mero fato de, no drama, todas as pessoas dialogarem indica que são personagens, isto é, criações do autor que as faz falar segundo as duas (dele) intenções. Visto que inventa os diálogos, inventa desde logo

215

também a fonte deles, as personagens. Mesmo quando ocasionalmente lhes põe na boca textos documentados (como faz Buechner em *A Morte de Danton*), estas orações se tornam fictícias, por emanarem de personagens concebidas a partir de sua interioridade. O Papa, que fala no 4º ato da peça de Hochhuth não é evidentemente Pio XII, mas uma personagem inventada, tão fictícia como Fontana e como a cena inteira. O próprio Vaticano, por mais real que seja fora da peça, torna-se fictício dentro dela, como são fictícios o tempo e o espaço do drama. A única coisa "histórica", numa peça histórica, é a moldura geral, o sistema de coordenadas dos dados exteriores que limitam a imaginação do autor. Mas o preenchimento deste esquema é imaginário.

É uma questão inteiramente diversa verificar se a *mimesis* do ficcionista "acertou" com relação ao mundo real pintado por ele. O acerto, no caso, não pode ser o da "verdade histórica", já que o dramaturgo, longe de saber de menos, sabe demais. Não podendo visar à verdade histórica, aliás bastante precária, o dramaturgo, enquanto puro ficcionista sem pretensão de historiador, não deveria incorrer na crítica dos historiadores. Ao poeta cabe aspirar a uma verdade mais profunda, mais essencial, como já expôs Aristóteles, há mais de 2000 anos. Deve tentar apresentar uma visão de situações e conflitos humanos fundamentais, de tal modo que o espectador possa vivê-los intensamente, participando deles enquanto ao mesmo tempo os contempla de certa distância crítica.

O erro básico de Hochhuth reside no fato de ter escrito uma obra fictícia enquanto as suas veleidades de historiador o impediram de fazer pleno uso dessa sua qualidade de ficcionista. O conflito entre o poeta e o historiador é revelado pelo fato de este ter acrescentado à obra longas análises de fontes, ao passo que aquele pôs os diálogos em versos, evidentemente para salientar o caráter teatral e fictício da obra. O resultado dessa confusão é que a peça não atinge à verdade profunda (poética) da ficção, enquanto tampouco pode aspirar à verdade que se pede ao historiador. Faltando-lhe a documentação necessária, o historiador Hochhuth não ousou colocar o Papa no conflito trágico do expoente supremo de uma instituição que, representando embora uma ordem transcendente, não pode deixar de envolver-se nas tramas do mundo terreno. Não teve a coragem de criar um Papa inteiramente fictício e por isso mais verdadeiro e essencial do que o seu que, conquanto aparente mais historicidade, nem por isso deixa de ser ficção. Interpretando a documentação acessível, criou um Papa unilateral, inteiramente entregue aos aspectos político-diplomáticos da sua missão. Em contrapartida criou a personagem fictícia do padre Fontana, que assume o mandamento sagrado do Nazareno.

Deste modo conseguiu apresentar, sem dúvida, momentos de intenso conflito dramático, com certa aparência histórica. Mas escamoteou o conflito verdadeiramente trágico e fundamental. Este só se pode tornar visível através do representante *responsável* da Igreja Católica, a qual não é só o corpo místico de Jesus (defendido pelo padre) e sim também a herdeira de Roma (quanto a este ponto, é característica a citação omissa da palavra de Mauriac). O padre Fontana precisamente não tem as terríveis responsabilidades do Sumo Pontífice, nem vive a colisão entre o imperativo absoluto e as imposições da realidade histórica. Hochhuth falhou em apresentar, como conflito trágico, o abismo entre o reino sagrado — de que a Igreja faz parte — e o mundo secular — de que fazer parte não pode evitar. Por isso essa peça histórica não conseguiu tornar relevante o problema da *mediação* entre a ordem absoluta e o mundo histórico.

O martírio de Fontana é sublime, mas, além de os mártires raramente terem eficácia dramática, o problema de fato não é este — não é simplesmente o do sacrifício da vida em favor de valores religiosos. Semelhante drama poderia ter sido apresentado com exclusão do Papa. No entanto, precisamente este é o fulcro da situação dramática; e o seu drama — pelo menos no nível da verdade poética — consiste no fato de que reúne em si tanto a missão que Hochhuth enalteceu em Fontana como a que caricaturou em Pio XII. Deste modo esquivou-se da colisão verdadeira. Distribuiu os valores em choque entre duas personagens, das quais uma não é responsável em face dos valores se-

217

culares e a outra é apresentada como irresponsável em face dos valores religiosos. Esta divisão que, sendo outros os problemas (como em *Antígone*), pode ser de grande poder dramático, resulta no caso focalizado em verdadeiro equívoco dramático, indubitavelmente produzido pelas aspirações historiográficas do autor. Caberia ao dramaturgo concentrar o conflito na personagem exponencial que é responsável nas duas esferas. Falhando nisso, Hochhuth esvaziou o conflito do seu sentido. Perdeu ademais a oportunidade de criar uma grande personagem em vez de duas insignificantes (em termos dramáticos) e de apresentar a verdade fundamental acessível à ficção. Sem esse centro, em que se concentre o conflito, a peça se esfarrapa numa acumulação — por vezes muito talentosa — de sete horas de pormenores de aparência histórica. É como se o autor quisesse compensar a verdade perdida por uma verdade que, como ficcionista, não pode conquistar.

14. KIPPHARDT

1. "O Caso Oppenheimer"

I

O drama documentário ou a reportagem cênica constituem tentativas modernas de, no domínio do teatro, abordar da maneira mais direta possível a realidade da nossa época, à semelhança de experimentos recentes na literatura narrativa (reportagens, diários, etc.). Foi particularmente Erwin Piscator, cuja encenação de *O Caso Oppenheimer* em Berlim obteve grande êxito, quem já na década de 1920 procurou eliminar ao máximo os recursos da ficção cênica para chegar a um alto grau de veracidade histórico-social, mercê da montagem de autênticos discursos, depoimentos, recortes de jornal, fotos, filmes documentários, gravações, etc.

A peça de Heinar Kipphardt[1] é certamente uma das experiências mais radicais neste campo, visto basear-se, quase na íntegra, no documento oficial que transcreve o inquérito do físico Oppenheimer, realizado em Washington, de 12 de abril a 6 de maio de 1954, perante a Comissão de Segurança, e que foi publicado pelo Departamento de Estado. A tarefa principal do autor consistiu na seleção e fusão dos integrantes do inquérito (em alguns casos transformou várias pessoas em uma só personagem) e dos respectivos textos; na formulação mais concisa, mais dramática e marcante dos diálogos; e na inserção de monólogos ou declarações dirigidas por alguns dos envolvidos ao público. Juntamente com a projeção de *slides* e a reprodução de gravações, estes elementos "épicos" aprofundam, comentam e acentuam os diálogos do inquérito, além de ampliá-los e situá-los de um modo mais concreto no contexto da história contemporânea. No mesmo sentido o autor compôs declarações finais de Edwar Teller e Oppenheimer. Este último, como se sabe, protestou contra este procedimento de Kipphardt, negando-lhe aprovação e julgando o conteúdo do texto acrescentado em desacordo com as suas convicções. O desmentido de Oppenheimer merece respeito e é em tese justificado, já que Kipphardt ultrapassou, neste ponto, a documentação exata e invadiu o campo da ficção, evidentemente para dar à "personagem" maior coerência e peso dramático. Baseado nas respostas e declarações dispersas e por vezes contraditórias de Oppenheimer, o autor por assim dizer as interligou por linhas convergentes, cujo ponto de encontro se situaria na intimidade mais profunda da mente de Oppenheimer. E a partir dessa intimidade construiu a declaração que de certo modo deveria equivaler àquela opção que o

---

1. Heinar Kipphardt (nascido em 1922) participou da guerra, estudou medicina, filosofia e arte dramática, trabalhou como médico em Duesseldorf e Berlim e dedica-se desde 1950 ao teatro, como assessor literário, encenador e crítico. Escreveu contos, ensaios e várias peças. É, porém, o drama documentário *O Caso Oppenheimer* (1964) que projetou o seu nome em escala internacional.

protagonista nem na sua atividade, nem nos seus depoimentos chegou a fazer; opção que, ao contrário, acabou por desmentir, como se quisesse manter-se na atitude de "cisão" de quem evita a "de-cisão".

Uma personalidade como a de Oppenheimer, querendo ou não, se torna "personagem no palco histórico" em que acaba "desempenhando um papel"; e tal desempenho se acentua num inquérito, cujo ritual, apesar de sua seriedade, contém elementos de dramaticidade lúdica. Pense-se na cerimônia do juramento, com a invocação do nome de Deus — no contexto da Bomba de Hidrogênio (BH)! Essa invocação é ficção pura, ainda antes que Kipphardt fizesse do drama real um drama no palco onde, daqui por diante, cada ator construirá um Oppenheimer diferente, à base do sistema de coordenadas fornecido pelo texto. Este esboça um homem brilhante; segundo tudo indica, traça-lhe o caráter de um modo ponderado e o mais possível objetivo. Surge a imagem de uma personalidade encantadora, de ampla cultura, inteligência aguda e grande elevação moral. Suas inclinações esquerdistas — em certo período — decorrem de profunda aversão ao fascismo e da insatisfação com o estado atual da sociedade. Leal aos amigos e imbuído de um profundo senso de justiça, afigura-se às vezes um pouco orgulhoso e sofisticado. Mas ao mesmo tempo nota-se nele uma consciência quase religiosa da "soberba" do homem, na medida em que manipula terríveis forças naturais sem saber dominar-se a si mesmo e sem conseguir organizar razoavelmente o aproveitamento de tais forças em prol do convívio pacífico dos homens.

Todavia, o comportamento desta personagem fascinante não pode deixar de suscitar certas dúvidas. É difícil entender a sua colaboração em tarefas que despertam nele graves objeções morais e cuja execução se lhe afigura altamente nociva para a sobrevivência da humanidade. Evidentemente, sua simples demissão pessoal pouco ou nada teria alterado no curso das coisas. No máximo lhe teria preservado a coerência moral e, talvez, a paz do espírito. Se colaborou, em funções de grande responsabilidade, talvez o fizesse por ser muito ambicioso ou por não ter conseguido resistir à sedução das descobertas científicas. Outra razão poderia ser o seu patriotismo, isto é, a sua lealdade ao governo ou antes, à pátria — mas é precisamente isso que o inquérito põe em dúvida. Tais contradições tendem a tornar a personagem enigmática e, talvez, um tanto ambígua. Não chegamos a penetrar-lhe o íntimo. Ora, a vida real nunca nos dá acesso total ao âmago de uma pessoa. Só o ficcionista, por ser criador da personagem, lhe conhece o íntimo. Entretanto, tal liberdade Kipphardt não reivindicou nem na última declaração de Oppenheimer, que é fictícia. Nela exprime, através da palavra do próprio protagonista, a dúvida acerca de sua sinceridade:

> Procurei ser totalmente sincero — e esta é uma técnica que é preciso aprender, quando durante muitos anos de vida, não se pôde ser sincero com outros seres humanos.

Mas será verdade que se pode ser sincero à base de uma técnica? Esta não destruiria desde logo toda sinceridade? Os maiores ficcionistas, embora conheçam suas personagens intimamente, sabem restituir-lhes parte do mistério que cerca o homem na vida real. Ao ferir o segredo íntimo de Oppenheimer na última declaração, enquanto ao mesmo tempo põe em dúvida a própria revelação, Kipphardt criou uma das grandes personagens da dramaturgia moderna.

Verifica-se, de qualquer modo, que Oppenheimer deve ter passado por conflitos torturantes, sem que conseguisse chegar a uma opção clara e decidida. Nisso se mostra bem diferente da testemunha Edward Teller, físico extraordinário como ele, que optou resolutamente pela criação da BH, na esperança de impor a paz pelo terror — opinião duvidosa, mas não isenta de certa coerência e lógica. Tem-se a impressão do que as dúvidas e ambigüidades de Oppenheimer, assim como as suas mentiras no caso Chevalier — mentiras que o tornaram suspeito — são precisamente conseqüência de sua sensibilidade moral extrema, exacerbada pelo conflito de valores e lealdades. Essa consciência aflita como se fragmenta ainda mais sob o impulso da ambição, espicaçada por cima pelo fascínio das descobertas científicas, mesmo quando aproveitadas para fins de destruição.

II

A peça, naturalmente, não visa a focalizar apenas um homem e seus conflitos pessoais. O "caso" de Oppenheimer não é somente dele mas de muitos cientistas e, com isso, de todos nós. Pois se o conteúdo da física concerne aos físicos, seus efeitos atingem a todos (segundo uma expressão de Duerrenmatt). De modo que a peça, abordando o "caso" de Oppenheimer, enfoca problemas fundamentais da ciência e, conseguintemente, da humanidade na época da BH. O conflito de Oppenheimer é verdadeiramente exemplar, na medida em que no nível psicológico e moral do seu drama pessoal se refletem questões universais de ordem política que ultrapassam de longe a esfera da moralidade individual — sem dúvida importante — para atingirem os fundamentos da organização nacional e internacional do nosso planeta.

Se traçarmos a "patografia" moral e política do caso, verificaremos que as eventuais opções morais de Oppenheimer, embora importantes no âmbito individual, se encontrariam inseridas numa vasta engrenagem político-científica de países em competição ou conflito mortal, engrenagem que de qualquer modo se imporia, sem ser afetada gravemente por decisões pessoais não apoiadas por ampla cobertura política, já que as escolhas de uns iriam ser neutralizadas pelas escolhas de outros.

Tudo começou com uma série de descobertas no campo da energia nuclear por volta de 1930. Tratava-se de pesquisas puramente científicas em torno de uma energia capaz de criar fartura num mundo em que a maior parte da humanidade vive na miséria. Em determinado momento (1939) as pesquisas científicas nos Estados Unidos foram desviadas da sua possível aplicação pacífica e postas a serviço da criação da. Bomba Atômica (BA). Isso foi feito, segundo Oppenheimer, para evitar que a BA fosse usada por Hitler: pensava-se que os cientistas alemães estivessem na iminência de produzi-la (mais tarde se verificou que a Alemanha estava longe disso). Criara-se, pois, a BA para evitar o seu uso, pelo mútuo medo de represálias, caso outra potência dela dispusesse também.

Todavia, embora nenhuma outra potência possuísse a Bomba, ela foi usada, visto que caíra no domínio de políticos e militares que raciocinavam em termos de eficácia em meio de uma guerra sangrenta. Agora a decisão já não coube aos cientistas. A sua função se limitava a explicar *como* e *não se* o engenho inventado por eles devia ser usado. Tudo lhes escapou e o que ao fim lhes restava no melhor dos casos era ter "escrúpulos". Esses escrupúlos não impediram que em breve se desenvolvesse a BH, dez mil vezes mais poderosa que a BA. Entende-se a razão: a URSS, que não muito tempo depois dos EUA construíra a BA, já metia mãos à obra para desenvolver a nova arma. Se a BA foi elaborada por causa da Alemanha, a BH o foi por causa da União Soviética que, por sua vez, a criou por causa dos Estados Unidos — e assim por diante. Vê-se que a engrenagem não permitia muitas escolhas. Parece, no entanto, que os escrúpulos de Oppenheimer e de alguns outros cientistas americanos (embora não modificassem o rumo das coisas) contribuíram para tornar um pouco mais demorada a fabricação da BH. Considerando a posição relevante de Oppenheimer, parecia caber a ele certa parte de responsabilidade pelo ritmo menos rápido dos progressos. E considerando a importância da posse rápida de um engenho, cujo monópolio — mesmo durante uns poucos anos apenas — poderia ter proporcionado grandes vantagens políticas aos EUA (pela pressão da terrível arma), afigurava-se impositivo examinar a idoneidade de Oppenheimer para verificar se ele não representava um "risco de segurança".

III

A peça revela, além de problemas e contradições fundamentais da nossa época, marginalmente miudezas grotescas, em parte muito cômicas, se não fossem ao mesmo tempo horripilantes. A BH, por exemplo, recebeu o apelido carinhoso de *Mike*. Nota-se nesta expressão terna o desejo de tornar apetecível e familiar um engenho monstruoso. O diminutivo transforma esta arma — uma única bomba lançada em Bauru bastaria para exterminar a vida em todo o Estado de São Paulo

— em coisa inocente com que se pode lidar como se fosse brinquedo de criança. É difícil acostumar-se à Bomba Termonuclear, mas quem não seria capaz de conviver com Mike?

Quanto ao teste da BA em Alamogordo, foi chamado, em código, de "Trindade". Não se sabe exatamente o que os inventores do nome pensavam; mas o pensamento não deve ter sido muito cristão. No inquérito (ou na peça) todas as testemunhas juram dizer a verdade, usando-se a fórmula "assim Deus o assista". A constante invocação do nome de Deus não impede, porém, a eliminação drástica, dos debates, não só de Deus, mas mesmo de cogitações remotamente relacionadas com os dez mandamentos. O único que, de algum modo, e mesmo isso de uma forma um pouco envergonhada, se refere de leve à santidade da vida, é Oppenheimer. Mas é evidente que ninguém leva isso realmente a sério. A profunda contradição que se revela neste pormenor aparentemente insignificante impregna de fato todas as contradições mais profanas, ao ponto de se ter, em largos trechos do texto, a impressão de um soberbo exercício de má fé. Em cada instante as coisas mais terríveis são justificadas pelos valores mais sagrados: o escárnio aos mandamentos, em nome dos valores cristãos; a supressão da liberdade, em nome do liberalismo; a destruição da democracia, em defesa da democracia; a criação de engenhos mortíferos, em prol da paz, etc.

Todo o inquérito — em larga medida conseqüência da histeria macarthista — é desde logo contraditório, já que se destina a salvaguardar a democracia liberal norte-americana enquanto o teor das indagações lhe abala os fundamentos (e revela em que medida estes fundamentos tendem a ficar abalados devido à nova situação). O que se poderia investigar são o comportamento e as ações de Oppenheimer — não as suas idéias, seus pensamentos e simpatias ideológicas. Estes, segundo os preceitos liberais, pertencem ao foro íntimo. Havia só duas soluções honestas: modificar os preceitos, em face de uma nova situação que talvez não comporte semelhante liberalismo; ou então dispensar sem maiores inquéritos os serviços de Oppenheimer, em terreno ligado a segredos militares, uma vez

225

que o seu comportamento aparentemente dúbio, em um ou dois casos, parecia implicar um grau embora mínimo de risco de segurança. Que os princípios fundamentais da democracia liberal foram feridos é reconhecido pelo Sr. Ward V. Evans, o mais liberal entre os três membros da Comissão de Inquérito; único, aliás, que votou a favor de Oppenheimer. É característico que Evans seja professor universitário e não pertença, portanto, à "elite de poder" de que os outros dois membros — grandes industriais — são expoentes conspícuos.

Outra contradição revelada no inquérito é aquela entre a ciência e o poder militar, na medida em que se estabelece nitidamente a sujeição daquela a este. Isto não só contradiz o próprio espírito da pesquisa livre, mas sobretudo o fato de que as ciências exatas são necessariamente internacionais, ao passo que o poder militar é necessariamente nacional, pelo menos na organização atual do mundo. Os resultados das ciências naturais não podem, por definição, ser vinculados a nações, regiões ou soberanias.

Através da peça estende-se a discussão do problema das lealdades. Certamente deve prevalecer, em caso de conflito ou em questões de importância vital, a lealdade à pátria sobre a lealdade a um irmão ou à família — embora já aí estejamos em pleno terreno das opções pessoais. Mas um governo não representa necessariamente a pátria de um modo autêntico e os interesses da sociedade não precisam coincidir com os do grupo que um governo eventualmente representa. Em certos momentos pode tornar-se dever retirar a lealdade a determinado governo, justamente por lealdade à sociedade ou ao país. Não se sugere que semelhante situação teria sido a de Oppenheimer. Mas surpreende que tal problema não tenha sido discutido seriamente no inquérito. Há, além da lealdade ao governo, ainda a lealdade à humanidade e é provável que os *verdadeiros* interesses de uma sociedade coincidam, em última análise, com os da humanidade. É precisamente na declaração final, atribuída por Kipphardt a Oppenheimer, que este toca neste problema, ao dizer que os cientistas traíram o espírito da ciência ao cederem aos militares e que, portanto, demos aos nossos governos, em muitas ocasiões, uma lealdade demasiado grande, demasiado irrefletida, contrariando as nossas melhores convicções.

O próprio Oppenheimer, porém, como vimos, não aprovou esta declaração através da qual o autor procura realçar a conclusão essencial da peça. Ainda assim, se nos basearmos no texto de Kipphardt, o próprio Oppenheimer (real) pelo menos reconheceu, na 7ª cena, que a lealdade pode dividir-se entre o governo e a humanidade,

> na medida em que os governos não se mostram à altura... dos novos resultados das ciências naturais.

No entanto, depois acrescenta que pessoalmente deu ao governo

> em todos os casos a lealdade inteira, sem perder o constrangimento e os escrúpulos e sem querer afirmar que isso estava certo.

Outra antinomia apontada pelo inquérito resultou da necessidade de reunir grandes físicos que ao mesmo tempo se mostrassem conformistas e se ajustassem à linha imaginada pelos funcionários de segurança: verificou-se, de um modo geral, que os mais eficientes e imaginativos cientistas não tendem a ser cômodos, nem comodistas e de fácil tutela. "Com opiniões irrepreensíveis não teríamos feito a BA". Parece ter havido em Los Alamos muitos cientistas com tendências esquerdistas. Por quê? Segundo Oppenheimer, porque os físicos gostam de fazer experiências e tendem a pensar em mudanças, já que não acham o estado do nosso mundo satisfatório. Além disso, os cientistas teriam menos prevenções e preconceitos que outros mortais. Gostam de olhar dentro das coisas que não estão funcionando a contento. O que Oppenheimer, no fundo, definiu é uma das funções importantes do intelectual em geral: a de estar insatisfeito com o estado de coisas — e isso em toda parte. Daí muitos intelectuais tenderem a atitudes mais ou menos esquerdistas no mundo ocidental. No mundo socialista lhes caberia exercer a mesma função de crítica, no sentido contrário. Semelhante função não é agradável mas de extrema utilidade para a sociedade. A longo prazo nenhuma sociedade moderna, em movimento, pode dispensar esta crítica. É evidente que essa atitude de polêmica e insatisfação permanente não torna os intelectuais pessoas simpáticas, principalmente entre aqueles que estão satisfeitos com o estado do mundo. O primeiro grande intelectual europeu, no sentido indicado, foi Sócrates. Politicamente conservador, numa democracia excessiva, e eticamente progressista, numa sociedade afeita a costumes tradicionais — metendo assim as esporas nos flancos do povo de Atenas, que comparou a um belo cavalo — acabou irritando a maioria e foi sacrificado. Os pontos de atrito mencionados figuram entre os mais relevantes problemas que se discutem na peça. A Kipphardt não coube a tarefa de aprofundar as indagações muito além das que houve na realidade: este é o preço que o documentarista tem de pagar à *veracidade* dos fatos, ao preferir os fatos à ficção. Esta, não exigindo veracidade, mas apenas verossimilhança (e mesmo isso só quando realista), tem a liberdade de ultrapassar os fatos para chegar à essência (de que pelo menos se abeira B. Brecht na sua peça de ficção sobre a vida de Galileu). Ainda assim, o autor conseguiu acentuar bem as várias posições, mediante a seleção geral e o aditamento dos monólogos. Mas não pôde concentrar a peça em torno de um dos conflitos decisivos, para levá-lo às últimas conseqüências. Daí a peça se ressentir um pouco de certa dispersão. Não se pode considerá-la um drama de primeira ordem, embora seu protagonista surja como grande personagem dramática. Mas o fito principal da peça não é de ordem estética; seu intuito é sobretudo o de refletir lealmente problemas decisivos da nossa situação atual. Neste sentido, Kipphardt conseguiu realizar plenamente os seus objetivos, diga-se de passagem, muito melhor que Duerrenmatt na sua comédia grotesca *Os Físicos*.

IV

A peça torna patente, com grande poder, os terríveis perigos de uma época em que a paz é precariamente mantida (ao menos em escala universal) pelo "equilíbrio do terror", pelo "pat atômico"; perigos terríveis não só porque tal situação parece a longo prazo insustentável (e o equilíbrio se desequilibra cada vez mais pelo aumento dos países possuidores de armas termonucleares), mas também porque semelhante estado de coisas terá de levar forçosamente à difusão da mentalidade que se manifestou no inquérito.

Em nenhum momento os acusadores e pelo menos dois dos membros da Comissão de Inquérito parecem ter levado a sério, ou pensado seriamente na declaração de Oppenheimer de que hoje a humanidade pode ser exterminada pelos homens. Soa extremamente falsa a pergunta que Morgan dirige a Oppenheimer acerca de se fazia uma clara diferença entre a simples conservação da existência e a conservação de uma existência digna de ser vivida. A humanidade não deu, a país nenhum, plenos poderes para decidir tal problema para toda humanidade. A existência digna, hoje privilégio de poucos, pode ser reconquistada enquanto houver humanidade, mesmo existindo em condições não tão dignas como as do Sr. Morgan. Verifica-se com surpresa que neste inquérito sobre questões que envolvem a sobrevivência da humanidade só o protagonista ultrapassou claramente um raciocínio totalmente aprisionado nos moldes da soberania norte-americana (e isso mesmo somente porque, visando a enfraquecer a posição de Oppenheimer, um dos advogados da acusação citou uma entrevista concedida pelo físico).

À luz de um exame racional, disse Oppenheimer (na entrevista citada), parece provável que é isso que acontecerá (o extermínio da humanidade) se não desenvolvermos as novas formas de convivência política de que a Terra precisa.

E é neste momento que o protagonista, talvez no clímax da peça, declara:

Quando os matemáticos são forçados a calcular se determinado teste não pode, talvez, incendiar a atmosfera, as soberanias nacionais tornam-se um tanto ridículas. A questão é de sabermos que autoridade é suficientemente poderosa para impedir que os Estados nacionais ou seus agrupamentos se exterminem uns aos outros. Como se pode criar uma autoridade destas?

Tem-se a impressão de que é neste momento que foi proferida a palavra mais lúcida do inquérito. Ela corresponde à expressão singela de Wernher von Braun, especialista em foguetes:

A um carroceiro é permitido beber, a um motorista, não.

Isto é, o simples crescimento quantitativo da velocidade produz uma nova qualidade que propõe novos problemas morais. A solução deles, porém, não pode ser deixada a opções pessoais (e a um longo processo de educação); exige uma nova legislação e organização do tráfego. A BH é, da mesma forma, uma nova qualidade propondo novos problemas morais e políticos, cuja solução não pode ser deixada a critério deste ou daquele governo. A autoridade supranacional de que Oppenheimer fala e cuja criação está em vias de fracassar pela segunda vez com o ensaio da ONU (o primeiro foi o da "Liga das Nações") já é um assunto antigo. Foi, entre outros, Kant que se referiu a ela, há cerca de 200 anos, dizendo que a humanidade infelizmente não chegará pela moralidade e pela razão a uma verdadeira Liga das Nações, mas "pelas guerras, pela preparação desmedida e incessante para as mesmas" e pela radicalização constante dos "antagonismos". A angústia que, devido a isso, cada Estado "há de sentir mesmo em plena paz" levará ao fim

a tentativas no início imperfeitas, finalmente, porém, após muitos abalos, destruições, reviravoltas e mesmo total esgotamento interno de suas forças, a algo que a razão poderia ter dito aos Estados de antemão, sem necessidade de tantas experiências tristes: isto é, a sair do estado anárquico de selvagens para se unirem numa Liga das Nações (*À Paz Eterna*).

O título é irônico. Pois para a paz na organização universal há uma alternativa: a paz eterna no cemitério. Só agora esta pequena obra de Kant adquiriu plena atualidade, visto que a alternativa somente hoje se coloca de fato em termos radicalmente polares. E segundo Oppenheimer não resta muito tempo. No mesmo escrito Kant reconhece, aliás, que a paz entre as nações somente será possível se cada qual delas, por sua vez, tiver uma organização justa que corresponda aos interesses de todos os cidadãos. Só a organização justa e racional interna garante a organização justa e racional externa, iria acrescentar logo em seguida o filósofo Fichte: somente neste caso não haveria nenhum grupo interessado em guerras (*A Destinação do Homem*).

Sonhos de filósofos!, dirão os políticos. Todavia, talvez convenha meditar um pouco sobre tais sonhos. Na emergência atual, eles se afiguram bem mais realistas do que a famosa *Realpolitik* dos políticos que está prestes a levar a humanidade inexoravelmente à catástrofe.

15. PETER WEISS

1. *Sade apresenta Marat*

"*A Perseguição e o Assassinato de Jean-Paul Marat*, representados pelo Grupo Teatral do Hospício de Charenton, sob a direção do Senhor de Sade", causou, desde 1964 — ano da estréia — verdadeira sensação nas capitais teatrais do mundo. Com Peter Weiss surgiu mais uma dramaturgo que transpôs as fronteiras da língua alemã. Depois de um período pouco expressivo, a terra de Brecht passou a dispor, repentinamente, de vários autores de gabarito, a fazerem um teatro político apaixonado e apaixonante, foca-

233

lizando problemas fundamentais do nosso tempo. É preciso mencionar só os nomes de Richard Hochhuth (*O Vigário* e *Os Soldados*) e Heinar Kipphardt (*O Caso Oppenheimer*) para confirmar a renovação da dramaturgia alemã.

Peter Weiss (nascido em 1916) começou a sua atividade literária tarde, com obras narrativas de teor subjetivo e autobiográfico (por exemplo, *Despedida dos Pais*, 1960, e *Ponto de Fuga,* 1962). O individualismo acentuado desta fase reflete-se ainda na personagem do Marquês de Sade. Bem tarde começou a participar mais intensamente dos problemas universais. Para isso contribuiu, como declarou, a crise de Cuba e *O Vigário*, de Hochhuth. Essa participação do autor antes introvertido manifesta-se, de certo modo, na personagem de Marat. A peça *Marat/Sade*, na sua íntegra, exprime muito bem a crise de indecisão a que Weiss deve ter chegado no momento em que a escreveu.

A peça *Marat/Sade* apóia-se, fundamentalmente, numa situação fictícia, embora use personagens históricas, cuja caracterização é bastante veraz, e apresenta no diálogo vários trechos extraídos das obras de Sade. É fato que o Marquês, durante a sua longa internação no Hospício de Charenton (de 1801 a 1814, ano de sua morte) encenava diversas peças suas no círculo dos "inquilinos" — alienados mentais, marginais e pessoas de algum modo antipáticas à situação dominante). Mas não há nenhuma peça de Sade sobre Marat. A este dedicou apenas um discurso comemorativo. Segundo a situação fictícia da obra de Weiss, a peça do Marquês de Sade foi apresentada no Hospício de Charenton em 1808, em pleno regime de Napoleão, isto é, numa fase plenamente cristalizada no *establishment* pós-revolucionário, focalizando o assassinato de Marat ocorrido em 1793, isto é, em plena fase revolucionária. Mas a peça de Weiss dirige-se, evidentemente, ao público contemporâneo. O jogo vertiginoso entre os três níveis temporais é essencial à peça.

Basta ler o rol extenso das personagens, com os comentários do autor, assim como as rubricas iniciais, para verificar que o texto literário, em versos brancos e rimados, nada é senão uma espécie de partitura sumária, à base da qual o encenador terá de criar a sua obra

234

cênica. A peça não foi concebida em termos literários, mas de espetáculo, isto é, como arte visual ou melhor audiovisual. A música, coreografia e pantomima fazem parte integral da obra. Trata-se de "teatro teatral", "teatro desenfreado" no sentido mais genuíno. Ocorre a lembrança do teatro barroco. Mas precisamente por isso a peça se filia a vigorosas tendências contemporâneas da cena brechtiana e claudeliana, principalmente ao antiilusionismo de um teatro que, na sua acentuação do elemento teatral, não visa à verossimilhança realista.

Prólogo, anunciador arlequinesco, coro, as intervenções do "autor/diretor" Marquês de Sade (que vira personagem da própria peça), o preparo e ensaio dos atores à vista do público e muitos outros elementos de ordem narrativa criam um amplo aparelho de distanciamento antiilusionista. Para isso contribui principalmente a idéia fundamental da obra: a maioria dos atores representa em essência duas personagens: os loucos do Hospício e as personagens históricas representadas pelos loucos. Neste jogo ocorrem inevitavelmente rupturas e excessos. Por vezes os doentes se identificam em demasia com seus papéis, levando-os histericamente além deles, isto é, além do jogo teatral, como que invadindo a realidade revolucionária, de modo a provocarem a angustiosa interferência do diretor do Hospício, digno representante do *status quo*; outras vezes só com dificuldade conseguem entrar nos seus papéis, permanecendo aquém deles, na mera "realidade" da sua doença, misturando a sua loucura ou seu vício às personagens, a ponto de os enfermeiros terem de intervir para chamá-las à ordem (não se sabe exatamente se é a personagem quem fala ou o louco). Não se deve supor que o próprio "autor/diretor" seja normal. Sádico como convém a Sade, mas também masoquista como todo sádico, goza de várias maneiras o espetáculo inventado por ele. Sente *frissons* de volúpia indizível tanto com os excessos chocantes (que devem ser atribuídos a Sade e não a Weiss) como também com a precariedade da execução teatral. Fantasmagórico, grotesco, circense, cheio de arlequinadas funambulescas, mas ao mesmo tempo agressivamente realista, o espetáculo oscila no fio da navalha entre a verdade histérica da transfiguração mágica, sob o im-

235

pacto da "alienação" (que é a raiz dionisíaca do teatro) e o descambar completo para o caos da loucura. O gozo de Sade é completo.

Parte dos loucos é simplesmente público do espetáculo, representando cenicamente certa parcela do público real da platéia; mas público é também Coulmier, o diretor do Hospício, e sua família: estes que representam a restauração napoleônica, a "situação", são completamente normais como os respectivos cidadãos na platéia que são constantemente forçados a se arrependerem da sua própria normalidade satisfeita diante das reações pouco dignas do seu representante no palco (com quem involuntariamente se identificaram e de quem, meio envergonhados, procuram distanciar-se). É característico da estrutura épica da peça que Sade, suposto autor e diretor da obra apresentada em 1808, cuja personagem principal é Marat vivendo na década de 1790, se torne por sua vez personagem na peça atual, cujo autor é Weiss. A estrutura da peça dentro da peça, embora de modo algum nova (pense-se em Shakespeare), é tipicamente brechtiana, épico-narrativa, já que o caso é "narrado" como se se passasse no pretérito. Este distanciamento de modo algum prejudica o agressivo envolvimento do público, típico de experiências atuais como as realizadas por diretores inspirados por Antonin Artaud, por exemplo: Peter Brook, Garcia, Savary, José Celso, etc.

A idéia de representar o nosso mundo e particularmente a política do nosso mundo através de um hospício não é nada nova; ainda há poucos anos Duerrenmatt fez coisa semelhante na peça *Os Físicos*.

Preciso só ouvir os discursos dos nossos políticos para ver como eles se encontram próximos da loucura,

disse Weiss numa entrevista (para a BBC de Londres). O realmente novo na peça é o aproveitamento radical do hospício que lhe permite pôr um pandemônio no palco. Graças a isso acredita ter o direito, bem de acordo com o teatro da crueldade de Artaud, de agredir o público, de feri-lo e fazer do teatro uma "irrupção vulcânica" ou uma verdadeira "peste". Em tal ambiente pode-se dizer quase tudo. "Entre loucos temos liberdade completa", afirmou na mesma entrevista. A loucura dos atores no palco do teatro torna-se um símbolo sinistro da irracionalidade dos atores no palco do mundo político e histórico real, os quais, embora recorrendo hoje aos cérebros eletrônicos, continuam atuando movidos por impulsos (ou como expoentes de impulsos), fundamentalmente alheios ou opostos à racionalidade geralmente atribuída ao *Homo sapiens.*

Se pusermos de lado a personagem de Roux, o agitador socialista mais radical da peça, assim como a figura da assassina Corday, representada por uma doente sonolenta e sonâmbula, cujo jogo histriônico duplo, entre prostado e selvagem, casto e voluptuoso, cruel e terno, sádico e desamparado, é uma das invenções mais belas e poéticas da obra, encontramos três posições fundamentais na peça: a de Coulmier, representante do *status quo*; a de Sade, intelectual diferenciado e requintado, individualista encarniçado, sem dúvida contrário à situação, mas cético, irônico, descrente de qualquer solução política e revolucionária, avesso a movimentos de massas e a qualquer tipo de uniformidade coletiva; e finalmente a de Marat, intelectual revolucionário, de um só bloco, fanático e ascético, visando à ação decidida e à transformação do mundo. Quanto à posição do *status quo,* esta nem sequer é levada a sério. Coulmier é a caricatura dela. O conflito se trava entre a "terceira posição" de Sade (segundo a explicou o próprio Weiss) e a posição "jacobina" de Marat. Ambos são personagens poderosas a quem o autor concedeu momentos de extraordinária poesia e de pujante *pathos.* As grandes disputas em que se envolvem e que definem atitudes arquetípicas da humanidade não têm, por si só, nada de original, nada que apresente elementos novos. O que lhes dá realce inédito é o ambiente fervilhante, tenso e histérico em que se travam, a atmosfera ameaçadora, dionisíaca, orgiástica, que lhes acrescenta novas dimensões de fúria sensual e um impacto muito além da mera formulação de teses, por mais vigorosa e dramática que seja.

Não convém entrar no debate já batido acerca da posição que o autor toma em relação a Sade e Marat. Fundamentalmente mantém o equilíbrio completo de quem hesita em decidir-se. Em determinado momento parece ter favorecido a posição de Sade (há entrevistas sobre esta posição e seria fácil prová-la à base da peça), mas em seguida surgiram variantes do texto. A edição da Suhrkamp (Frankfort, 1964), apresenta um texto aberto a diversas interpretações, também aquela que favorece a posição de Marat.

A indecisão da peça possibilitou aos encenadores as mais variadas soluções — tanto as puramente estéticas e politicamente neutras como as niilistas que acentuam o absurdo das revoluções e das ideologias — as que ressaltam com extrema violência e "crueldade" a loucura — como a encenação de Peter Brook, em Londres, documentada pelo filme do mesmo diretor — as que exaltam a visão de Sade (que tem versos soberbos em que celebra o sagrado contacto dos corpos) e, finalmente, as que glorificam Marat. A excelente encenação brasileira de Ademar Guerra, em algumas cenas superior às correspondentes do filme de Brook, manteve eqüidistância entre as duas posições, sem dúvida a solução mais correta em relação ao texto. Na interpretação do Teatro de Rostock (Alemanha Oriental) os doentes do Hospício aparecem como massa popular escravizada e revoltada. A crítica, pelo menos a da Alemanha Ocidental, não a acolheu com agrado. Mas foi esta versão, favorável a Marat, que ao fim obteve o aplauso particular do autor.

Com efeito, o curso posterior da dramaturgia de Weiss reflete o seu engajamento radical em favor das concepções de Marat. O autor antes introvertido e apolítico, tendo passado pela crise da indecisão (a crise, bem de acordo com este termo, declara-se como cisão agônica entre posições opostas), chega à de-cisão, optando pelo compromisso político. Esta nova atitude já se esboça nitidamente na próxima peça, *A Instrução,* que obteve êxito marcante, embora menor que *Marat/Sade.* Peter Weiss a chamou de "oratório" e nele documenta o processo de Auschwitz, realizado em 1963, em Frankfort. A obra dantesca, cuja reserva ascese cênica se opõe radicalmente à espetacular explosão colorida da peça anterior, é composta de onze cantos tripartidos (em prosa rítmica, ordenada em forma de versos), imitando a composição da *Divina Comédia* (Weiss ocupa-se intensamente com Dante). As personagens — promotores, acusados, vítimas, testemunhas — são números anônimos. Para evitar a

238

identificação do espectador com as personagens (identificação que de qualquer modo seria difícil, já que eles não se configuram como caracteres psicologicamente elaborados), cada ator representa vários papéis, à semelhança do que propõe Augusto Boal no seu sistema do Coringa. A linguagem, concomitantemente, mantém um tom sóbrio, de forte *understatement*. O tema fundamental da obra é a desumanização tanto dos carrascos como das vítimas, dentro da engrenagem dos campos de concentração que são propostos como modelos da sociedade moderna. Esta engrenagem desumana, que deforma a todos, sem exceção, continuaria funcionando hoje como antes. No fundo nada teria mudado depois da guerra e da liquidação do nazismo. A peça se constitui em poderosa advertência ao apresentar a imagem sombria de uma civilização que, tendo possibilitado os crimes tremendos de Auschwitz, pouco ou nada fez para que esses crimes não se possam repetir. O fato é que diversos dos criminosos (segundo a peça que se baseia nos documentos do processo de Frankfort), chegaram a ser fartamente recompensados pelos prejuízos decorrentes da derrota alemã.

A próximo peça, *Canto do Espantalho Lusitano,* adota uma composição semelhante. Trata-se, no entanto, de uma espécie de revista política — um crítico a chamou de "agitpropereta" — que, através do ataque ao colonialismo português, atinge o mundo branco em geral. A apresentação da peça em Estocolmo suscitou veementes protestos da imprensa portuguesa. Tornou-se também motivo de reações variadas a peça sobre o Vietnã, *Discurso sobre a Pré-História e o Decurso da Guerra de Libertação Prolongada no Vietnã, como Exemplo da Necessidade da Luta Armada dos Oprimidos contra seus Opressores, bem como sobre as Tentativas dos Estados Unidos de aniquilar as Bases da Revolução.*

A obra é de feitio altamente estilizado, curiosa mistura de parábola e historiografia. Com suas cenas abstratas, seus quinze locutores, estrutura narrativa, movimentos coreográficos, projeção de *slides* e efeitos sonoros, a peça parece exigir uma encenação custosa e requintada para obter pleno rendimento. É, sem dúvida, uma obra de grande perfeição, de construção rigorosa, lapidar na linguagem que contribui para acentuar o

239

jogo friamente distanciado. Mas a amplitude dos recursos teatrais necessários talvez se afigure irritante em face de uma peça em que a luta do Vietnã serve como modelo da luta de classes em geral.

Com efeito, a encenação do *Discurso* pelo diretor brechtiano Harry Buckwitz, em Frankfort, provocou debates em cujo decurso grupos de estudantes radicais atacaram Peter Weiss, não propriamente como autor, por todos considerado importante, mas como homem engajado, por elaborar obras que, pelos recursos exigidos, somente poderiam ser apresentadas a preços altos em teatros tipicamente burgueses. As suas peças, enquanto atacam a burguesia, dariam desta forma a esta mesma burguesia um álibi moral: ao apresentar democraticamente peças que a atacam, a democracia burguesa se promove e justifica como instituição democrática, enquanto ao mesmo tempo se julga liberta de qualquer dever de mudança real. Não convenceu por inteiro a defesa de Weiss, de que recorre ao teatro que existe e que possui possibilidades técnicas e artísticas para apresentar a sua obra. Caberia aos estudantes fundar outros tipos de teatro e sair à rua, criando um instrumento novo e adequado aos seus desígnios. Os estudantes responderam que, no entanto, caberia a ele, autor, criar os textos para este teatro de rua. Este, evidentemente, não pode encenar peças complexas como o *Discurso sobre a Guerra de Libertação do Vietnã.*

16. DIVERSOS

1. *Balanço do Teatro Alemão*

A vida teatral alemã nunca se concentrou em uma ou em poucas cidades, nem mesmo na época da República de Weimar em que Berlim foi um dos grandes centros teatrais do mundo. Toda cidade média e muitas cidades menores dispõem de um Teatro Declamado e, muitas vezes, de uma Ópera. O reinício das atividades cênicas, depois da última guerra, foi extremamente difícil em ambas as partes da Alemanha. Cerca de 60% dos edifícios teatrais estavam destruídos ou danificados e os *ensembles* (antigamente de grande estabilidade) dispersos e desfalcados. Apesar das grandes dificuldades iniciais, apesar de três anos de fome (1945-48), o entusiasmo pelo teatro traduziu-se, quase imediatamente depois de terminada a guerra, em abnegados esforços de recomeço, ainda que se dispusesse com freqüência apenas de teatros improvisados, com lotação de 50 a 80 lugares. Desde então, a maior parte dos teatros foi reconstruída, muitas vezes conforme projetos audazes. Deve-se salientar também o florescimento teatral da RDA, cujo governo, empenhado no alistamento político das massas, dedica grande atenção a este setor cultural.

Atualmente funcionam na RF (Alemanha Ocidental) cerca de 200 teatros, dos quais parte se destina a espetáculos ao ar livre ou a conjuntos ambulantes. Cerca de 120 palcos são subvencionados (sendo a maioria municipais e o resto federais ou estaduais). Parte menor dos teatros pertence a empreendedores particulares. Nos últimos anos, o número de freqüentadores foi de cerca de 20 milhões anuais. Merece ser assinalado que existem na RF cerca de 60 *ensembles* de ópera fixos, sendo intenso o interesse pelo teatro musicado em ambas as partes da Alemanha. Na RDA há atualmente mais de 80 teatros, com mais de 50 000 lugares, freqüentados anualmente por cerca de 15 milhões de espectadores.

Predomina na Alemanha, ainda hoje, o teatro de repertório (inevitável nas cidades menores); mas o teatro *en suite,* típico dos Estados Unidos e do Brasil, conquista também na Alemanha terreno cada vez maior, principalmente porque a guerra dissolveu boa parte dos conjuntos estáveis. Como antes, amplo setor do público é filiado a organizações populares que, mercê de mensalidades, proporcionam aos membros a freqüentação regular dos teatros e a estes certa estabilidade financeira. Condução especial é garantida aos espectadores que vêm dos lugares menores aos centros teatrais. A maior dessas organizações na RF é o "Palco do Povo" *(Volksbuehne),* com mais de 400 000 associados e 98 filiais locais. Na RDA desenvolve-se intensa atividade teatral junto às fábricas e envidam-se esforços intensos para incentivar o teatro amadorístico entre os operários.

A programação, em ambas as partes, dedica particular atenção aos "clássicos" alemães; Lessing,

242

Goethe, Schiller, Kleist, Buechner, Grabbe e, principalmente, Shakespeare — o maior dos dramaturgos "alemães" — são regularmente apresentados. Na RF é, ao lado disso, grande o lugar que se concede aos dramaturgos modernos ou vanguardeiros do exterior.

Apesar de todos estes elementos positivos reina certa insatisfação no mundo teatral da Alemanha. Admite-se que o teatro alemão de hoje ainda não alcançou o relevo do período da República de Weimar. Há várias causas para este estado de coisas. A falta de uma verdadeira capital cênica — como o fora antes Berlim — dificulta o estabelecimento de padrões artísticos de validade nacional, já que cada cidade tende a formar o seu próprio juízo de valor (isso se refere à RF). É hoje mais difícil constituir conjuntos homogêneos porque os "grandes" não desejam fixar-se numa cidade, visto só se tornar ator ou diretor de prestígio nacional quem tiver o beneplácito de vários centros importantes. Isso, por sua vez, estimula o retrocesso a estágios superados: o ressurgimento de companhias ambulantes, formadas por um astro e um elenco de elementos secundários em torno de uma peça de êxito garantido. Outro fator negativo é a absorção de muitos artistas de valor pelo rádio, televisão e dublagem cinematográfica que proporcionam rendas maiores e mais fáceis.

Fundamental é, naturalmente, o estado da dramaturgia atual. Sem uma dramaturgia nacional, viva e vigorosa, o teatro de um país tende a esvaziar-se (em todos os sentidos) e mumificar-se. A falta de grandes dramaturgos alemães novos, neste momento (1968), já menos notada, foi até há pouco uma das razões essenciais da insatisfação reinante. Pode parecer estranho que se atribua, mesmo neste setor, certo efeito negativo às indústrias de entretenimento. Contudo, é fato corriqueiro que grandes autores alemães se dedicam à criação principalmente para o radioteatro, obtendo resultados excelentes neste terreno (publicam-se regularmente tais radiopeças). Trata-se de um verdadeiro condicionamento e canalização de forças criativas para determinado campo, principalmente por motivos financeiros, embora certamente influa também o fato de radioteatro se afigurar, em termos literários, mais puro do que o teatro, que acrescenta o aspecto

243

visual, não-literário. Não se pode duvidar de que a relativa pobreza em matéria de literatura teatral, nos anos de após-guerra, decorreu em parte deste fato. Prejudicial foi também a subversão de toda a estrutura social, causada pela guerra, de modo a faltar aquela homogeneidade de padrões de que o autor teatral necessita para criar um mundo imaginário coerente. O teatro, da mesma forma, requer um público de certa unidade, capaz de reencontrar-se na ficção cênica.

Entre as múltiplas dificuldades com que se defronta hoje o dramaturgo — da mesma forma como o romancista — salienta-se a de que certos problemas fundamentais da nossa época não podem ser demonstrados ou exemplificados através de um "herói", sem falsificar o problema. Entre esses problemas encontram-se os mais abordados pelos dramaturgos alemães logo depois da guerra — o da "culpa coletiva" do povo alemão, ou seja, o conformismo face ao regime de Hitler, e o do perigo da guerra atômica. Afigura-se quase impossível penetrar estas questões colocando no palco "heróis", por mais representativos que sejam. Suas torturas de consciência, decisões e ações individuais — quaisquer que sejam — parecem de algum modo irrelevantes ante o "estado de coisas", a situação anônima, a engrenagem onipotente. Falta uma série de mediações entre a vontade individual, moralmente livre, e o processo histórico, anônimo, imenso, resultado de um paralelograma de forças aparentemente inextricável. E é impossível levar ao palco o complexo mecanismo das mediações, de modo que o que resta é uma abordagem em nível de moral individual, simplificação grotesca que escamoteia os verdadeiros problemas e falsifica toda a situação, pelo menos aos olhos do contemporâneo "conscientizado". Parece que nenhuma das tentativas atuais — parabólicas, épicas, vanguardistas — todas elas tentativas autênticas, consegue dar, por inteiro, conta do problema. Por mais que se narre ou esvazie ou encha o palco, a personagem, mesmo reduzida a marionete ou figurando o homem anônimo, é indispensável e a personagem não resolve o problema, na medida em que o dramaturgo não queira apresentá-la simplesmente como vítima de um processo que se subtrai à formulação cênica.

Até os fins da década de 1950 não teria sido exagero dizer-se que não há dramaturgos de talento, depois da morte precoce (1947) de Wolfgang Borchert, que tantas esperanças suscitou com sua única peça, ainda imatura, *Lá Fora Diante da Porta* — patética condenação da guerra que é focalizada a partir da vítima, um soldado que volta à pátria. Até então, nenhum entre os "jovens" — que na Alemanha costumam aproximar-se da casa dos quarenta — poderia comparar-se, em eficácia e fôlego teatral, nem mesmo a Carl Zuckmayer. O autor de *O General do Diabo* certamente não é o maior mas um dos mais competentes *playwrighters* (e único sobrevivente) de gerações sucessivas de dramaturgos significativos ou mesmo extraordinários como Hauptmann, Kaiser, Sternheim, Brecht e, na Áustria, Schnitzler, Hofmannsthal, Bruckner — autores que deram à literatura dramática de língua alemã, na primeira metade do século, uma posição de realce no mundo teatral.

A uma geração intermediária pertence o austríaco Fritz Hochwaelder (nascido em 1911), com peças de teor idealista e estrutura tradicional, tragédias construídas segundo os preceitos aristotélicos, que de algum modo parecem vir de um mundo remoto, apesar da temática freqüentemente atual. Surpreende que Max Frisch — tão do nosso tempo — tenha a mesma idade de Hochwaelder. Sua peça *Andorra* (1962) é uma acusação à inércia e cumplicidade das massas em face da perseguição racial. "Modelo" verdadeiramente modelar, análise lúcida dos mecanismos psicológicos do preconceito, a peça ainda assim não consegue superar as dificuldades acima apontadas porque o "modelo", na sua abstração, forçosamente tem de eliminar as mediações sociais do fenômeno. Apesar disso a peça é sem dúvida superior a *Os Físicos* (1962), de Duerrenmatt, comédia que já pela sua temática — o problema moral dos expoentes da física moderna — não alcança um nível relevante da abordagem dos problemas envolvidos.

Como focalização do tema do conformismo merece ser destacada, entre muitas peças de tema semelhante, a obra *Tempo dos Inocentes* (1961), de Siegfried Lenz (nascido em 1926). Elaboração de duas radiopeças, a obra rendeu ao autor uma série de prêmios e foi apresentada com grande êxito em Hamburgo, por G. Gruendgens, depois em vinte outros teatros alemães e em seguida em Nova York, Oslo, Tel-Aviv, etc. A peça analisa agudamente o problema da "culpa coletiva", a cumplicidade da maioria passiva com os crimes de uma minoria agressiva e violenta. *Os Inocentes* são os cidadãos que lavam as mãos, cuja maior preocupação é salvar a pele e que, desta forma, se tornam colaboradores do terror. Apesar de todas as suas qualidades, a obra não atinge o nível de *Andorra,* cuja temática é semelhante.

Um dos dramaturgos mais promissores talvez seja Mattias Braun (nascido em 1933), que obteve êxito com várias peças, entre as quais se destaca a sua extraordinária versão de *Os Persas,* de Ésquilo. Trata-se de uma atualização radical da peça antiga, numa linguagem de alta categoria. Os persas surgem transformados em fascistas. Xerxes é um "Fuehrer" megalômano e seu Estado uma ditadura totalitária.

Entre os representantes mais conhecidos da dramaturgia atual — para não falar de Weiss, Hochhuth e Kipphardt — contam-se ainda Leopold Ahlsen (nascido em 1927) e Richard Hey (nascido em 1926). O primeiro projetou-se com *Philemon e Baucis* (1956), nomes da mitologia referidos a um casal de camponeses gregos, cuja casa serve na última guerra de ponto de reunião aos *partisans* patrícios, mas que, ainda assim, escondem dois soldados alemães feridos; ato de humanidade e amor que, sendo também um ato de traição, precipita o fim do velho casal. Enquanto esta peça é, formalmente, teatro naturalista, Hey aborda problemas políticos e morais da atualidade em termos contemporâneos. Usa recursos grotescos, a paródia e alegoria, a abstração cênica, etc. A influência de Giraudoux manifesta-se na aura poético-romântica que envolve peças como *Tomilho e Morte de Dragão* (1956) ou *O Peixe com o Punhal de Ouro* (1957). Ambas giram em torno do antagonismo entre as duas Alemanhas. Os respectivos heróis, fugitivos da parte oriental, tampouco se sentem satisfeitos na parte ocidental. O cunho fortemente satírico é suavizado por uma fantasia lírica que dá aos eventos um toque de conto de fadas. A Rolf Hochhuth, Peter Weiss e Heiner Kipphardt foram dedicados estudos especiais.

Numericamente, é bastante rica a safra de comédias, talvez em obediência à palavra de Novalis de que "após uma guerra infeliz convém escrever comédias". Há também uma produção regular de "peças de vanguarda", que, como é tradicional neste gênero, não são peças, mas que infelizmente também não são vanguardeiras, já que nada de novo acrescentam ao que neste campo foi criado, de um modo mais original e relevante, na França.

Se, num balanço da poesia e ficção narrativa atuais da Alemanha, seria pouco extenso o rol dos autores verdadeiramente significativos da RDA, em geral demasiado presos a padrões que seria difícil chamar de atuais, a situação se afigura diversa no campo da dramaturgia. Isto não quer dizer que neste domínio seja grande o número dos pioneiros e revelações. Mas o teatro tem critérios diversos da literatura e a intensa vida teatral da RDA é uma realidade, estimulando a produtividade de numerosos autores em termos cenicamente relevantes. A grande obra de Brecht exerce uma influência ao mesmo tempo estimulante e perigosa na medida em que transforma muitos jovens autores em imitadores e epígonos.

Também na RDA reina certa insatisfação com o estado da "dramaturgia socialista". Esta não corresponderia ainda "às suas tarefas, relacionadas com a criação de uma cultura nacional e ao mesmo tempo socialista". Alega-se que as obras em geral não refletiriam suficientemente "o desenvolvimento das relações socialistas", e, tampouco, "a formação do novo homem e da nova consciência".

Entre os êxitos teatrais dos últimos lustros, deve ser assinalada *A Balada de Ravensbruck* (1961), de Hedda Zinner (nascida em 1907). A peça é uma acusação patética aos métodos nazistas nos campos de concentração e exalta a solidariedade dos prisioneiros políticos no campo de Ravensbruck. *A Sentença* (1958), da mesma autora, é uma espécie de cantata cênica, com emprego de bailados e coros, cujo tema é a condenação das armas atômicas e o apelo à paz. *Que Aconteceria se...* (1959) estuda o comportamento de um distrito rural, situado na fronteira com a RF, na suposição fictícia de que se anunciasse um acordo pelo qual a região passasse a fazer parte da

RF. Como reagiriam os diversos grupos deste distrito da RDA? A autora tenta analisar neste "modelo" a reação positiva ou negativa das várias camadas sociais. Outro dramaturgo de grande êxito é Helmut Baierl (nascido em 1926), cuja peça *A Sra. Flinz* (papel desempenhado por Helene Weigel, na encenação do "Ensemble de Berlim") foi consagrada pelo público e pela crítica. A Sra. Flinz é a típica mãe brechtiana, espécie de Mãe Coragem inversa (já que aprende alguma coisa). Mulher do povo, esperta, dura, de experiências amargas, que desconfia da nova situação e procura "guardar" os cinco filhos, "perde-os" pouco a pouco (como a Mãe Coragem), mas não na guerra e sim por cedê-los ao socialismo, com o qual no fim se reconcilia. Erwin Strittmatter (nascido em 1912) obteve o Prêmio Lessing (1961) por *A Noiva do Holandês*, peça que narra a luta pela emancipação dos camponeses, refletida no lento desenvolvimento e conscientização — nos moldes comunistas — de uma mulher. Uma comédia em versos de Strittmatter, *Der Katzgraben*, foi ainda encenada pelo próprio Brecht (1953), que dela disse que se tratava "da primeira peça que apresenta na cena alemã a luta de classes moderna, na aldeia". A peça aborda os conflitos humanos e sociais após a reforma agrária de 1947/49 e narra, segundo Brecht,

> um capítulo da história, apresentado como uma história de dificuldades superáveis, de desajeitamentos corrigíveis.

Nos últimos anos torna-se cada vez maior o êxito de Peter Hacks (1928), reconhecido, em ambas as partes da Alemanha, como um dos talentos mais vivos, mais originais e inteligentes do teatro alemão atual. Entre os maiores êxitos conta-se *O Moleiro de Sanssouci* (1958), desmistificação do mito de Frederico da Prússia. Este, segundo uma famosa anedota, ordena a paralização de um moinho, cujo ruído lhe perturba a sesta; em seguida, porém, decide em favor do direito do moleiro e contra o próprio conforto. Hacks apresenta o comportamento do rei como lance político, destinado a provar que não é déspota. Como o pobre moleiro, apavorado, renuncia ao seu direito, o rei lhe impõe despoticamente o funcionamento do moinho.

248

Encena uma farsa em que, perante o povo reunido, o coitado, forçado a mostrar-se livre e heróico, exige o seu direito e o recebe das mãos generosas do rei que se submete humildemente ao seu próprio *Codex Friedericianus*. Logo depois, porém, arrebata-lhe o único empregado para o serviço militar, de modo que o moleiro tem de fechar o moinho.

A Batalha de Lobositz (1957) é uma peça antimilitarista. Segundo o próprio autor,

> a peça apresenta a guerra como uma conspiração dos oficiais contra os homens. Este ponto de vista é importante para o uso prático dos soldados. Leva o soldado, após ter refletido, à possibilidade de uma conspiração dos homens contra os oficiais.

Em *O Livro Popular do Duque Ernesto ou o Herói e seu Séquito* (1954), Hacks desmistifica o herói, cuja glória (e riqueza) é conquistada graças aos sacrifícios e sofrimentos dos seus subordinados anônimos que se deixam massacrar para aumentar o esplendor do chefe.

TEATRO NA DEBATES

O Sentido e a Máscara
　Gerd A. Bornheim (D008)
A Tragédia Grega
　Albin Lesky (D032)
Maiakóvski e o Teatro de Vanguarda
　Angelo M. Ripellino (D042)
O Teatro e sua Realidade
　Bernard Dort (D127)
Semiologia do Teatro
　J. Guinsburg, J. T. Coelho Netto e Reni C. Cardoso (orgs.) (D138)
Teatro Moderno
　Anatol Rosenfeld (D153)
O Teatro Ontem e Hoje
　Célia Berrettini (D166)
Oficina: Do Teatro ao Te-Ato
　Armando Sérgio da Silva (D175)
O Mito e o Herói no Moderno Teatro Brasileiro
　Anatol Rosenfeld (D179)
Natureza e Sentido da Improvisação Teatral
　Sandra Chacra (D183)
Jogos Teatrais
　Ingrid D. Koudela (D189)
Stanislávski e o Teatro de Arte de Moscou
　J. Guinsburg (D192)
O Teatro Épico
　Anatol Rosenfeld (D193)
Exercício Findo
　Décio de Almeida Prado (D199)
O Teatro Brasileiro Moderno
　Décio de Almeida Prado (D211)
Qorpo-Santo: Surrealismo ou Absurdo?
　Eudinyr Fraga (D212)
Performance como Linguagem
　Renato Cohen (D219)
Grupo Macunaíma: Carnavalização e Mito
　David George (D230)
Bunraku: Um Teatro de Bonecos
　Sakae M. Giroux e Tae Suzuki (D241)
No Reino da Desigualdade
　Maria Lúcia de S. B. Pupo (D244)
A Arte do Ator
　Richard Boleslavski (D246)
Um Vôo Brechtiano
　Ingrid D. Koudela (D248)
Prismas do Teatro
　Anatol Rosenfeld (D256)

Teatro de Anchieta a Alencar
  Décio de Almeida Prado (D261)
A Cena em Sombras
  Leda Maria Martins (D267)
Texto e Jogo
  Ingrid D. Koudela (D271)
O Drama Romântico Brasileiro
  Décio de Almeida Prado (D273)
Para Trás e Para Frente
  David Ball (D278)
Brecht na Pós-Modernidade
  Ingrid D. Koudela (D281)
O Teatro é Necessário?
  Fátima Saadi (D298)
O Teatro do Corpo Manifesto: Teatro Físico
  Lúcia Romano (D301)
O Melodrama
  Jean-Marie Thomasseau (D303)
Teatro com Meninos e Meninas de Rua
  Márcia Pompeo Nogueira (D312)
O Pós-Dramático: Um conceito Operativo?
  J. Guinsburg e Sílvia Fernandes (orgs.) (D314)
Contar Histórias com o Jogo Teatral
  Alessandra Ancona de Faria (D323)
Brecht e o Teatro Épico
  Anatol Rosenfeld (D326)
Teatro no Brasil
  Ruggero Jacobbi (D327)
40 Questões Para um Papel
  Jurij Alschitz (D328)
Teatro Brasileiro: Ideias de uma História
  J. Guinsburg e Rosangela Patriota (D329)
Dramaturgia: A Construção da Personagem
  Renata Pallottini (D330)
Caminhante, Não Há Caminho. Só Rastros
  Ana Cristina Colla (D331)
Ensaios de Atuação
  Renato Ferracini (D332)
A Vertical do Papel
  Jurij Alschitz (D333)
Máscara e Personagem: O Judeu no Teatro Brasileiro
  Maria Augusta de Toledo Bergerman (D334)
Teatro em Crise
  Anatol Rosenfeld (D336)

COLEÇÃO DEBATES
(ÚLTIMOS LANÇAMENTOS)

314. *O Pós-dramático: Um Conceito Operativo?*, J. Guinsburg e Sílvia Fernandes (orgs.).
315. *Maneirismo na Literatura*, Gustav R. Hocke.
316. *A Cidade do Primeiro Renascimento*, Donatella Calabi.
317. *Falando de Idade Média*, Paul Zumthor.
318. *A Cidade do Século Vinte*, Bernardo Secchi.
319. *A Cidade do Século XIX*, Guido Zucconi.
320. *O Hedonista Virtuoso*, Giovanni Cutolo.
321. *Tradução, Ato Desmedido*, Boris Schnaiderman.
322. *Preconceito, Racismo e Política*, Anatol Rosenfeld.
323. *Contar Histórias com o Jogo Teatral*, Alessandra Ancona de Faria.
324. *Judaísmo, Reflexões e Vivências*, Anatol Rosenfeld.
325. *Dramaturgia de Televisão*, Renata Pallottini.
326. *Brecht e o Teatro Épico*, Anatol Rosenfeld.
327. *Teatro no Brasil*, Ruggero Jacobbi.
328. *40 Questões Para Um Papel*, Jurij Alschitz.
329. *Teatro Brasileiro: Ideias de uma História*, J. Guinsburg e Rosangela Patriota.
330. *Dramaturgia: A Construção da Personagem*, Renata Pallottini.
331. *Caminhanta, Não Há Caminho. Só Rastros*, Ana Cristina Colla.
332. *Ensaios de Atuação*, Renato Ferracini.
333. *A Vertical do Papel*, Jurij Alschitz.
334. *Máscara e Personagem: O Judeu no Teatro Brasileiro*, Maria Augusta de Toledo Bergerman.
335. *Razão de Estado e Outros Estados da Razão*, Roberto Romano
336. *Teatro em Crise*, Anatol Rosenfeld.
337. *Lukács e Seus Contemporâneos*, Nicaolas Terulian.
338. *A Tradução Como Manipulação*, Cyril Aslanov.
339. *Teoria da Alteridade Jurídica*, Carlos Eduardo Nicolletti Camillo.

Este livro foi impresso em Cotia,
nas oficinas da Meta Brasil,
para a Editora Perspectiva.